ARQUEIRO
arqueiro.com.br

Harlan Coben, o mestre das noites em claro.
50 milhões de livros vendidos no mundo.

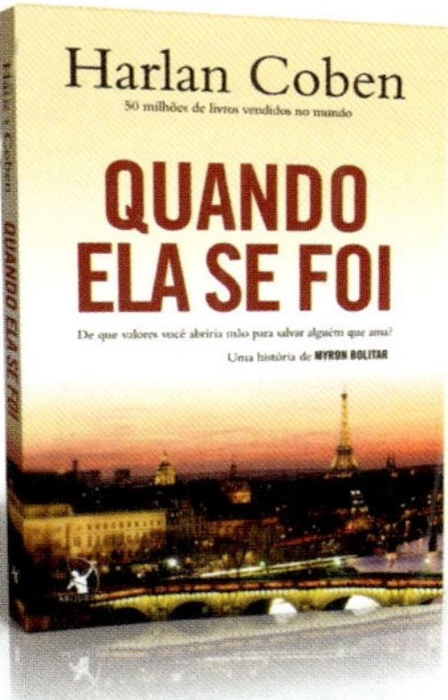

Quando ela se foi

Myron cruza o Atlântico para ajudar Terese a desvendar o assassinato do ex-marido e o destino da filha que ela achava estar morta. Não é a primeira vez que ele deixa tudo para trás para ir em socorro de alguém.

Em *Quando ela se foi*, você vai conhecer Myron Bolitar, o personagem que rendeu diversos prêmios a Harlan Coben.

R$ 24,90

Cilada

Uma surpreendente história onde segredos se interligam e se completam em um elaborado mosaico de mistérios.

R$ 29,90

Não conte a ninguém

David Beck e sua esposa são atacados e ela morre. Oito anos depois, ele recebe um vídeo com a mensagem: "Não conte a ninguém".

R$ 29,90

Desaparecido para sempre

Quando Will Klein descobre que seu irmão desaparecido há 11 anos está vivo, sua própria vida toma um rumo diferente do que gostaria.

R$ 29,90

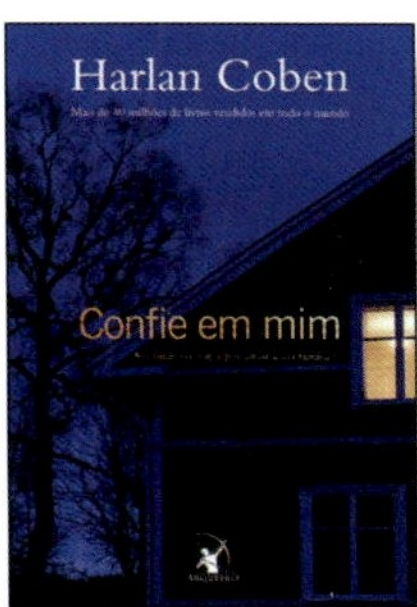

Confie em mim

Um suspense sobre um casal que viola a privacidade do filho adolescente na tentativa de ajudá-lo.

R$ 29,90

Dave Gurney é um ex-policial que tem a tranquilidade de sua aposentadoria ameaçada pela ação de um assassino.

R$ 29,90

Um suspense psicológico sobre o sequestro de uma mulher que busca na verdade sua forma de libertação.

R$ 29,90

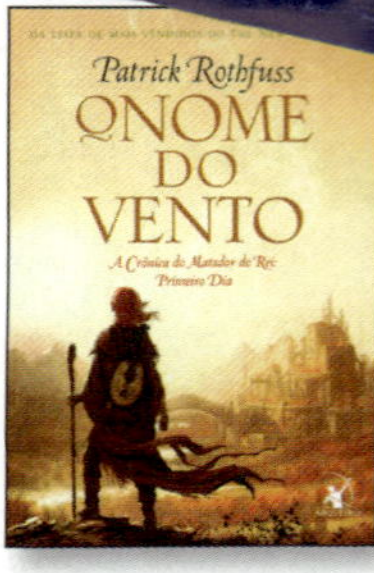

Encarnando ora o herói, ora o vilão, o misterioso Kote guia o leitor por uma aventura num mundo fantástico.

R$ 49,90

Uma aventura de tirar o fôlego sobre o mundo do crime, que leva o leitor a viajar por diversos países.

R$ 24,90

Ao descobrir a traição da esposa, Jonathan Ransom se vê envolvido numa conspiração internacional.

R$ 29,90

Continuação de *A farsa*, uma trama que não deixa escapar uma pista sequer de quem é o verdadeiro culpado.

R$ 29,90

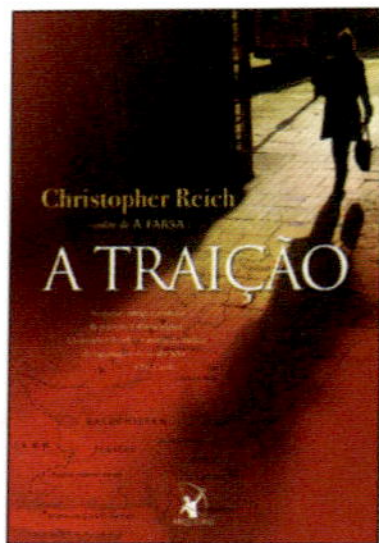

O cirurgião Jonathan descobre que a espionagem internacional é um jogo do qual não se sai facilmente.

R$ 29,90

Quando a humanidade se torna presa de seres apocalípticos, a última esperança pode ser uma menina de apenas 6 anos.

R$ 49,90

A vida de Giordano Bruno, um monge italiano excomungado pela Igreja por sua crença em um Universo infinito.

R$ 29,90

"Uma história de amor que poderíamos chamar de *O código Da Vinci* para mulheres." - *Publisher's Weekly*

R$ 39,90

Um fascinante suspense histórico baseado na vida de São Francisco que prende o leitor do início ao fim.

R$ 39,90

A emocionante saga de cinco famílias durante a Primeira Guerra Mundial, do mestre dos best-sellers históricos.

R$ 59,90

Uma história de guerra quase nunca contada, mas, acima de tudo, uma lição de amor e esperança.

R$ 24,90

Qualquer pessoa pode se transformar em algo belo. Você nunca mais vai olhar para as flores do mesmo modo.

R$ 29,90

Comovente, divertido e surpreendente, este livro é a história de um amor que supera todos os obstáculos.

R$ 24,90

Um homem recebe um convite de Deus para um encontro na cabana onde sua filha foi morta.

R$ 24,90

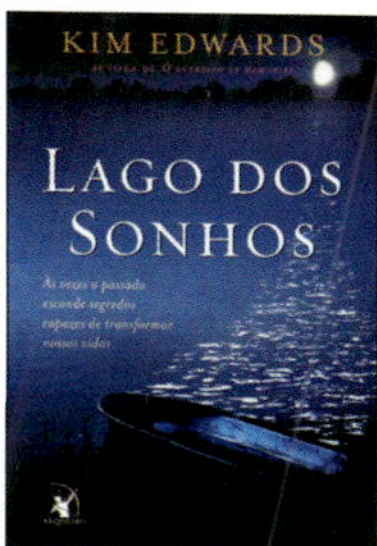

Essa é a história de Lucy, que volta para sua cidade e depara com mistérios que poderão mudar sua vida.

R$ 29,90

"Um livro de cortar o coração, alternadamente luminoso e sombrio, literário e cheio de suspense." - *Library Journal*

R$ 39,90

A emocionante saga de um estudante de medicina e um mendigo em busca de um mundo melhor.

R$ 24,90

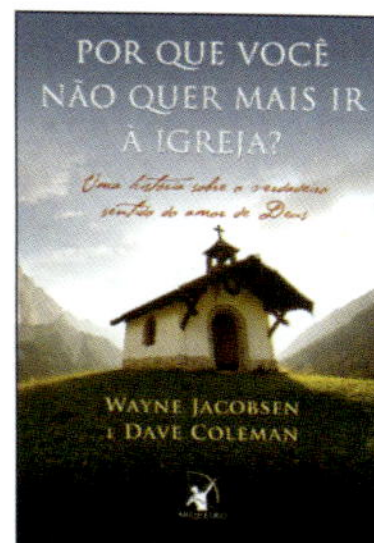

A inspiradora história de um pastor desiludido que redescobre o verdadeiro sentido do amor de Deus.

R$ 24,90

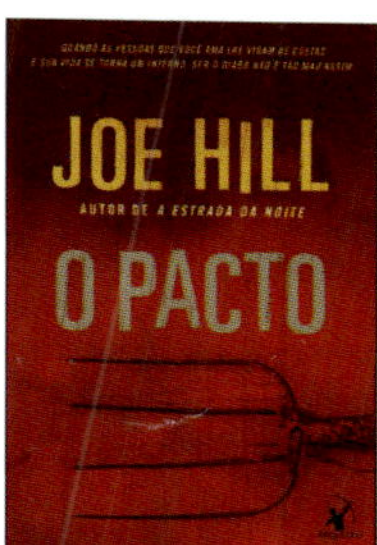

O sobrenatural é o pano de fundo dessa incrível história de amor e tragédia, traição e vingança.

R$ 29,90

Mais cedo ou mais tarde, os mortos nos alcançam... Uma história eletrizante e assustadora do novo mestre do terror.

R$ 19,90

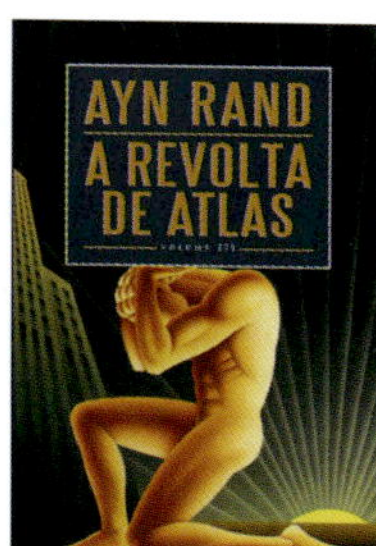

Considerado o livro mais influente nos Estados Unidos depois da Bíblia, é a tradução em ficção do objetivismo de Ayn Rand.

R$ 69,90

Uma comovente fábula que nos faz refletir sobre o verdadeiro significado de nossa existência.

R$ 59,90

O LIVRO DOS LIVROS

Trevor Dennis

O LIVRO DOS LIVROS

SEXTANTE

Título original: *The book of books*

Publicado originalmente por Lion Hudson plc, Oxford, England

tradução
Fabiano Morais

preparo de originais
Regina da Veiga Pereira

revisão
Cristhiane Ruiz e José Tedin

projeto gráfico e diagramação
DTPhoenix Editorial

capa
Miriam Lerner

impressão e acabamento
Associação Religiosa Imprensa da Fé

CIP-BRASIL. CATALOGAÇÃO-NA-FONTE
SINDICATO NACIONAL DOS EDITORES DE LIVROS, RJ

D46L Dennis, Trevor
O livro dos livros / Trevor Dennis [tradução de Fabiano Morais]; Rio de Janeiro: Sextante, 2011.
384 p.; 14x21 cm

Tradução de: The book of books
Inclui bibliografia
ISBN 978-85-7542-676-0

1. Histórias bíblicas. I. Título.

CDD: 220.9505
11-3415 CDU: 27-236.5

Rua Voluntários da Pátria, 45 – Gr. 1.404 – Botafogo
22270-000 – Rio de Janeiro – RJ
Tel.: (21) 2538-4100 – Fax: (21) 2286-9244
E-mail: atendimento@esextante.com.br
www.sextante.com.br

Para Eleanor,
filha,
amiga,

e para Judy,
colega,
amiga,

ambas
professoras brilhantes.

Sumário

Introdução

"Quem somos? De onde viemos? O que nos torna diferentes? Por que somos tão especiais? Somos mesmo especiais?" Todos nós fazemos essas perguntas. Dois mil anos e meio atrás, o povo de Israel também as fazia, acrescentando outras, como: "Por que estamos enfrentando tantas dificuldades? O que deu errado? Qual é o plano de Deus?" Os israelitas viviam em uma pequena região a leste do mar Mediterrâneo quando um povo muito poderoso, os babilônios, invadiu seu território, destruiu seus vilarejos e cidades, matou muitos deles e exilou milhares de outros na Babilônia, que ficava a centenas de quilômetros ao leste. Os invasores roubaram seu gado, suas cabras e ovelhas, e destruíram suas plantações, deixando os que ficaram para trás em uma situação terrível.

Os babilônios se consideravam os melhores. Diziam que seus deuses também eram os melhores. Afirmavam que os israelitas deveriam pensar, viver, sentir e prestar culto como os babilônios.

Alguns dos israelitas então disseram: "Temos que fazer algo, ou este será o nosso fim!" "Vamos escrever uma história", sugeriram outros, "a nossa *história, a história do nosso povo, da nossa terra e do nosso Deus. Vamos juntar os relatos que aprendemos na infância, reuni-los, escrever mais alguns e contar uma história que nossos filhos contarão aos nossos netos, e nossos netos aos filhos deles, e assim por diante, para todo o sempre!"*

Foi o que eles fizeram, e essa história nos acompanha até hoje. Ela está na Bíblia e vai desde o livro do Gênesis até o segundo livro dos Reis.

Não sabemos quem começou a contá-la. Partes da história podem chegar a ter três mil anos de idade, talvez até mais, mas muitas vezes não sabemos nem mesmo o século em que cada uma foi concebida. Algumas podem ter sido criadas por mulheres, mas não há dúvida de que os autores eram, em sua maioria, homens. Grande parte desses autores teria vivido nas cidades. Alguns eram sacerdotes; outros comerciantes e donos de terras. Talvez algumas poucas histórias tenham se originado nos vilarejos. A versão final provavelmente foi concluída algum tempo depois de os babilônios terem invadido o território e enviado para o exílio um número muito grande de pessoas. Podemos ter bastante certeza disso, pois é nesse ponto que o relato termina.

A Bíblia, no entanto, não termina aí – e este livro tampouco. O povo de Israel, ou judeus, como eles vieram a ser chamados, contou outras histórias e recitou poemas extraordinários. Alguns dos poetas eram profetas – homens e mulheres que afirmavam serem capazes de ver as coisas como Deus as via e falar com a voz Dele. As pessoas conservaram seus melhores poemas e os transmitiram de geração em geração. Alguns profetas, como veremos adiante, previram catástrofes e tentaram ajudar o povo a enfrentá-las. Durante o exílio na Babilônia, outros tiveram visões maravilhosas de como Deus os resgataria e os levaria de volta para casa. Depois que o exílio terminou, o povo reconstruiu o templo em Jerusalém. Um judeu chamado Neemias organizou a reconstrução das muralhas da cidade e nos deixou seu relato para que pudéssemos lê-lo. Quase 300 anos depois, outro rei estrangeiro ameaçou exterminar a religião judaica. No livro de Daniel encontramos histórias contadas naquela época sobre como Deus viria em socorro de seus amigos novamente.

Existem também histórias de amor na Bíblia, como o relato da imensa amizade entre duas mulheres chamadas Rute e Noemi, e sobre como Rute veio a se casar com um homem chamado Booz. E histórias engraçadas, como o relato de Jônatas, um profeta incorrigível, que simplesmente não conseguia aceitar a verdade sobre o perdão de Deus. Há também poesia. Um poeta anônimo, talvez o melhor de toda a Bíblia, escreveu sobre um homem chamado Jó que quase perdeu tudo e sofreu uma doença terrível, mas finalmente foi transformado pela visão que teve de Deus. E no templo em Jerusalém, eram entoadas canções sagradas que hoje conhecemos como salmos, algumas delas muito antigas, outras recompostas após o exílio.

Neste livro você encontrará essas histórias e alguns desses poemas.

Mesmo depois de terminarmos essa parte, ainda não teremos chegado ao fim. Estaremos apenas concluindo o que os cristãos chamam de Antigo Testamento e os judeus de Tanach, pois todos esses escritos pertencem tanto à Bíblia dos judeus quanto à dos cristãos. Chegaremos então a outros quatro autores judeus – Mateus, Marcos, Lucas e João – que escreveram sobre outro judeu chamado Jesus de Nazaré. Eles afirmaram que a chegada de Jesus marcou um novo começo não apenas para seus compatriotas, mas para todo o mundo. "Se quiserem ter a imagem mais clara de como é Deus", disseram eles, "então olhem para Jesus, olhem para o modo como viveu e, especialmente, para a maneira como morreu, e ouçam as histórias que ele contou." Seus livros são chamados de evangelhos, e a maioria dos cristãos os considera os mais importantes de toda a Bíblia.

Lucas acrescentou um segundo volume à sua história e no Livro dos Atos contou como o número de discípulos de Jesus cresceu após sua morte e se espalhou por cada vez mais lugares. Essa parte da história se concentra basicamente em dois homens: Pedro, que havia sido um dos discípulos de Jesus quando ele era vivo, e Saulo, mais conhecido como Paulo. Paulo foi o mais importante fundador de novas comunidades cristãs, e a Bíblia contém algumas cartas que ele escreveu aos cristãos de lugares como Roma, na Itália, ou Corinto, na Grécia. Essas cartas foram enviadas antes que qualquer um dos evangelhos fosse escrito. A Bíblia também traz outras cartas de cristãos.

No último livro da Bíblia, chamado Apocalipse, somos apresentados a algumas visões esplendorosas do paraíso, concebidas por outro seguidor de Jesus, que se chamava João (provavelmente não o João que escreveu o quarto Evangelho).

Tudo isso está presente no que os cristãos chamam de Novo Testamento, e os últimos seis capítulos do nosso livro cobrirão essa parte. Quatro capítulos serão dedicados aos evangelhos, e o quinto, aos Atos, enquanto o sexto abrangerá uma seleção de trechos das cartas de Paulo e o livro do Apocalipse.

As versões deste livro são bem diferentes das que você leria se recorresse a uma tradução mais comum da Bíblia. Elas pretendem transmitir algo do estilo de cada história em suas línguas originais – um estilo às vezes poético, às vezes engraçado e outras vezes formal e solene. Elas também procuram lhe dar uma ideia do sentido por trás de cada história ou poema e mostrar coisas que os primeiros a ouvi-las teriam percebido com facilidade, mas que são difíceis para a nossa compreensão. Alguns dos nomes possuem significado no original e esta versão tenta resgatá-los. Existem pequenos detalhes que podem ser surpreendentes, como, por exemplo, na história de Davi e Golias, quando este é atingido na perna, e não na testa. Essa mudança foi feita tendo por base os detalhes do original em hebraico e o que os estudiosos dizem a respeito deles. Algumas histórias ficaram mais longas, tal como deveriam ser originalmente quando contadas em voz alta; outras foram encurtadas, com a eliminação de pormenores que não são relevantes.

Mas a melhor maneira de descobrir o que temos aqui é lendo – e devemos começar do princípio...

1

NO COMEÇO

O Livro dos Livros começa com um poema, um belo poema sobre a criação do mundo. Ele conta como nasceram o sol, a lua, as estrelas e a Terra, com seus mares e rios cheios de peixes e seu solo repleto de plantas e animais. Ele também fala sobre nós, seres humanos. Ele pretende nos oferecer um vislumbre de como deveria ser a Terra – como Deus quer que ela seja. Um lugar onde tudo é belo e tudo é bom.

Depois do poema, temos uma história sobre um jardim plantado por Deus onde moram o primeiro homem e a primeira mulher. O jardim é maravilhoso, e os dois vivem felizes nele; mas de repente tudo fica muito triste.

Na história seguinte, sobre dois irmãos, os problemas começam de verdade, e depois dela chegamos à história do Grande Dilúvio, na qual descobrimos que os seres humanos arruinaram a Terra de Deus e a estragaram de tal forma com sua violência que Deus teve de purificá-la.

Mas será que depois do Grande Dilúvio tudo volta a ser belo? Será que tudo volta a ser bom, como no início? Não. Os humanos continuam os mesmos. Eles seguem seu próprio caminho em vez de tomar o caminho de Deus. Mais uma vez, eles ameaçam destruir a Terra e corromper todos os planos do Senhor.

Tudo isso forma uma introdução à grande história sobre o povo de Israel no livro do Gênesis. Mas, por que os contadores de histórias israelitas decidiram começá-la assim? Por que não começaram sim-

plesmente com as histórias de seus próprios antepassados? Porque acreditavam que seu povo tinha uma missão especial a cumprir, que lhes havia sido conferida por Deus: a missão de trabalhar ao Seu lado para consertar o mundo. Eles acreditavam que, com a ajuda do povo de Israel, Deus voltaria a torná-lo muito bonito e muito bom, como havia sido no passado, como Ele sempre quis que fosse. Deus os ensinaria como ajudá-Lo. Era isso que eles queriam transmitir.

Deus cria o mundo

No começo,
antes de o mundo surgir,
não havia nada:
nada além de Deus
nas trevas
e uma poça d'água,
e o espírito de Deus
que soprava como uma brisa fresca
e voava como um pássaro selvagem.

Então, nas trevas,
Deus falou.
"Que haja luz!", exclamou ele.
E a luz se fez!
E Deus olhou para a luz e disse:
"Como você é bonita!
Seu nome será Dia."
Em seguida, olhou para as trevas e disse:
"Seu nome será Noite."

E então houve uma manhã e um anoitecer,
o primeiro dia do mundo.

E assim foi.
Deus falava,

Deus criava,
Deus separava as coisas umas das outras.
Deus dava nome às coisas
e as colocava em seus devidos lugares,
para serem o que deveriam ser,
para fazerem o que deveriam fazer.

Ele criou o céu,
com água sobre ele para que houvesse chuva.
Ele criou o sol,
a lua e as estrelas.
Ele posicionou os astros nas alturas,
para marcarem os dias e as noites
e sinalizarem as estações do ano
com seu brilho
e seu movimento.

Ele criou a terra firme
e a cobriu de
arbustos e ameixeiras,
pastos e pessegueiros,
margaridas e malmequeres,
romãs e roseiras,
plantas de todo tipo.

Ele criou os mares, oceanos e rios
e os encheu de
botos e barracudas,
tubarões e tartarugas,
lontras e lambaris,
camarões e cachalotes,
animais aquáticos de todo tipo.

Ele criou as correntes de ar
e as encheu de
gaviões e gaivotas,

beija-flores e bem-te-vis,
pelicanos e pintassilgos,
rolinhas e rouxinóis,
pássaros de todo tipo.

Ele criou as planícies, colinas e vales
e as cobriu de
porcos-espinhos e pumas,
renas e rinocerontes,
coelhos e cavalos,
tamanduás e tatus,
animais de todo tipo.

Os dias se passaram
e Deus olhou para as criaturas que havia feito.
Ele as abençoou, exclamando:
"Como vocês são bonitas!
Reproduzam-se e multipliquem-se
e povoem esta Terra radiante."

No sexto dia,
o dia em que criou os animais,
Deus falou:
"Deixe-me fazer outra criatura
que possa cuidar da Terra para mim.
Eu criarei seres humanos,
homens e mulheres, meninos e meninas.
Eles serão como Eu,
pois os farei à minha imagem e semelhança,
reis e rainhas deste lugar, minha bela Terra!
Eles me ajudarão a cuidar dos peixes, dos animais,
dos pássaros,
das criaturas que nadam nas profundezas,
correm pelo solo
ou cruzam as alturas."

Então Deus os fez,
como Ele próprio,
à Sua imagem e semelhança,
um homem e uma mulher.

Estendendo a mão sobre eles,
Deus os abençoou e disse:
"Reproduzam-se e multipliquem-se,
povoem a Terra
e façam dela seu reino.
Vejam, eu lhes dei todo o alimento de que precisam.
Dei de comer a todas as minhas criaturas,
quantas plantas quiserem
para forrarem seus estômagos."

Então Deus olhou para tudo o que havia criado.
Que maravilha! Tudo era tão lindo, tão bom!

No sétimo dia,
Deus descansou de todo o Seu trabalho.
Ele o transformou num dia de descanso,
um dia sagrado,
de descanso sagrado
para Ele próprio e para todos os que havia criado.

Como tudo era bonito!
Como era bom!
Tudo era bom!
Todos eram bons!

DEUS PLANTA UM JARDIM

No começo, antes de o mundo começar de verdade, não havia nada... apenas Deus e um deserto. O deserto era interminável: para qualquer direção que você olhasse, via somente aridez. Nenhuma planta. Nenhum animal. Nenhuma pessoa. Somente o deserto. E Deus.

Então Deus se lançou ao trabalho. Catou um punhado de areia e a misturou com um pouco de água. Em seguida, se pôs a moldá-la e esculpi-la até ela ficar parecida com o que seria um ser humano. Deus se agachou, colocou a boca sobre o seu nariz e soprou a vida para dentro dele. O ser se levantou – um ser que vivia, respirava e ria! –, um ser humano, o homem.

Mas Deus não podia deixar o homem sozinho no deserto. Ele certamente morreria de fome e sede. Então Ele plantou um jardim no Éden, nos confins do leste – um lugar além de tudo –, e colocou o homem ali. O jardim era maravilhoso, cheio de árvores, com frutas deliciosas. Havia nele uma fonte que jorrava água e dava origem a um córrego. Mais adiante, o córrego se tornava uma torrente, que se transformava em quatro rios poderosos, cujas águas eram suficientes para abastecer toda a Terra. Sempre que o homem sentia fome, bastava apanhar qualquer fruta de sua preferência. Sempre que tinha sede, andava até a fonte e bebia à vontade.

No meio do jardim havia duas árvores especiais – a Árvore da Vida e a Árvore do Conhecimento do Bem e do Mal. Deus disse ao homem:

– Cuide do jardim para mim e mantenha-o belo e selvagem. Você pode comer qualquer fruta, exceto a que cresce na Árvore do Conhecimento do Bem e do Mal. Não deve comê-la, pois, se o fizer, irá morrer.

O jardim era um lugar maravilhoso! Não dava muito trabalho mantê-lo belo e selvagem, e o homem tinha bastante tempo para brincar. Suas risadas enchiam o jardim.

Então um dia Deus parou para escutar e não conseguiu ouvir nada. Procurou pelo homem e viu que ele estava puxando um galho grande que havia caído no rio. Ele puxava e puxava, mas era inútil – a tora era pesada demais. Isso não está certo, disse

Deus para si mesmo. Ele precisa de alguém para ajudá-lo e para lhe fazer companhia.

Então Deus apanhou um pouco mais de areia e água e fez os animais e os pássaros, levando-os até o homem e pedindo que ele lhes desse um nome. O homem deu nome a todos eles, mas, em vez de ajudá-lo ou de brincar com ele, todos saíam correndo. Deus lhe trouxe um pássaro enorme, mas ele só teve tempo de dizer "Águia dourada" antes de ela sair voando.

No fim das contas, o homem ainda estava só.

Isso não vai servir, Deus disse para si mesmo.

Então Ele teve uma ideia esplêndida, misteriosa, brilhante. Primeiro, fez o homem dormir um sono muito, muito profundo. Então se debruçou sobre ele e retirou uma de suas costelas. Não doeu nem um pouco. Em seguida, Deus moldou uma nova criatura a partir da costela que havia retirado. Quando terminou, olhou para ela e bateu palmas. "Você vai servir", Ele falou. E o homem acordou.

– Que bom! – exclamou o homem. – Uma mulher! Olhe como a gente encaixa direitinho um do lado do outro. Genial! Deus, como foi que o Senhor fez isso?

Deus sorriu e não disse nada.

E tudo e todos estavam bem... até o dia em que a serpente apareceu.

Num dia ensolarado, a mulher e o homem estavam perto das duas árvores no meio do jardim, a Árvore da Vida e a Árvore do Conhecimento do Bem e do Mal, quando surgiu a serpente. Ela era muito esperta e achava que sabia tudo. Aproximou-se silenciosamente da mulher.

– Mulher – sibilou a serpente –, você já experimentou comer as frutas deliciosas dessa árvore?

– Bem – respondeu a mulher –, Deus disse que podemos comer qualquer fruta, menos as dessa árvore no meio do jardim. Ele disse que se as comermos iremos morrer. É uma árvore sagrada... e especial.

– Morrer! – exclamou a serpente. – Vocês não vão morrer! Se comerem a fruta da Árvore do Conhecimento do Bem e do Mal, vocês se tornarão como Deus. Saberão tudo. Vocês dois. Olhe para a árvore! Ela é linda, suas frutas são deliciosas, as melhores do jardim. Saborosíssimas.

A mulher olhou para a árvore novamente. Talvez não fosse tão diferente das outras, no fim das contas. Na verdade, não parecia nem um pouco diferente. E não parecia sagrada. Talvez não houvesse nada de especial nela.

Ergueu a mão, apanhou uma fruta e deu uma mordida. A serpente tinha razão. Era deliciosa. Apanhou mais algumas e as ofereceu ao homem, que também deu uma mordida. E foram comendo cada vez mais.

De repente, começaram a se sentir um pouco estranhos. Olharam um para o outro e viram que estavam nus! Não disseram nada, mas procuraram uma figueira com folhas bem grandes. Amarraram algumas delas juntas, para se cobrirem. Ficaram ridículos, mas não riram, porque estavam apavorados demais.

Então ouviram Deus chegando. Ao contrário do que acontecia antes, sentiram medo Dele e foram se esconder atrás de arbustos. Os passos de Deus se aproximaram cada vez mais.

– Onde estão vocês? – chamou Deus.

– Atrás deste arbusto – respondeu o homem. – Eu ouvi o Senhor chegando e tive medo, pois não estou vestido de forma adequada, e por isso me escondi.

– Quem lhes falou sobre roupas? – perguntou Deus. – Vocês comeram aquelas frutas que eu disse para não comer?

– Não foi culpa minha! – exclamou o homem. – Aquela mulher que o Senhor me deu apanhou algumas daquelas frutas e as ofereceu para mim. A culpa é toda Sua, Deus – ele acrescentou baixinho.

Deus se voltou para a mulher.

– Você fez isso? – perguntou.

– Não foi culpa minha! – exclamou ela. – A serpente me enganou.

A serpente deslizou até o chão e se escondeu atrás de um monte de folhas.

– Isso mesmo, serpente – disse Deus. – É assim que será sua vida de agora em diante. Arrastando-se pelo chão, escondendo--se, picando quem chegar perto e sendo espancada com pedaços de pau.

Então Deus se voltou para os dois. Havia uma tristeza profunda em Sua voz.

– Daqui por diante a vida de vocês mudará. Não desfrutarão mais deste belo jardim. Em vez disso, irão trabalhar todos os dias. Você – disse Ele para a mulher – terá crianças rodeando suas pernas o dia inteiro, bebês que a acordarão todas as noites, e ficará esgotada. Enquanto você – disse Ele para o homem – suará nas plantações sob o sol quente até suas costas parecerem a ponto de quebrar. E o que ganharão com isso? Nada além de espinhos! E um dia sua energia se esgotará e vocês morrerão.

Os dois abaixaram a cabeça. Teriam que abandonar o jardim. E foi o que fizeram. Ficaram muito tristes e Deus também.

Mas era tarde demais. Eles já estavam fora do jardim. Não haveria volta.

AS COISAS SE COMPLICAM

O homem e a mulher deixaram o Jardim do Éden. Passaram a se chamar Adão e Eva e começaram sua batalha diária pela sobrevivência.

Um dia, Eva notou que sua barriga estava crescendo. Ela foi ficando cada vez maior até que, alguns meses depois, um bebê nasceu. Era um menino. Eva olhou para ele, deitado tão pequenino ao seu lado, e chorou de assombro e felicidade.

– Nosso orgulho e alegria – disse ela para Adão.

Então eles lhe deram o nome de Caim, que significa Orgulho-e-alegria.

Era maravilhoso ter Orgulho-e-alegria! Mas logo nasceu outro bebê, também menino. Então Eva se lembrou do que Deus tinha dito quando eles deixaram o jardim, sobre como haveria crianças rodeando suas pernas o dia inteiro e bebês acordando-a toda noite.

Eles chamaram o menino de Abel, que significa Ninguém.

Orgulho-e-alegria continuou sendo o favorito dos pais, que não davam atenção a Ninguém.

Orgulho-e-alegria e Ninguém cresceram. Orgulho-e-alegria tornou-se um fazendeiro que arava o solo e cuidava das plantações. Ninguém foi ser pastor.

Ao final da estação, os dois levaram presentes para Deus. Caim trouxe algumas das suas melhores espigas de milho e vegetais. Já Abel trouxe a carne de seus melhores animais, os cortes que esperava serem os preferidos de Deus.

Deus ficou maravilhado com Abel e seus presentes, mas sequer pareceu notar os que Caim lhe trouxera.

De repente, Ninguém se sentiu muito alto e importante. Antes, ninguém o distinguira, mas agora o próprio Deus o notara e gostara dele também! E dos seus presentes! Ficou cheio de alegria.

Orgulho-e-alegria, no entanto, se enfureceu.

– O que há de errado com o meu presente? O que há de errado comigo? E por que o presente do meu irmão é tão especial? O que ele tem de tão bom? Ele é Ninguém! Eu sou o mais velho. Sou melhor do que ele em tudo. Não é justo!

Caim guardou toda a mágoa e toda a raiva dentro de si, e elas foram crescendo até quase fazê-lo explodir.

Deus olhou para ele e viu a expressão em seu rosto.

– Por que está com tanta raiva? – perguntou.

Que pergunta idiota!, pensou Caim, sem falar nada e olhando para o chão. O Senhor sabe muito bem por que estou com raiva. A culpa é toda Sua!

– Tome cuidado! – Deus o alertou. – Tome cuidado, ou sua raiva o dominará. E, quando isso acontecer, você fará o que ela quiser e será algo terrível. Não deixe sua raiva ditar o seu comportamento. É você quem deve dar as ordens e exigir que ela se comporte.

Caim deu as costas para o Senhor e foi embora, calado. Então tramou um plano abominável.

Um dia, chamou seu irmão.

– Abel! – disse ele.

– O que você quer? – perguntou Ninguém.

Caim não respondeu. Em vez disso, seguiu em frente, embrenhando-se nas plantações, e Abel o seguiu.

Quando a casa deles se tornou um pontinho ao longe, Caim, que estava alguns passos à frente, deu meia-volta e saltou com fúria para cima do irmão. Abel, pego de surpresa, tentou defender-se, mas era tarde demais. Orgulho-e-alegria impiedosamente matou Ninguém.

Caim deu as costas para o corpo do irmão e começou a se afastar. Deus o chamou:

– Onde está seu irmão, aquele que você chama de Ninguém? – perguntou.

Orgulho-e-alegria olhou para Deus de esguelha.

– Não sei – respondeu. – Não é meu trabalho cuidar dele.

– O que você fez? – gritou Deus. – Ouço o clamor do sangue derramado de seu irmão. Eu queria abençoar vocês dois, mas seu irmão está morto e você está amaldiçoado. A partir de agora, sempre que cultivar a terra, ela não lhe dará nada. Você será um fugitivo errante sobre a Terra.

Lágrimas correram pelas faces de Caim. Pela primeira vez, ele olhou diretamente para Deus.

– Isso é intolerável! – gritou ele. – O Senhor me expulsou de minha terra. E eu jamais poderei vê-Lo novamente. Serei um nômade e um andarilho, errando sem destino, sem um lar ou teto para chamar de meu. Quando houver mais pessoas no mundo, todas irão querer me matar.

Deus não desejava mais matança. Não queria ver outro corpo caído sem vida, com o seu sangue encharcando o solo.

– Eu colocarei uma marca em você – disse Ele –, para que ninguém jamais possa tocá-lo.

Então, aquele a quem Adão e Eva haviam dado o nome de Orgulho-e-alegria seguiu seu caminho, deixando Deus para trás. Carregava uma marca estranha na testa. Viveu muitos e muitos anos, e logo o mundo se encheu de outras pessoas. Os que o encontravam sabiam logo o que significava aquela marca: assassino, fratricida. E o deixavam no seu canto.

Caim foi viver na Terra dos Perdidos, longe do Éden. Ninguém sabe onde ela fica.

O Grande Dilúvio

O assassinato de Abel por Caim foi o primeiro de todos. Deus não queria mais mortes. Mas, à medida que o tempo passava e mais e mais pessoas povoavam o mundo, os assassinatos também foram aumentando, até a violência abalar a Terra.

Deus olhou para o belo planeta que havia criado. Tudo estava arruinado! Então olhou para os seres humanos que havia criado para cuidarem da Terra, para mantê-la em ordem e preservarem sua beleza, e constatou que eles tinham destruído tudo. Por toda parte só havia pensamentos sombrios e maldade.

Deus foi tomado pela dor e pela ira. Estou arrependido de ter criado esses seres humanos, pensou Ele com amargura. Eu os varrerei da face da Terra, e todas as demais criaturas também, para recomeçar do zero.

Mas, ao olhar de novo para a Terra, viu que ali havia um homem bom, apenas um, chamado Noé.

Noé era casado e tinha três filhos, Sem, Cam e Jafé.

Um dia, Deus disse para Noé:

– A Terra está arruinada e cheia de violência. Por isso, eu decidi destruir tudo. Mas manterei você e sua família em segurança, além de alguns dos animais, pássaros e cobras. Você deve construir uma arca, uma embarcação muito grande, com espaço suficiente para sua família e para as criaturas que levará com você. Ela deverá ter espaço também para bastante comida. Eu irei lançar um Grande Dilúvio sobre a Terra, e ele eliminará tudo, exceto você, sua família e as criaturas que levar para dentro da arca.

Noé ficou pasmo, sem saber o que dizer. Estava tão assustado que não conseguia falar. Deus tinha razão, é claro. A Terra certamente havia se tornado um lugar muito ruim, mas afogar tudo em um Grande Dilúvio... era terrível!

Quis argumentar com Deus, mas as palavras não saíam de sua boca. Então escutou as instruções de Deus sobre a arca: que tipo de madeira deveria ser usada, o comprimento, a largura e altura adequados, todos os detalhes. Ainda não conseguia dizer palavra.

– Os animais serão trazidos aos pares – Deus ordenou –, um macho e uma fêmea de cada espécie. Quando o Grande Dilúvio acabar, eles poderão ter filhotes e começar tudo de novo.

O coração de Noé batia forte em seu peito, e seus joelhos tremiam tanto que ele mal conseguia ouvir o que Deus estava dizendo. Quando Deus acabou de falar, Noé suspirou fundo e foi construir a arca.

Ele a construiu exatamente como Deus havia mandado. Quando terminou, entrou nela com sua família, e todos os animais vieram aos pares, como Deus tinha ordenado. Então fechou a porta da embarcação para que nenhuma água pudesse entrar.

Até aquele dia, Deus providenciara para que a chuva caísse de forma suave. Desta vez, no entanto, Ele escancarou todas as comportas do céu ao mesmo tempo. A chuva caiu aos jorros, torrencialmente. E não parou de chover... dia após dia, sem trégua.

Quando Deus criou o mundo, ele escondeu parte da água nas profundezas, em fontes, rios e lagos subterrâneos. Até então, essa água vinha subindo à superfície de forma suave, pouco a pouco. Mas, dessa vez, Deus fez com que ela jorrasse para cima com violência, criando chafarizes e gêiseres imensos. E eles não paravam de jorrar... dia após dia, sem trégua.

Durante 150 dias, as águas continuaram inundando a Terra. No fim, até as mais altas montanhas estavam submersas. Tudo foi coberto pelas águas do Grande Dilúvio, exceto Noé, sua família e as criaturas que os acompanhavam dentro da arca.

Para onde eles estavam indo? Ninguém sabia. Não havia nada além de água em toda parte.

Quando aquilo terminaria? Ninguém sabia. Deus havia falado que um dia eles poderiam recomeçar. Mas quando seria esse dia?

Tudo o que podiam ouvir era o som das gotas de chuva castigando o teto da arca sobre as suas cabeças e a água se chocando contra as laterais. Aquele som terrível de água não parava nunca, continuava dia após dia, sem trégua.

Dentro da arca, o silêncio era total. Noé e sua família não trocavam uma palavra sequer. Os animais também ficavam mudos. Todos se aninhavam juntinhos e esperavam, enquanto a arca flutuava pela imensidão azul. Era como no início de tudo, antes de o mundo ser criado. Eles nunca viam o sol, a lua ou as estrelas. Quando olhavam por alguma abertura da arca, tudo o que conseguiam ver era água: água despencando do céu, água brotando das profundezas, água por todo lado.

Era terrível!

Então Deus olhou para a arca, para Noé e sua família e para todas as criaturas lá dentro. Eles pareciam tão pequenos naquela massa enorme de água. Deus fechou as comportas do céu, e a chuva parou. Tapou as fontes e gêiseres, e eles pararam de jorrar.

Quando Deus criou o mundo, Seu Espírito soprou como um vento e voou como um pássaro sobre as águas. Então, dessa vez,

Deus enviou outra ventania para soprar pela superfície das águas e mandá-las para longe. Dia após dia, as águas iam baixando.

Um dia, Noé sentiu um pequeno baque na parte de baixo da arca, que parou em seguida. Eles deviam estar em terra firme! Mas será que era seguro deixar a arca? Noé não sabia, pois não conseguia ver. Então ele enviou um corvo, que foi e voltou, sem ter onde pousar. Uma outra vez, Noé enviou uma pomba, na esperança de que ela encontrasse terra firme, mas a ave não teve sucesso e voou de volta para a arca. Noé esperou mais sete dias e enviou novamente a pomba. Ela retornou, mas dessa vez carregando no bico uma folha de oliveira recém-arrancada. Noé dançou de alegria e foi correndo mostrar a folha para sua esposa e filhos. Sete dias depois ele soltou a pomba uma terceira vez. Desta feita, ela não retornou – tinha encontrado um lugar para viver.

– As águas devem ter baixado quase por completo – disse Noé. Ele retirou a cobertura que havia colocado sobre a arca e olhou em volta. A água tinha desaparecido e a terra estava secando.

– Venham! – exclamou Noé. – Vamos celebrar! – E assim eles fizeram. O carneiro e a ovelha baliram! Os rouxinóis cantaram! As cobras chacoalharam suas caudas! Noé, sua família e todas as criaturas da arca dançaram juntos aquele dia inteiro e pela noite afora.

Então Deus disse para Noé:

– Deixem a arca agora. O Grande Dilúvio chegou ao fim. A Terra está seca. Vocês podem recomeçar.

Era ao mesmo tempo estranho e maravilhoso estar de volta à terra firme. Noé disse para sua esposa:

– Vamos dar uma festa para Deus.

Então ele construiu um altar, acendeu um fogo em cima dele e ofereceu sacrifícios ao Senhor. Deus sentiu o cheiro forte e reconfortante da lenha queimando.

Mas Deus conhecia bem os humanos e sabia que eles não tinham mudado. O Grande Dilúvio não os lavara por dentro.

Eles ainda seriam maus, perigosos e violentos. "Porém, eu jamais destruirei a Terra novamente. Façam o que fizerem os seres humanos, eu jamais voltarei a privá-los do poder que lhes dei no início. Viverei em sua companhia como eles são, por mais alto que seja o preço."

Deus abençoou Noé e sua família.

– Reproduzam-se, multipliquem-se – disse Ele – e povoem o mundo! Todos os animais da terra, todas as aves do céu e os peixes do mar passarão a temê-los daqui em diante – acrescentou em tom mais baixo. – Pois vejo que vocês os caçarão para se alimentarem deles.

Deus falou para Noé, sua família e para as criaturas que haviam saído da arca.

– Eu prometo solenemente jamais enviar outro Grande Dilúvio. Farei uma marca dessa promessa no céu: o arco-íris. Ele se tornará um sinal da aliança entre mim e a Terra. Não se pode ter um arco-íris sem o sol. O arco-íris me lembrará de que não devo jamais permitir que a chuva caia sem cessar e tape o sol dia após dia, sem trégua. Nunca mais retribuirei destruição com destruição. Vocês estão seguros agora. Têm a minha palavra.

CONFUSÃO BABILÔNICA

A BÍBLIA COMEÇA com um poema e algumas histórias sobre o início dos tempos. Essas histórias versam sobre coisas misteriosas: um jardim onde Deus cria seres humanos do pó e sopra a vida para dentro deles; o chão manchado pelo sangue de um homem assassinado que clama aos ouvidos de Deus; e um Grande Dilúvio que submerge não apenas um vale ou um país, mas toda a Terra. Coisas estranhas acontecem no próximo episódio também, embora possamos encontrar nele algo que vem direto da própria história do mundo.

Dois mil anos e meio atrás, os babilônios, que vinham de um país atualmente chamado Iraque, invadiram o território ao leste do mar Mediterrâneo, onde vivia o povo de Israel. Eles tomaram a capital, Jerusalém, e a destruíram. Derrubaram ou atearam fogo em tudo e deixaram o templo de Deus em pedaços. Vangloriavam-se de que seu deus Marduk tinha derrotado o Deus de Israel. Os israelitas afirmavam que o Deus deles havia criado o mundo e os protegera durante todos aqueles anos. Os soldados babilônios riam e diziam: "Bem, ele não está protegendo vocês agora, está?" Então forçaram muitas das pessoas a caminharem centenas de quilômetros até a Babilônia pelas margens do rio Eufrates.

Talvez o autor da próxima história tenha sido uma dessas pessoas. Ele foi certamente um israelita que esteve na Babilônia. No meio dessa grande cidade havia um templo enorme, do tamanho de uma pequena montanha. Ele se erguia por seis andares vastos, e no topo havia uma casa para Marduk. Os babilônios tinham muito orgulho desse templo. Contavam histórias e cantavam músicas a seu respeito. Diziam que suas fundações desciam mais fundo do que a própria terra e que seu cume ficava tão alto quanto o céu.

Nosso autor anônimo de Israel não sentia orgulho nenhum do templo. Aos seus olhos, ele era um símbolo da tirania e da brutalidade da guerra. Por isso decidiu contar sua própria história a respeito. Partes dela são bem engraçadas, mas ela também resume muito do que havia de errado com os seres humanos. Dessa forma, foi uma boa história para vir logo após a do Grande Dilúvio.

Foi assim que a Babilônia, ou Babel, como era chamada pelos israelitas, entrou para o rol das histórias sobre os primórdios do mundo.

Este é o relato do grande contador de histórias.

ERAS E ERAS ATRÁS, no início dos tempos, todos os seres humanos na Terra falavam apenas uma língua. Deus lhes dissera para irem viver em todas as partes do mundo. Alguns, no entanto, não Lhe deram ouvidos. Em vez disso, decidiram se estabelecer em um só lugar: às margens do rio Eufrates. Lá, eles aprenderam a fazer tijolos. Os tijolos lhes deram ideias. Eles passaram a sonhar em construir uma cidade grandiosa, com muralhas espessas e um templo imenso dentro delas, com fundações que desciam mais fundo do que a própria terra e com o topo tão alto quanto o céu. Então começaram a construção. À medida que os muros se tornavam mais espessos e o templo mais alto, eles iam ficando cada vez mais orgulhosos. Podemos fazer tudo, eles pensavam. Somos tão formidáveis quanto o próprio Deus, se não mais. O plano de nos espalhar por todo o mundo falhou. Vamos permanecer aqui e ficar famosos.

Deus olhou para a bela cidade e para o templo que eles estavam construindo. Aos Seus olhos, tudo parecia minúsculo, mas Ele sabia o que se passava pelas cabeças dos construtores. Em pouco tempo o mundo inteiro estaria arruinado novamente. Ele conseguia ver isso. Precisava impedi-los.

Deus sorriu enquanto colocava Seu plano em ação.

– Me dê outro tijolo – pediu um dos construtores certo dia.

Para sua surpresa, seu colega de trabalho respondeu:

– Sim, está mesmo um dia lindo!

– A vista é fantástica daqui de cima! – exclamou outro. E seu amigo o olhou de cara feia e disse:

– Pare de dizer grosserias!

– A gente deve estar perto do céu agora – observou um terceiro. E a mulher ao seu lado gritou:

– Você está dizendo que o meu marido parece um sapo?

Deus estava fazendo com que eles falassem línguas diferentes. Assim, não conseguiam se entender!

Houve brigas e a situação ficou tão grave que foi preciso interromper a construção. Finalmente tiveram que desistir de viver juntos na mesma cidade. Então partiram em grupos para diversas regiões do mundo, de acordo com as línguas que falavam.

Deixaram a cidade e o grande templo para trás. As construções abandonadas se deterioraram, tornando-se meras pilhas de escombros. As pessoas passaram a chamar o local de Babel, pois foi ali que Deus misturou as línguas e as transformou em idiomas incompreensíveis, uma verdadeira confusão babilônica.

O plano de Deus tinha funcionado. Agora os seres humanos estavam espalhados por todo o mundo, como Ele desejara.

Mas como o mundo poderia se tornar o que Deus realmente queria que ele fosse? Como a Terra – e tudo o que havia nela – poderia se tornar bela novamente e tão boa quanto era no início? Deus precisava de outro plano.

2

A nova família de Deus

"Então Deus olhou para tudo o que havia criado. Que maravilha! Tudo era tão lindo! Tão bom!" É assim que a nossa história começa. Mas então as coisas começam a sair errado. O primeiro homem e a primeira mulher da Terra são obrigados a abandonar o belo jardim de Deus. Eles têm dois filhos, mas, quando esses irmãos se tornam homens, um mata o outro. Com o passar do tempo, a Terra se torna um lugar tão violento que Deus decide purificá-la com um Grande Dilúvio e recomeçar do zero. Mas essa medida também não dá certo. Os seres humanos continuam os mesmos, seguindo seu próprio caminho. Deus quer que eles andem ao Seu lado e Lhe façam companhia, mas não é o que eles desejam. Sentem-se mais felizes construindo seus templos grandiosos e enchendo-se de orgulho. Começam a se achar tão ou mais formidáveis do que Deus.

O que Deus pode fazer? Não pode lançar outro Grande Dilúvio sobre a Terra. Ele prometeu jamais fazer isso novamente. Não pode simplesmente assumir sozinho o controle.

Ele precisará de todo um povo para auxiliá-lo. Noé e sua família O ajudaram a salvar os animais e os pássaros do Grande Dilúvio. No entanto, Ele precisará de mais do que isso se quiser que o mundo volte a ser muito bom e bonito. Terá que haver um povo especial de Deus, um povo que entenda Sua mente e compartilhe Seus sonhos, um povo que se manterá ao Seu lado e trabalhará junto com Ele no correr dos séculos. Esse povo deverá ter sua própria terra e ser tam-

bém livre. De nada adiantará se esse povo receber ordens de outra nação que não reconheça Deus.

Este capítulo conta a história dos antepassados desse povo. Ele fala sobre uma simples família e começa com apenas duas pessoas: Abraão e sua esposa Sara.

Alguns povos transformam seus ancestrais em grandes heróis. No entanto, quando o povo de Deus – o povo de Israel – concebeu suas histórias sobre a família de Abraão e Sara, não agiu dessa forma. Não relatou suas inúmeras façanhas extraordinárias nem os retratou como especialmente bons. Em muitos aspectos, fizeram de Abraão e Sara pessoas extremamente comuns, com vários problemas, incluindo alguns que ainda surgem com frequência nas famílias contemporâneas. Essa é uma das coisas que tornam suas histórias tão fascinantes e tão verossímeis.

ABRAÃO E A GRANDE PROMESSA

Quando Deus decidiu lançar o Grande Dilúvio sobre a Terra, Ele procurou alguém que pudesse ajudá-Lo a salvar uma família humana, animais e pássaros, o suficiente para começar tudo de novo quando o Dilúvio acabasse. Foi assim que Ele encontrou Noé.

Quando Deus decidiu ter um povo só Seu, Ele encontrou Abraão. No entanto, Abraão, ao contrário de Noé, não era um homem especialmente bom por natureza. Mas era alguém com quem Deus podia falar e, o que era mais importante, que às vezes O ouvia.

Abraão vivia com sua esposa Sara, seu pai Terá e seu sobrinho Ló em um lugar chamado Harã. Eles tinham vindo de Ur, uma cidade às margens do rio Eufrates. Havia sido uma longa, longa viagem, mas eles gostavam de Harã e se sentiam bem ali.

Abraão acreditava que iria continuar em Harã pelo resto da sua vida. Mas um dia Deus lhe disse:

– Quero que você vá embora de Harã. Quero que deixe seu pai para trás. Quero que você seja o chefe da família de agora em diante. Quero que dê início a uma nova família, não apenas sua, mas minha também. Eu lhes darei um país para viverem, uma Terra Especial, e farei de vocês uma grande nação, conhecida em todo o mundo. Eu o abençoarei, Abraão, e você deverá ser uma bênção para todos os que cruzarem o seu caminho. Dessa forma, posso garantir que o mundo se tornará tão bom e belo quanto era no início.

Tudo isso foi uma enorme surpresa – uma série de surpresas, na verdade. Contudo, Abraão fez o que Deus queria. Foi embora de Harã, deixando para trás tudo o que conhecia. Não sabia para onde estava indo ou o que iria acontecer. Sara, sua esposa, o acompanhou, assim como Ló, seus servos e todos os seus animais. Eles viajaram para o oeste e depois tomaram a direção sul. Trilharam um longo, longo caminho. Por fim, chegaram a uma região chamada Canaã.

– É aqui – falou Deus. – Esta é a Terra Especial que Eu lhes prometi. É aqui que vocês devem se assentar. É aqui que devem se tornar Minha família e, quando forem em número suficiente, Meu povo. Eu os abençoarei aqui. E lembre-se, Abraão, seja uma bênção para todos os que cruzarem o seu caminho!

Havia apenas dois problemas quanto a essas promessas de Deus. Em primeiro lugar, a Terra Especial estava cheia de pessoas que já viviam ali. O que fazer com elas? Bem, Abraão ainda não precisava se preocupar com isso. Mas o outro problema não lhe saía da cabeça. Como eles poderiam se tornar uma grande nação se ele e Sara não conseguiam ter filhos? Estavam casados havia um bom tempo, mas os esforços para engravidar tinham sido inúteis. Todos diziam que os filhos eram uma bênção de Deus. Então como Deus iria abençoá-lo, se Sara era estéril? E quanto a essa Terra Especial de Canaã? Depois que Sara e ele morressem, não iria restar ninguém da sua família ali. Isso seria o fim de tudo, na verdade – eles não seriam conhecidos em todo o mundo, aquela não se tornaria uma grande nação, não haveria povo de Deus algum. Não haveria nada.

O ENGENHOSO PLANO DE SARA

Sara, a esposa de Abraão, não fazia ideia do que Deus tinha dito ao seu marido. Abraão não lhe contara sobre nenhuma Terra Especial ou grande nação, ou sobre como eles seriam conhecidos e abençoados em todo o mundo. Ela apenas queria um bebê. Há anos que o desejava. Todas as outras mulheres casadas que conhecia tinham filhos. Ela culpava a si mesma, e com o passar dos anos foi ficando cada vez mais desesperada.

Talvez Abraão tivesse que arranjar uma segunda esposa. Os costumes da época permitiam isso. Após dez anos em Canaã sem conseguirem ter filhos, Sara pensou em quem poderia ser essa segunda esposa. Abraão achou ótimo o plano. Afinal, Deus lhe dissera que ele teria um filho, mas não afirmara em nenhum momento que Sara seria a mãe.

Sara tinha uma jovem escrava egípcia chamada Agar. Talvez, pensou Sara, se eu der Agar a Abraão como sua segunda esposa, ela tenha um filho em meu lugar e os anos de fracasso chegarão ao fim. Porque Agar é apenas uma escrava, e escravas não contam. Se ela tiver um bebê, a criança será considerada minha, e não dela. Abraão quer um menino, eu sei, e aposto que a mulher terá um. Todos dirão "Que menino bonito você tem, Sara!" e eu poderei finalmente andar de cabeça erguida. Ninguém me olhará com desprezo ou fará comentários grosseiros a meu respeito. Eu serei mãe!

Esse era o engenhoso plano de Sara.

Assim, ela ofereceu Agar a Abraão como sua outra esposa, e Agar ficou grávida sem demora. Mas, à medida que a barriga de Agar foi crescendo, Sara percebeu o que iria acontecer. Ela viu que jamais seria a mãe verdadeira daquela criança. Olhe só para Agar, pensava Sara. Está tão orgulhosa de si mesma!

– Coloque a mão na minha barriga – dizia Agar para Sara. – Ele está chutando tão forte hoje!

Sara não suportava tocá-la. Apesar de ser uma escrava, uma ninguém, Agar a fazia sentir-se insignificante. Sara não suportava mais aquilo.

– Veja só o que você fez! – gritava ela para Abraão. – Você engravidou aquela mulher! Ela me olha com desprezo, eu sei que sim! Ela é uma escrava, além de uma estrangeira, e olha para mim com desprezo, para mim, que sou sua dona. Está tudo errado!

– Faça dela o que achar melhor – disse Abraão com frieza. – Ela ainda é sua escrava. – E deu-lhe as costas, fazendo com que Sara se sentisse ainda mais sozinha e magoada.

Pobre Sara! Ela queria que Abraão a tomasse nos braços, a confortasse e dissesse que a amava. Porém, tudo o que disse foi "Faça dela o que achar melhor". Então, tudo bem, era isso o que ela iria fazer! Tornaria a vida de Agar um verdadeiro suplício.

Sara passou a gritar com Agar sempre que ela cometia os menores erros e mesmo quando não os cometia. Depois começou a bater nela. Agar ficou com muito medo, porque um dia Sara poderia lhe bater com tanta força que ela perderia o bebê. Então resolveu fugir. Decidiu que voltaria para o Egito, para sua terra natal. Lá, as pessoas a tratariam bem e seu bebê também ficaria seguro. Ela teria seu filho em seu próprio país, entre o seu próprio povo, como uma mulher livre, e não mais como uma escrava.

Agar e o Deus que vê

Agar estava fugindo de Sara, sua dona cruel. Ela ainda tinha um longo caminho pela frente e se cansaria muito rápido, pois o bebê pesava cada vez mais em sua barriga. O Egito, sua terra natal, ficava a muitos quilômetros de distância, e a maior parte deles era de deserto.

Mas Agar não sentia medo. Conhecia o caminho e se lembrava de onde ficavam os oásis e os poços dos quais poderia retirar água. O povo do deserto lhe daria comida e abrigo. Eles sempre cuidavam dos estranhos. Seriam bons com ela – ao contrário de Sara e de seu marido, Abraão.

Certa manhã, depois de caminhar por vários dias, Agar chegou a uma fonte. Ela se agachou e, a mancheias, levou água à boca, espalhando-a também pelo rosto. Estava deliciosamente gelada.

– Para onde você está indo, Agar? – disse uma voz. – Você é a escrava de Sara.

Ela ficou petrificada, com as mãos diante do rosto e a água escorrendo pelas mangas do vestido. Quem era esse que havia aparecido de repente no meio do deserto? A voz era estranha, como se viesse de muito longe, mas ao mesmo tempo parecia bem próxima, tão próxima quanto a água que refrescava sua garganta. E como o estranho sabia seu nome e que ela era a escrava de Sara?

– Estou fugindo da minha dona, Sara – respondeu baixinho, ainda sem ousar erguer os olhos.

– Você deve voltar até ela e se sujeitar novamente às suas maldades – disse a voz.

Agar tremeu. De que lado estava aquele estranho? Certamente não do lado dela. Não posso voltar, pensou ela, não posso! No entanto, estava acostumada a obedecer ordens. Era o que tinha feito a vida inteira. Então ficou calada e se perguntou se o estranho teria algo mais a dizer. Durante todo esse tempo, não desgrudou os olhos da água.

Um silêncio profundo abateu-se sobre o deserto. Então o estranho voltou a falar:

“Eu vi seu sofrimento, Agar,
e a crueldade de Sara.

Contei todas as suas lágrimas,
cada uma delas.
E as guardei comigo.

Você, Agar, terá um filho
e lhe dará o nome de Ismael,
pois Deus ouviu sua aflição.
Ele vagará pelo deserto,
tão livre quanto um jumento selvagem,
sem obedecer ao chamado de ninguém.
Ele não será escravo de homem algum,
e tampouco você o será.
Em vez disso, se tornará a antepassada de um povo magnífico,
tão numeroso, que será incontável!
Isso eu prometo a você.
Eu prometo."

Agar deixou suas mãos caírem da frente dos olhos. Ela agora reconhecia aquela voz. Ergueu a cabeça e se viu face a face com Deus!

– Eu vi Deus! – sussurrou ela. – E Deus me viu. Eu Lhe darei um nome, Deus, um novo nome que o Senhor poderá usar daqui em diante. Eu o chamarei de "Deus que Vê".

Até hoje, a fonte daquele lugar é chamada de "A Fonte do Espírito Vivo que Vê". As pessoas costumavam ir até ela para encontrar Deus, escutar Sua voz e ver Seu rosto. Provavelmente ainda fazem isso.

SARA ESCUTA A PROMESSA ÀS ESCONDIDAS

Sara perdera a esperança. Ela ainda não tivera filhos. Seu mundo parecia vazio, sem sentido. Abraão não parecia notar sua tristeza ou se importar com ela. Deus também parecia silencioso. Ela rezava, mas suas palavras desapareciam no ar e, até onde ela sabia, não eram ouvidas. Deus voltara a dizer a Abraão que ele teria um filho e que, dessa vez, a mãe seria Sara. Mas Sara não sabia disso. Abraão nada lhe contara.

Um dia, Abraão cochilava em frente à sua tenda. Era meio-dia e fazia muito calor. Uma sombra cobriu seu rosto e ele acordou. Quando abriu os olhos, viu três estranhos parados diante dele. Ele saltou e pôs-se de pé imediatamente.

– Perdão – falou. – Eu estava tirando uma soneca. Por favor, aproximem-se e sentem-se à sombra destas árvores. Vou trazer um pouco de água para lavar seus pés, que devem estar doloridos. Trarei também algo para vocês comerem e beberem. Esperem, eu volto logo.

O que Abraão não sabia era que os estranhos eram Deus e dois companheiros celestiais.

Abraão voltou às pressas para a tenda e mandou Sara começar a cozinhar. Ela preparou vários bolos, enquanto Abraão e seu escravo assavam um bezerro e traziam baldes de leite. Então, retornou aos seus convidados e colocou a refeição diante deles. Deus sorriu diante de tanta comida. Abraão não comeu nada. Era para os convidados, não para ele. E Sara era obrigada a permanecer dentro da tenda, porque sempre devia ficar fora de vista quando qualquer visitante chegasse. Abraão observou os convidados enquanto eles devoravam o assado. Não percebera quem eram de fato.

– Onde está Sara, sua esposa? – perguntou Deus.

Estranhamente, Abraão não reconheceu aquela voz que lhe era tão familiar.

– Na tenda – respondeu.

– Eu voltarei em breve e Sara terá um filho – afirmou Deus.

Se Abraão estivesse mais consciente, teria pensando: "Como este estranho sabe o nome da minha esposa? E que história é essa de nós dois termos um filho? Só Deus e eu sabemos disso! Será que esse estranho é Deus? Só pode ser. Oh, céus! Estou recebendo Deus e não O reconheci!"

Mas Abraão não pensou em nada disso. Apenas continuou observando os visitantes comerem.

Sara estava logo atrás da entrada da tenda e ouviu tudo. Não conseguia acreditar no que escutara. Um filho? Na sua idade? Com um marido velho como Abraão? Ela ainda queria ter um filho, é claro. Era o que mais desejava do fundo do coração. Mas a ideia era ridícula! Só podia ser uma piada cruel. Ela soltou uma risada amarga.

Deus disse para Abraão:

– Por que Sara está rindo? Dar-lhe um filho é algo maravilhoso demais para Deus fazer?

De repente, Sara teve medo. Aquele estranho sabia tudo a seu respeito! Ela saiu da tenda.

– Eu não ri – disse baixinho.

– Ah, riu sim – observou Deus.

Em seguida, Deus e seus dois companheiros partiram. Abraão nunca se deu conta de quem eram, mas o que eles disseram fez Sara pensar e refletir e, pela primeira vez, em anos, começar a ter esperanças.

Deus de fato voltou, como disse que faria. E Sara teve o filho que há tanto tempo desejava. Eles o chamaram de Isaac, que significa "riso" – o riso de Sara, o riso de Abraão, o riso de Deus.

Agar e o Deus que salva

Ter um filho encheu Sara de alegria. Mas sua alegria não seria duradoura.

Agar, sua escrava egípcia, retornara depois de fugir para o deserto. Agar tinha uma criança que também era filho de Abraão e se chamava Ismael. Era alguns anos mais velho do que Isaac.

Muitos bebês morriam naquela época. Quando sobreviviam mais de dois anos e suas mães podiam parar de amamentá-los, era costume dar uma grande festa para comemorar. Assim, quando Sara parou de amamentar Isaac, Abraão promoveu um banquete e convidou amigos e vizinhos. Houve música, dança e muita comida e bebida.

Estavam todos se divertindo... até Sara ver Ismael. Aquele era o grande dia de Isaac, porém Ismael havia chegado como se a festa fosse para ele. Só por ser mais velho, pensou Sara, ele se acha mais importante. Não vou tolerar isso. Por ser o mais velho, quando Abraão morrer, ele ficará com tudo. É assim que determina a tradição. O primogênito sempre herda tudo, e o caçula, nada. Esse convencido, filho daquela egípcia, daquela escrava imprestável, herdará os melhores camelos, ovelhas e jumentos de Abraão. Será o chefe da família. Poderá mandar e desmandar no meu Isaac. Eu esperei todos esses anos apenas para ver meu filho receber ordens do filho de uma escrava!

Ela andou a passos firmes até onde Abraão estava sentado.

– Expulse aquela escrava daqui – gritou –, e o filho dela também. Não vou permitir que o filho de uma escrava herde tudo o que você tem de bom no lugar do meu Isaac. Expulse os dois!

Abraão ficou irritado e triste. Disse para Agar ir embora levando Ismael. Levantou cedo na manhã seguinte, deu-lhe um pouco de pão e um odre de couro cheio d'água, colocou Ismael sobre os ombros da mãe e os mandou para o deserto.

Os olhos de Agar estavam tão cheios de lágrimas, que ela sequer enxergava por onde ia. Estava com tanto medo e tanta raiva, que não conseguia pensar direito. Da última vez que fugira, havia tomado o caminho do Egito com a cabeça erguida. Agora, cambaleava pelo deserto, seus ombros arqueados sob o peso do filho.

Ela deu o pão a Ismael, mas logo não havia mais nada para comer. Também lhe deu a maior parte da água, que acabou sem demora. Agar olhou à sua volta. Colinas áridas e rochas pontiagudas por todo lado. Os dois vagaram por mais três dias. Seu filho iria morrer, ela pensou. Já estava muito fraco. Deus havia feito belas promessas. Ele lhe dissera que Ismael andaria pelo deserto tão livre quanto um jumento selvagem, e que ela, Agar, se tornaria a antepassada de um povo magnífico. Onde estavam essas promessas agora? Nada parecia restar delas. Também nada parecia restar para ela e seu filho, além da morte em um deserto vazio.

Agar não conseguia suportar ver Ismael morrer. E como também não conseguia suportar ouvir seu choro, colocou-o com carinho debaixo da sombra de um arbusto e afastou-se até não poder mais ouvi-lo e vê-lo. Sentou-se então, enterrando o rosto nas mãos. Também iria morrer, é claro, mas isso não tinha importância.

De repente, escutou novamente aquela voz, a mesma que ouvira antes no deserto. Era a voz de Deus! Desta vez, ela a reconheceu de imediato.

– Não tenha medo, Agar – disse Deus. – Consigo ouvir o choro do seu filho. Não me esqueci das minhas promessas. Não costumo descumpri-las. Ismael dará origem a um grande povo aqui neste deserto. Eu me certificarei disso. Vá até ele. Apanhe-o e abrace-o com força. Olhe!

Agar olhou e ficou pasma. Havia um poço que estava ali desde o início, mas que suas lágrimas não haviam deixado que ela enxergasse. Disparou em direção a ele, encheu o odre de água e correu até Ismael para lhe dar de beber. Estavam salvos! Poderiam encontrar comida também. Com a água fresca descendo pela garganta, recuperou sua antiga familiaridade com o deserto. Eles poderiam viver ali, onde prosperariam. Ela não seria escrava de ninguém, e tampouco Ismael. Quando seu filho crescesse, ele se tornaria um grande caçador, exímio no arco e flecha. Teria muitos filhos, e seus filhos também teriam muitos filhos, até se tornarem um povo magnífico, tão numeroso, que seria incontável. Agar teria de encontrar uma esposa para Ismael quando chegasse a hora. Agar a buscaria em sua terra natal, no lugar em que havia nascido e passado sua infância, no lugar em que vivia antes de ser levada por Sara. Ela iria para o Egito.

Deus os tinha salvo. Eles agora estavam em segurança.

ABRAÃO E ISAAC

Abraão amava Isaac, o filho que Sara concebera quando os dois já eram idosos. Seu outro filho, Ismael, o filho da escrava de Sara, tinha desaparecido, assim como Agar, sua mãe. Ele jamais os veria novamente. Agora, eram apenas ele e Isaac.

Isaac cresceu e tornou-se um rapaz saudável e forte. Então, certa noite, uma noite terrível, Abraão ouviu a voz de Deus. Desta vez, ele a reconheceu na mesma hora.

– Abraão! – chamou Deus com brandura.

– Estou aqui – respondeu Abraão.

– Pegue seu filho, seu único filho, aquele que você ama: Isaac. Vá para a Terra dos que Veem, até uma montanha sagrada que irei lhe mostrar, e ofereça-o ali como sacrifício.

Isso foi tudo. O silêncio da noite se abateu de volta sobre a tenda. Abraão ficou deitado com o corpo rijo sobre a cama, os olhos arregalados. Queria perguntar o que Deus pretendia com aquilo. Queria soltar um grito de angústia alto o bastante para rachar os céus e um urro de protesto que faria o coração de Deus se apertar no peito. Abriu a boca. Nada saiu lá de dentro. Sacrificar seu filho? Matar Isaac? Como poderia fazer isso?

A manhã despontou. Com o coração pesado, Abraão levantou-se e preparou tudo. Cortou a madeira para o sacrifício e colocou-a nas costas do seu jumento. Então partiu com seus dois jovens servos, levando Isaac junto. Não disse para onde estavam indo ou o que iria fazer. Não falou nada. Apenas seguiu andando na frente do jumento, os olhos fixos no chão pedregoso.

Viajaram por dois dias e durante todo esse tempo Abraão permaneceu calado, como se estivesse em um mundo só seu. No terceiro dia, ergueu os olhos e viu a montanha que deveriam subir. Abraão sabia que era aquela. Ele se deteve.

– Fique aqui com o jumento – falou para um dos servos. – Há um local sagrado nesta montanha. O menino e eu vamos orar nele e depois voltaremos para cá. – Ele não os encarou enquanto dizia essas palavras, e seu tom de voz era tão baixo que eles mal conseguiram entendê-lo. Abraão sabia muito bem que Isaac não iria voltar.

Ele retirou a madeira de cima do jumento e empilhou-a nas costas de Isaac. Então apanhou a faca que usava nos sacrifícios e acendeu uma pequena chama em um jarro de cerâmica para atear fogo na madeira.

Começaram a subir a montanha juntos. Embora não soubesse, Isaac carregava a madeira para o seu próprio sacrifício. Abraão, no entanto, além do fogo e da faca, tinha de carregar a terrível ordem de Deus. A angústia quase despedaçava seu coração.

– Pai – perguntou Isaac.

– Sim, meu filho? – respondeu Abraão.

– Temos fogo e madeira, mas onde está o cordeiro para o sacrifício?

– Deus proverá o cordeiro, Isaac.

Ao dizer essas palavras, a voz de Abraão quase se embargou. Ele sabia quem seria o "cordeiro" – seu filho tão amado.

Subiram até chegarem ao local sagrado. Não havia altar para o sacrifício, de modo que Abraão teve que construí-lo. Cada pedra que carregava parecia o corpo de seu filho.

O altar ficou pronto. Estava na hora. Era para isso que tinham ido até ali. Era isso o que Deus queria. Não havia cordeiro algum. Abraão colocou a madeira no altar, depois amarrou seu filho e o colocou em cima dela. Sacou a faca especial para sacrifícios e ergueu-a para matar Isaac.

– Abraão! Abraão! – chamou uma voz em tom de urgência. Era a voz de Deus.

Abraão se deteve.

– Estou aqui – sussurrou ele.

– Não faça mal ao menino! – disse a voz. – Eu estava apenas querendo prová-lo. Eu queria me certificar de que você sabe que Isaac não é apenas seu filho, mas Meu também. Queria saber se o manteria para si ou estaria preparado para entregá-lo de volta para Mim. Agora eu sei. Já vi o suficiente! As antigas promessas que lhe fiz ainda valem. Seus descendentes serão tão numerosos quanto as estrelas do céu e os grãos de areia do litoral, e eu lhes darei uma terra só deles, a Minha Terra Especial. Eu de fato o abençoarei, e, por meio de seus descendentes, todas as nações da Terra serão abençoadas.

Abraão ergueu os olhos e viu um carneiro preso a uma moita pelo chifre. Ele o ofereceu sobre o altar no lugar de seu filho. Então deu ao local sagrado um novo nome: "Deus Vê".

Deus havia salvo seu filho. Eles estariam seguros agora.

UM IRMÃO GÊMEO ARDILOSO E UMA TIGELA DE COZIDO

Abraão tinha sido o portador da bênção. Deus o havia abençoado e lhe dado a missão de transmiti-la para a geração seguinte. Agora ele estava morto e seu filho Isaac tomara o seu lugar e se tornara o portador da bênção. Também era seu dever passá-la adiante.

Isaac havia se tornado adulto e se casado com uma mulher chamada Rebeca. Os anos se passavam e eles não conseguiam ter filhos. Era como se Rebeca fosse incapaz de conceber. Pelo menos, era o que todos pensavam. Vinte anos se passaram sem que nenhum bebê viesse.

Então Isaac rezou a Deus e finalmente Rebeca ficou grávida de gêmeos!

A gravidez foi um período terrível para ela. Parecia que os bebês brigavam o tempo todo dentro de sua barriga. Eles empurravam, puxavam e chutavam sem parar, dia após dia. Estavam esgotando suas energias. Certamente iriam acabar matando-a. Há tempos que ela desejava ter filhos, mas nunca havia imaginado que seria assim. Ela revelou sua dor e seu desespero a Deus.

Rebeca indagou a Deus o deveria fazer. Deus respondeu:

"Seu útero carrega duas nações,
duas tribos diferentes sairão de seu ventre;
uma delas será mais forte do que a outra:
o mais velho servirá ao mais novo."

Está tudo ao contrário, pensou Rebeca. No nosso povo, são os filhos mais jovens, e não os mais velhos, que ficam em segundo lugar.

Quando os dois bebês nasceram, o primeiro tinha o corpo coberto por uma penugem ruiva. Eles o chamaram de Esaú. O segundo segurava o calcanhar do irmão e lhe deram o nome de Jacó, que significa "aquele que segura o calcanhar".

Esaú cresceu e se tornou um caçador, um homem feito para estar ao ar livre, na natureza. Jacó, por sua vez, gostava de ficar próximo das tendas da família, cuidando das cabras. Esaú era o favorito de Isaac. Jacó, o de Rebeca.

Um dia, Jacó estava preparando uma sopa de lentilhas em uma fogueira diante de uma das tendas. A sopa era vermelha, como o pelo ruivo que cobria o corpo de Esaú. Parece até o meu irmão, pensou Jacó, rindo.

Nesse momento, Esaú voltou da caça. Tinha passado um bom tempo fora, sem conseguir apanhar nada. Estava faminto. O cheiro da comida o fez perder a cabeça.

– Estou morrendo de fome! – disse ele para o irmão. – Me dê um pouco da sua sopa.

Jacó vislumbrou sua chance. Era irmão gêmeo de Esaú, mas tinha nascido depois. Quando seu pai Isaac morresse, Esaú ficaria com muito mais do que ele. Há tempos Jacó buscava uma oportunidade de reverter essa situação. Agora o momento havia chegado.

– Eu lhe dou um pouco deste pão e desta sopa de lentilhas – disse Jacó – em troca do seu direito de primogenitura. Conceda-me os privilégios do filho mais velho, e eu lhe darei o quanto quiser desta sopa deliciosa e deste pão quentinho. Você jura que eu posso ser o primeiro?

– Eu juro – disse Esaú. – Agora encha logo essa tigela para mim.

– Sem dúvida – exclamou Jacó. – Aí está. Uma refeição deliciosa. Pode repetir, se quiser. Mas terá que se servir, porque, não se esqueça, agora eu sou o primeiro. Você terá de fazer tudo o que eu disser, e eu ficarei com todos os privilégios.

Esaú não prestou atenção. Estava faminto demais. Repetiu uma, duas vezes a sopa e então voltou para as colinas selvagens e desertas.

JACÓ ROUBA UMA BÊNÇÃO

Isaac estava muito velho. Tinha perdido a visão e não tardaria a morrer. A última coisa que deveria fazer era dar a bênção ao filho Esaú, seu primogênito e favorito. Jacó já havia enganado o irmão, fazendo-o prometer lhe dar os privilégios do filho mais velho, mas Isaac não sabia disso. Se o pai abençoasse Esaú, Jacó ficaria relegado ao segundo plano.

Jacó não sabia o que fazer.

Mas Rebeca, sua mãe, iria encontrar um meio.

Isaac estava deitado em sua tenda conversando com Esaú. Rebeca vinha trazendo algo para o marido beber. Estava prestes a entrar na tenda quando escutou a voz de Isaac. Parou e ouviu.

– Estou muito fraco, meu filho – dizia Isaac. – Posso morrer a qualquer momento. Gostaria que você me alegrasse um pouco antes disso. Vá caçar. Encontre alguma carne tenra e suculenta. Traga-a e prepare-a do jeito que eu gosto. Então sirva-a para mim na tenda. Ela me dará forças para abençoá-lo antes de morrer.

Rebeca viu Esaú buscar seu arco e suas flechas e encaminhar-se para as colinas. Assim que ele desapareceu de vista, ela correu até Jacó.

– Rápido! – sussurrou. – Seu pai mandou Esaú caçar um animal para ele. Pediu que ele preparasse a carne e a levasse até a sua tenda. Então, depois de comê-la, irá lhe dar sua bênção do leito de morte. Você sabe o que isso significa! Mas eu tive uma ideia. Vá buscar dois cabritos do nosso rebanho, os melhores que encontrar. Eu vou usá-los para preparar um prato do jeito que seu pai gosta. Então você pode levá-lo para ele, que o abençoará no lugar de Esaú. Mas corra! Seu irmão pode voltar a qualquer momento.

– Mas Esaú parece um bode! É peludo dos pés à cabeça – exclamou Jacó. – Minha pele é lisa como a de uma criança. Se meu pai me tocar, ele fatalmente saberá que sou eu. Achará que não passo de um reles impostor e eu sairei da sua tenda com uma maldição, ao invés de uma bênção!

– Não se preocupe – disse Rebeca. – Já pensei nisso. Mesmo assim, se ele o amaldiçoar, que a maldição recaia sobre mim, não sobre você. Vá buscar os cabritos e não demore!

Jacó obedeceu à mãe. Rebeca preparou um cozido do jeito que Isaac gostava. Então arrancou tiras de pele dos cabritos e as amarrou em volta da mão e do pescoço lisos de Jacó. Deu-lhe uma tigela do cozido e um pouco de pão para levá-los ao pai. Seguiu Jacó e esperou do lado de fora da tenda de Isaac para ver o que aconteceria.

Jacó entrou na tenda.

– Olá, pai! – falou com animação.

Isaac estava esperando Esaú, mas aquele parecia Jacó.

– Qual dos meus filhos é você? – perguntou ele.

– Sou Esaú, seu primogênito – disse Jacó. – Fiz o que o senhor me pediu. Saí para caçar e preparei um cozido delicioso com o animal que abati. Coma e terá forças para me dar sua bênção.

– Você foi bem rápido, meu filho – falou Isaac. – Achei que demoraria mais tempo.

Jacó pigarreou.

– Deus me ajudou – disse ele. – Cacei com a maior facilidade. Coma, pai. O senhor não vai querer que a comida esfrie.

Isaac, no entanto, continuava relutando em comer. Rebeca, que esperava do lado de fora, mal conseguia conter sua agitação. Olhava a todo o momento para as colinas, para ver se Esaú estava voltando.

– Chegue mais perto de mim, meu filho – disse Isaac para Jacó. – Quero ter certeza de que é mesmo Esaú.

Jacó se aproximou. Isaac não conseguia vê-lo, pois estava totalmente cego. Correu seus dedos trêmulos ao longo da pele de cabrito que cobria as mãos do filho. Jacó prendeu a respiração. Seu coração batia forte, assim como o de Rebeca lá fora, que já conseguia ver Esaú ao longe!

– Sua voz é a de Jacó – disse Isaac –, mas suas mãos são peludas como as de Esaú. Você é mesmo meu primogênito?

– Sim, pai.

– Está bem, me dê o cozido. Vou comer um pouco dele e depois lhe darei minha bênção.

Jacó colocou a comida ao lado do pai, junto com um pouco de vinho. Isaac já não conseguia diferenciar carne de cabrito de carne de cervo. Mas ainda não estava convencido de que aquele era Esaú. Quando terminou de comer, disse:

– Me dê um abraço.

Jacó o abraçou e Isaac sentiu o cheiro das suas mãos e do pescoço. O cheiro das peles de cabrito era muito forte. Elas fizeram Isaac se lembrar de como Esaú cheirava ao voltar da caça com um animal jogado sobre os ombros. Deve ser mesmo Esaú, pensou ele. Agora poderia abençoá-lo.

"Veja, o cheiro do meu filho
é como o cheiro de uma caça
que Deus abençoou!
Que Deus lhe dê o orvalho dos céus
e as riquezas da terra,
milho em abundância e vinho fresco.
Que as nações lhe sirvam
e as tribos se curvem diante de você.
Tenha o comando sobre o seu irmão
e que ele também se curve à sua presença."

Que bênção maravilhosa! Jacó deu um suspiro de alívio, curvou-se diante do pai e foi embora. Do lado de fora da tenda, Rebeca dançava de alegria. Então os dois fugiram e se esconderam, pois logo em seguida Esaú voltou da caça com uma gazela jogada sobre os ombros.

Ele a cozinhou e levou a refeição até a tenda de Isaac.

– Aqui está, pai – disse ele. –Fui caçá-la, como o senhor pediu. Coma. Esta carne lhe dará forças para me abençoar.

– Qual dos meus filhos é você? – perguntou Isaac.

– Seu primogênito, Esaú, é claro.

Isaac começou a tremer dos pés à cabeça.

– Então quem foi que me trouxe um cozido agora há pouco? Eu o comi logo antes de você chegar e lhe dei minha bênção.

Esaú soltou um grito alto de amargura.

– Era Jacó! – exclamou. – Ele me enganou e recebeu a sua bênção. É por isso que o nome dele significa "aquele que agarra o calcanhar". Ele faz as pessoas tropeçarem e caírem. Já é a segunda vez que faz isso comigo. Ele me deu uma tigela de sopa em troca do meu direito de primogenitura e agora roubou minha bênção. O senhor não tem outra bênção guardada para mim, pai? Abençoe-me também!

Isaac balançou a cabeça.

– Eu dei tudo o que tinha de melhor para o seu irmão – disse ele. – Não posso retirar minha bénção ou me contradizer. Eu lhe dei o comando sobre você. O que me resta para lhe oferecer, meu filho?

– O senhor tem apenas uma bênção para dar, pai? Não é possível que não tenha outra. Abençoe-me também, pai. – Esaú caiu em prantos.

Então seu pai falou, com a voz ainda trêmula:

"Ouça, para longe das riquezas da terra
você deve se dirigir,
e para longe do orvalho dos céus.
Você terá de viver pela sua espada
e servirá a seu irmão.
Mas um dia, um dia
irá se livrar dele."

Isso foi tudo o que Isaac pôde fazer. Esaú saiu da tenda com lágrimas de raiva e angústia ainda escorrendo pelas faces. Ele daria o troco a Jacó.

O PORTÃO DO PARAÍSO

Esaú estava andando entre as tendas do lugar onde moravam. Não conseguia se esquecer da traição de Jacó, da maneira como este havia lhe roubado a bênção de seu pai.

– Meu pai morrerá muito em breve – disse em voz alta para si mesmo. – Então, quando os dias de luto por ele acabarem, vou acertar as contas com Jacó. Vou matá-lo.

Alguém ouviu as palavras de Esaú e contou-as para Rebeca. Ela foi correndo ao encontro de Jacó.

– Rápido! Fuja daqui! – disse ela. – Esaú está disposto a matá-lo. Saia imediatamente do país e vá até meu irmão Labão, em Harã, que fica a centenas de quilômetros daqui. Você estará bastante seguro lá. Fique com ele por um tempo. Eu enviarei um mensageiro para avisá-lo assim que for seguro voltar. Se continuar aqui e Esaú o matar, o povo irá punir seu irmão com a morte. Não quero perder vocês dois em um só dia.

Então Jacó partiu para Harã, voltando para a cidade que seu avô Abraão havia deixado tantos anos antes.

Ele tinha uma longa jornada pela frente e não sabia se conseguiria completá-la. Estaria levando comida e roupas o suficiente? Não tinha certeza. E mesmo que chegasse a Harã, como seria recebido por seu tio Labão? E será que algum dia teria o perdão de Esaú? Será que algum dia conseguiria voltar para casa? Ele havia enganado seu pai e seu irmão, porém, o direito de primogenitura e a bênção que roubara deles já não pareciam servir de nada. Tudo saíra errado.

Não tinha andado muito quando chegou a uma cidade chamada Luz. Ele era um trapaceiro, um ladrão. Ninguém lhe daria abrigo. Então encontrou um lugar a céu aberto, onde se deitou para dormir. A noite caiu. Nuvens espessas esconderam a lua e as estrelas. A escuridão era total.

Durante o sono, Jacó teve um sonho extraordinário. Uma luz estranha brilhava ao seu redor, e ele conseguia ver uma escada. Os degraus começavam perto dele e iam até o céu. Mensageiros de Deus subiam e desciam pela escada, para espalhar a verdade do paraíso e transmitir a Deus as esperanças e medos do mundo. Mas, o que era aquilo? – o próprio Deus estava parado ao seu lado! Ele falava e Suas palavras soavam tão claras aos ouvidos de Jacó quanto o cantarolar de um rouxinol:

"Eu sou Deus,
o Deus de Abraão e Isaac.

A terra sobre a qual você está adormecido,
Eu a darei aos seus descendentes.
Eles serão tão numerosos quanto a poeira do solo.
Todas as famílias da Terra encontrarão a bênção
em você e nos seus descendentes.
E veja, Eu estou do seu lado.
Olharei por você
onde quer que vá
e o trarei de volta a esta terra.
Eu não o abandonarei."

Jacó acordou sobressaltado.

– Deus está aqui – ele exclamou –, e eu não sabia. Esta é a Casa de Deus e também o Portão do Paraíso! Esta cidade não deverá mais se chamar Luz. Eu a rebatizarei de Betel, que significa Casa de Deus.

Deus ainda estava parado ao pé da escadaria. Jacó se virou na direção Dele e disse:

– Se o Senhor realmente olhar por mim, Deus, e me levar com segurança até Harã, para que depois eu possa voltar para casa em paz, eu transformarei este lugar em um templo sagrado e o chamarei de Seu lar, e as pessoas virão até aqui por séculos, apenas para encontrá-Lo. O que o Senhor me diz?

– Você nunca desiste de barganhar, não é, Jacó? – disse Deus baixinho. – Mas uma promessa é uma promessa, e Eu sempre mantenho as minhas.

Face a face com Deus

Jacó lembrou-se das palavras de sua mãe ao se despedir dele muitos anos antes. "Fique com Labão por um tempo." Jacó já estava com o tio havia vinte anos! Ele era seu sobrinho, mas Labão não o tratava melhor do que a um empregado. Ele se casara com as duas filhas de Labão, Lia e Raquel, e com suas servas Bila e

Zilpa, mas o tio ainda o atormentava, de modo que ele mal conseguia esperar para voltar para casa.

Rebeca prometera mandar notícias avisando quando seria seguro voltar. Nenhum mensageiro chegara. Labão e seus filhos já estavam fartos de Jacó e pareciam sedentos pelo seu sangue. Deus falou com ele novamente, dizendo-lhe para voltar a Canaã.

– Eu estarei com você – garantiu Ele.

Jacó foi embora o mais rápido possível. Suas mulheres o acompanharam, assim como seus filhos e servos. Ele tinha uma grande criação de aves, gado e muitos camelos. Eram o pagamento por todos os anos de trabalho que havia dedicado ao tio. Chegara a Harã sem nada. Voltaria para Canaã como um homem rico. Talvez não tivesse agido tão mal, afinal de contas. Mas como seria voltar para casa? Esaú já o teria perdoado? Ainda não tinha notícias de Rebeca.

À medida que os quilômetros caminhados ficavam lentamente para trás, o medo ia tomando conta de Jacó. Quando se aproximou da fronteira, enviou alguns de seus homens na frente para encontrarem Esaú.

– Digam a ele que estou voltando para casa como um homem rico e desejo que ele me receba em paz – disse.

Os mensageiros voltaram antes mesmo do que ele esperava.

– Esaú está vindo ao seu encontro – comunicaram – trazendo 400 homens com ele.

Quatrocentos homens! Era quase um exército. Esaú estava querendo destruí-lo, não havia dúvida. O que ele poderia fazer? Talvez dividir seu grupo em dois acampamentos separados. Sim. Mesmo que Esaú encontrasse um deles, talvez não encontrasse o outro. Era isso mesmo. Deus lhe prometera proteção.

– Bem, agora eu preciso dela, Deus. E muito! – pediu ele.

Poderia também tentar subornar Esaú. Sim. Três vezes. Enviaria três lotes de cabras, ovelhas, camelos, bois e jumentos na frente com alguns servos, mandando-os dizer a cada vez: "Os animais são um presente do seu servo Jacó, meu amo." Sim, esta seria uma solução. Mas será que daria certo? Quatrocentos homens. Quase um exército!

Jacó alcançou um rio chamado Jaboque. Era noite. Havia começado a chover e a água corria veloz e revolta. Os servos e os animais estavam bem mais adiante. Jacó conseguiu fazer com que suas esposas, filhos e servas atravessassem o rio em segurança e subissem até o outro lado do vale. Então hesitou. Voltou a descer em direção à água. Que caminho deveria tomar? Seria melhor tentar fugir? Depois de atravessar o Jaboque, não haveria retorno. Esaú e seus homens já deviam estar bem próximos àquela altura. A escuridão do vale envolveu Jacó em sua mortalha negra. Ele se sentiu pequeno, sozinho e muito assustado.

De repente, as mãos de alguém seguraram seu corpo. Um estranho misterioso começou a lutar com ele, e Jacó se viu usando toda a sua força para manter-se de pé. Só pode ser Esaú!, pensou. Ele se adiantou para me atacar.

A luta durou horas, atravessando a noite. Contudo, quanto mais ela se estendia, mais parecia um sonho. O homem que atacava Jacó tocou levemente seu quadril, deslocando-o. Porém, Jacó não sentiu dor e continuou lutando como se nada tivesse acontecido.

A primeira luz do dia começou a se espalhar pela encosta do vale.

– Solte-me! – disse o estranho.

– Somente depois que você me der sua bênção – respondeu Jacó. Seu pai o abençoara. Agora ele precisava também da bênção de Esaú.

O estranho disse:

– Como você se chama?

– Jacó.

– Eu lhe darei um novo nome. Você não será mais Jacó, "aquele que segura o calcanhar, aquele que faz os outros caírem".

A partir de agora se chamará Israel, ou "o que luta com Deus", pois desafiou Deus e os homens e saiu vitorioso.

Isso não parece algo dito por Esaú, pensou Jacó.

– Qual é o seu nome? – perguntou.

– Por que você quer saber o meu nome? – retrucou o estranho. E então, quando Jacó menos esperava, ele o abençoou.

O sol nascente inundou o vale de luz e calor, e Jacó se viu sozinho novamente. Ele então percebeu quem era aquele estranho.

– Era Deus! – exclamou. – Eu estive face a face com Deus! Lutei com Ele a noite inteira e agora tenho um novo nome e também Sua bênção. Estou finalmente seguro!

Ele subiu a encosta do vale e foi ao encontro de suas esposas e filhos. À medida que Jacó se aproximava, eles perceberam que ele estava mancando, como se seu quadril estivesse deslocado.

Face a face com Esaú

Jacó passara a noite lutando com Deus. Sob a luz daquela nova manhã, ele olhou para o sul. Esaú estava vindo com 400 homens. O coração de Jacó voltou a bater forte. Depois que Deus partira, ele tinha se sentido seguro. Mas já não se sentia mais assim. Ao se aproximar de seu irmão, ele se curvou sete vezes até o chão, com se estivesse dando as boas-vindas a um grande rei e implorando o seu perdão.

Na verdade, Jacó não tinha nada a temer. A raiva e a inveja de Esaú já tinham passado. Ele perdoara o irmão havia tempo. Estava feliz, muito feliz por Jacó ter voltado para casa em segurança. Portanto, quando o viu, saiu correndo ao seu encontro, atirou os braços em volta de seu pescoço e beijou-lhe o rosto. Os dois irmãos choraram por um bom tempo abraçados.

– Quem são essas mulheres e crianças? – perguntou Esaú.

– A família com que Deus me abençoou – respondeu Jacó.

– E todos esses animais e servos? Eles vieram ao meu encontro no caminho, três grupos seguidos.

– São presentes para você, meu amo. – Jacó ainda não conseguia acreditar que Esaú o havia perdoado.

Esaú riu.

– Eu já tenho bastante, meu irmão.

Irmão! Ele o chamou de irmão! Jacó tinha sido abençoado por Deus às margens do rio Jaboque quando menos esperava. Agora havia recebido outra bênção que superava suas expectativas mais infundadas, o amor e o perdão de Esaú.

– Ver o seu rosto – disse ele para Esaú – é como ver o rosto de Deus. – Fez uma pausa, enquanto mais lágrimas escorriam por suas faces. – Mas, por favor – prosseguiu –, por favor, aceite meus presentes. Tome-os como uma bênção. Já é mais do que tempo de você aceitar uma bênção minha.

– Então eu os aceito – disse Esaú. – E agradeço. Podemos viajar juntos agora.

Esaú queria que Jacó voltasse com ele para a sua casa. A casa ficava em um país chamado Edom, ao sul do mar Morto. Jacó não podia se instalar em Edom. Ele precisava viver em Canaã, a Terra Prometida por Deus ao seu pai, a seu avô e a seus descendentes.

– Vá na frente – disse ele ao irmão. – Eu o alcançarei depois.

Jacó ficou olhando Esaú voltar na direção de Edom, esperou até o irmão desaparecer no horizonte e então conduziu sua família para o oeste, rumo a Canaã.

JACÓ E SEUS FILHOS

Jacó teve quatro esposas e muitos filhos: uma menina e 12 meninos. Sua esposa favorita era Raquel. Por muito tempo ela não pôde ter filhos, mas finalmente nasceram dois: José e Benjamim. A dor que sentira durante o parto do segundo pareceu interminável. Benjamim nasceu saudável, mas Raquel estava tão fraca que conseguiu apenas sussurrar seu nome antes de morrer.

José e Benjamim eram os filhos caçulas de Jacó e seus preferidos. Ele já era idoso quando os dois nasceram e não esperava mais ser pai novamente. Além disso, eram os únicos filhos de sua amada Raquel. José era o mais especial e o fazia lembrar a esposa querida. Então Jacó deu a José uma capa especial que o deixava parecido com um príncipe; ela era de muito melhor qualidade do que a dos irmãos, fazia José sentir-se especialmente importante.

Os irmãos de José o odiavam, e esse ódio aumentou quando ele lhes contou dois sonhos que tivera. No primeiro, estavam os 12 irmãos amarrando feixes de trigo, quando o feixe de José ganhou vida e ficou de pé, sendo rodeado pelos dos outros, que se curvavam em sua direção para homenageá-lo. No segundo sonho, ele vira seu pai e sua mãe como o Sol e a Lua, e seus irmãos como 11 estrelas. Todos se curvavam diante dele, como se fosse a um rei. Enquanto José achava esses sonhos maravilhosos, seus irmãos os consideravam terríveis. Até Jacó achou que José tinha ido longe demais.

Certa vez, os irmãos de José foram para o norte em busca de pasto para as ovelhas. Demoraram muito para voltar, o que deixou Jacó preocupado.

– Vá encontrá-los para ver se eles estão bem – pediu a José.

José caminhou por vários dias sem encontrar sinal dos irmãos. Finalmente um homem lhe disse que eles estavam para os lados de um lugar chamado Dotã.

Os irmãos viram José se aproximando.

– Ei, olhem! – disseram. – Lá vem o sonhador. Esta é a nossa chance. Vamos matá-lo e contar ao nosso pai que ele foi morto por um leão feroz.

– Não vamos matá-lo – disse Rúben, o mais velho. – Vamos apenas jogá-lo nesse poço e deixá-lo aqui.

Quando escurecer, pensou Rúben, eu venho buscá-lo e o levo para casa.

Quando José chegou ao acampamento dos irmãos vestindo sua capa de príncipe, eles arrancaram a capa e o atiraram no poço de onde ele não conseguia sair. Acomodaram-se para a refeição da noite, enquanto Rúben retirou-se para a sua tenda, esperando o anoitecer.

De repente, os irmãos viram se aproximar uma caravana de camelos que ia em direção ao Egito. Um deles, Judá, teve uma ideia. Ele também não queria que José fosse deixado ali para morrer.

– José é nosso irmão – disse aos demais. – Não podemos matá-lo. Vamos vendê-lo como escravo a esses mercadores.

Venderam José aos mercadores, que logo retomaram sua viagem para o Egito.

Quando a noite caiu, Rúben deixou sua tenda e foi até a beira do poço. José não estava mais lá! Ele correu de volta para as tendas de seus irmãos.

– José desapareceu! – exclamou. – O que faremos?

– Eu sei – disse um deles. Em seguida matou um dos bodes e mergulhou a preciosa capa de José no sangue. Depois rasgou-a em tiras. – Pela manhã – concluiu – voltaremos até o nosso pai e lhe mostraremos isso.

Ao chegarem, foram imediatamente ao encontro de Jacó. Mostraram-lhe a capa, toda rasgada e coberta de sangue.

– Nós encontramos isto – disseram. – O senhor reconhece?

– É de José! – exclamou Jacó. – Um leão deve ter atacado meu filho. Ele deve ter sido despedaçado!

Seus filhos tentaram consolá-lo, mas foi em vão.

– Eu morrerei antes de terminar o luto pelo meu filho – lamentou-se.

Muito tempo atrás, Jacó havia enganado seu próprio pai, Isaac. Na época, Isaac era um homem muito velho. Agora o próprio

Jacó era velho, e seus filhos estavam lhe pregando uma peça cruel. Ele não suspeitou de nada. Acreditou que José, seu filho favorito, estava morto.

JOSÉ, O ESCRAVO

Os irmãos de José o venderam como um escravo para mercadores a caminho do Egito. Quando esses homens chegaram ao seu destino, levaram José até um dos mercados de escravos e o venderam para um egípcio rico chamado Potifar, um dos ministros do faraó. Nessa época, o Egito era a nação mais rica e mais poderosa do mundo.

Deus não abandonou José. Ele se manteve ao seu lado e o ajudou. Potifar ficou muito satisfeito com José e com o seu trabalho. Era como se o rapaz tivesse um toque de ouro, pois era bem-sucedido em tudo o que fazia. Potifar o deixou encarregado de todos os seus assuntos.

Tudo correu bem até a esposa de Potifar se apaixonar por José e tentar seduzi-lo.

– Você é a esposa do meu mestre. Ele confia em mim. Como poderia fazer isso com ele? Como poderia desonrar a Deus?

Ela continuou a atormentá-lo, mas José a rejeitava todas as vezes. Então, um dia, quando estavam os dois sozinhos na casa, ela o agarrou.

– Venha para a cama agora! – exclamou, puxando sua túnica.

José se libertou da túnica e saiu correndo da casa. Ela então gritou, chamando os demais servos para fora:

– Aquele escravo estrangeiro tentou me violentar! – disse ela. – Eu gritei e ele fugiu, deixando sua túnica para trás. Vejam! – Ela ergueu a túnica para que todos pudessem vê-la.

Assim que Potifar voltou ao palácio, sua esposa foi correndo ao seu encontro e lhe contou a mesma história, soluçando em seu ombro. Ele ficou furioso. Sem hesitar, ordenou que José fosse capturado e jogado na prisão, sem ter qualquer chance de se defender.

JOSÉ, O PRISIONEIRO

José se viu em meio ao mau cheiro e à escuridão de uma prisão egípcia. No entanto, Deus não o abandonou; ficou ao seu lado para ajudá-lo. Assim, José impressionou de tal forma o carcereiro-chefe da prisão que este o deixou cuidar de todos os outros prisioneiros no seu lugar.

Entre esses prisioneiros estavam o chefe dos copeiros e o chefe dos padeiros do faraó. Eles tinham ofendido o soberano, que os jogara na prisão, onde ficariam até que fosse decidido o que seria feito deles. O faraó os libertaria ou os condenaria à morte? Eles não sabiam.

Uma noite, os dois prisioneiros tiveram sonhos. Os egípcios acreditavam que era preciso um especialista para interpretar sonhos, e não havia nenhum na prisão. Isso deixou os homens assustados.

Na manhã seguinte os dois contaram a José os seus sonhos.

– Vocês não precisam de especialistas para compreendê-los – disse José. – É Deus quem interpreta os sonhos. Qualquer um pode interpretá-los com a ajuda Dele. Contem-me seus sonhos.

Então o copeiro contou o seu.

– Havia uma videira com três galhos cheios de uvas maravilhosas. Eu segurei a taça de vinho do faraó, apanhei as uvas, as espremi, enchi a taça e a entreguei a ele.

José lhe disse que em três dias o faraó o libertaria e lhe daria seu antigo cargo de volta.

– Quando sair desta prisão – disse José –, conte ao faraó a meu respeito. Eu não fiz nada de errado. Não mereço estar aqui.

Em seguida o padeiro contou seu sonho.

– Eu estava levando três cestos com bolos na cabeça. O de cima estava cheio de bolos maravilhosos para o faraó, mas havia um monte de pássaros em cima deles, devorando-os rapidamente.

Ele olhou ansioso para José, esperando a resposta. Com voz entristecida, José lhe explicou.

– Daqui a três dias – disse ele ao padeiro – o faraó o mandará para a forca e os pássaros virão devorá-lo.

E foi exatamente o que aconteceu. Três dias depois, o padeiro foi enforcado, enquanto que o copeiro foi perdoado e voltou a servir vinho ao faraó.

Mas esqueceu-se de falar sobre José.

JOSÉ NO PALÁCIO

Mais dois longos anos se passaram. Então o faraó teve alguns sonhos intrigantes que o deixaram preocupado. Chamou todos os especialistas do Egito para interpretá-los, mas nenhum foi capaz.

A notícia dos sonhos do faraó espalhou-se pelo palácio. Todos falavam sobre o assunto. Quando a história chegou aos ouvidos do copeiro, ele se lembrou de repente do seu velho amigo. Foi correndo até o faraó e lhe contou tudo sobre José e os sonhos que ele interpretara.

– Rápido! – exclamou o faraó para dois de seus escravos. – Vão até a prisão e tragam esse José para cá imediatamente!

José tomou um banho, barbeou-se, colocou uma roupa limpa e assim foi levado à sala do trono. Era a primeira vez que José via o faraó. Lá estava ele, o homem mais poderoso de todo o mundo, sentado num trono esplendoroso, com todos os especialistas e sábios à sua volta.

– Eu tive dois sonhos – disse o faraó. – Fui informado de que você é especialista em interpretá-los.

– Não eu, Majestade, Deus é que é o especialista – respondeu José. – Deus e eu somos bons amigos.

O faraó sorriu para ele.

– Bem, então vamos ver o que o seu Deus tem a dizer sobre os meus sonhos. No primeiro, eu estava às margens do Nilo, quando sete vacas lindas, gordas, com as pelagens lustrosas saíram do rio e se puseram a comer. Em seguida, mais sete vacas saíram do rio. Eram as vacas mais magras e feias que eu jamais vira. As vacas magras devoraram as gordas, mas continuaram tão magras e feias quanto antes. Então eu acordei.

José ouviu com atenção. Esperou o faraó contar o segundo sonho.

– Adormeci novamente e desta vez vi um pé de trigo com sete espigas, todas gordas e cheias, brilhando à luz do sol. Então outro pé de trigo cresceu ao lado do primeiro. Este também trazia sete espigas, mas eram mirradas e ocas, ressecadas pelo vento quente. As espigas mirradas engoliram as espigas gordas. – Nenhum dos meus especialistas sabe me dizer o que significam esses sonhos – ele concluiu. – Será que você consegue?

– Sem dúvida que sim – respondeu José. – Deus está usando esses sonhos para lhe mostrar o que vai acontecer. As vacas e as espigas de trigo representam sete anos. Haverá sete anos de boas safras, seguidos por sete anos de safras terríveis. Os anos de fome devorarão os anos férteis. Será uma catástrofe que afetará todo o mundo. Eis o que senhor deve fazer: Escolha um homem sábio e inteligente para cuidar do problema. É preciso criar grandes depósitos onde se armazene parte dos grãos excedentes dos sete anos de fartura. Assim, quando a fome chegar, haverá comida para o povo.

– O que vocês acham? – perguntou o faraó, voltando-se para os seus especialistas e sábios. – Este pastor de Canaã parece ser exatamente o homem sábio e competente de que precisamos, não?

Os especialistas e sábios coraram, mas foram obrigados a concordar.

– Então está decidido. – O faraó sorriu novamente para José. – Já que você e seu Deus são tão bons amigos, já que está claro que algo da sabedoria Dele lhe foi transmitido, e que meus próprios sábios são tão incompetentes, eu o proclamo meu vice-rei! Você será o segundo homem mais poderoso do Egito, o que fará de você o segundo homem mais poderoso do mundo. Venha cá, deixe-me colocar esse anel no seu dedo. Vista também estas belas túnicas e deixe-me pendurar esta corrente de ouro no seu pescoço. Você terá sua própria carruagem e, quando estiver passando com ela pelas ruas, os escravos correrão à sua frente mandando todos se ajoelharem pelo caminho. Ninguém poderá erguer um dedo no Egito sem a sua permissão.

Depois disso, José passou a percorrer o Egito e a executar seu plano. O que ele previra se tornou realidade. Sete safras excelentes foram seguidas por sete anos em que nenhuma plantação vingou. José, no entanto, tomara todas as providências e, quando veio a fome, havia montes imensos de grãos nos depósitos do Egito, em número suficiente para alimentar não só os egípcios, como todos os povos do mundo.

JOSÉ E A FOME

A fome se instalou implacavelmente. A falta de comida era tão grave em Canaã quanto em qualquer outra parte. Já não havia quase nada para Jacó, o pai de José, e sua família comerem.

Jacó acreditava que José tinha sido morto por um leão anos antes. Os irmãos não tinham qualquer notícia de José desde que o tinham vendido para os mercadores egípcios. A despensa da família estava quase vazia. Um dia, Jacó ouviu dizer que havia montes de trigo no Egito.

– O que vocês estão esperando? – disse ele para os filhos. – Vão até o Egito e comprem grãos. Se não forem, vamos todos morrer. Mas Benjamim deve ficar aqui. É uma viagem perigosa, e eu já perdi José. Raquel era minha esposa preferida, a que eu mais amava. Não quero perder o segundo filho dela também.

Assim, os outros dez filhos viajaram para o Egito. Quando lá chegaram, José estava supervisionando a venda de grãos de um dos depósitos. Ele viu seus irmãos na fila e os reconheceu imediatamente. Eles, no entanto, não o reconheceram, mesmo porque imaginavam que ele já estivesse morto. De qualquer forma, nunca esperariam encontrá-lo vestindo as túnicas de vice-rei, o segundo homem mais poderoso do país.

Quando se aproximaram dele, seus irmãos se curvaram até o chão, e José lembrou-se dos sonhos que tivera quando menino. Aqui estão eles, pensou, curvando-se diante de mim! Depois de todos esses anos, meus sonhos se tornaram realidade.

Ele fingiu não conhecê-los.

– De onde vocês vêm? – perguntou.

– De Canaã – responderam. – Queremos comprar comida.

– Vocês não estão aqui para comprar comida alguma! – exclamou José. – São espiões!

– Não, meu amo, não somos espiões – responderam os irmãos.

– Tenho apenas a palavra de vocês quanto a isso – disse José. – De onde vieram, afinal?

– Somos irmãos e estamos aqui para servi-lo, meu amo – falaram eles. – O mais jovem de nós ficou em casa com nosso pai. E um já faleceu.

– Vocês são espiões! – repetiu José. – Isso logo veremos. Um de vocês deve ir buscar seu irmão mais novo e trazê-lo até aqui. Enquanto isso, os demais serão meus prisioneiros.

José os colocou na prisão por três dias. Então pensou em Jacó e nas outras pessoas que passavam fome em Canaã.

– Eis o que farei – disse para os irmãos. – Um de vocês ficará preso aqui, enquanto os outros poderão ir para casa levando sua porção de grãos.

– O que fizemos com José finalmente voltou-se contra nós – disseram os irmãos uns para os outros. – Quando o jogamos no poço, escutamos seus gritos de desespero, mas não demos ouvidos. É por isso que esse infortúnio se abateu sobre nós.

Eles não sabiam que José conseguia entendê-los. Até aquele momento, ele vinha conversando com os irmãos por meio de um intérprete, fingindo não falar a língua deles. Quando escutou aquilo, não conseguiu conter as lágrimas. Virou-se de costas e chorou. Agora sabia que seus irmãos se davam conta do mal que lhe haviam feito e se arrependiam. Talvez, depois de tudo, pudesse se reconciliar com eles. Mas ainda não. Antes queria ver seu irmão Benjamim.

O irmão que ele escolheu para encarcerar foi Simeão, e assim, mandou os outros de volta para casa. Então encheu as sacas deles de grãos, colocou as moedas do pagamento dentro delas e lhes deu comida para a viagem.

E logo eles começaram sua longa jornada de volta.

Uma estranha descoberta

Os irmãos de José deixaram o Egito para voltarem até seu pai em Canaã. Sacas grandes e cheias de grãos balançavam-se pesadas contra os flancos de seus jumentos. A viagem levaria vários dias.

Na primeira noite, ao chegarem a uma estalagem, um dos irmãos abriu sua saca para dar alguns grãos para o seu jumento.

– Venham ver isso! – gritou para os demais. – Parte do dinheiro que pagamos está dentro da minha saca. O que está acontecendo? O que será de nós? Quando voltarmos ao Egito, eles nos acusarão de roubo, além de espionagem!

Quando chegaram em casa, relataram quase tudo a Jacó, sobretudo que o encarregado dos depósitos de grãos os acusara de serem espiões, exigira ver seu irmão caçula Benjamim e aprisionara Simeão. Porém, não lhe contaram sobre o dinheiro escondido na saca. Mas, quando os outros irmãos abriram as suas, encontraram também as moedas dentro delas.

Algo estranho estava acontecendo. Tanto eles quanto Jacó ficaram muito assustados.

Mas a fome parecia não ter fim. Com o passar do tempo, Jacó percebeu que, se seus filhos não voltassem ao Egito, todos eles morreriam. Os mantimentos estavam quase acabando, e suas próprias plantações, no solo seco, não produziam nada.

– Vocês precisam voltar e comprar mais grãos – disse Jacó.

– Mas não podemos voltar sem Benjamim – retrucou Judá, um dos irmãos mais velhos.

– Por que vocês foram dizer ao egípcio que tinham outro irmão? – perguntou Jacó, furioso.

– Ele nos perguntou sobre a nossa família – responderam eles. – "O pai de vocês ainda está vivo?" "Vocês têm mais irmãos?" Coisas assim. E nós respondemos. Tivemos que lhe dizer a verdade. Não sabíamos que ele nos mandaria buscar Benjamim.

– Deixe Benjamim vir comigo – falou Judá. – Eu me responsabilizo por ele. Cuidarei do meu irmão caçula, e ele estará seguro comigo.

Jacó suspirou.

– Leve um presente para o egípcio e duas pilhas de moedas de prata: uma para comprar mais grãos e a outra para compensar o que estava dentro de suas sacas. Quanto ao seu irmão Benjamim, está bem, levem-no com vocês.

BENJAMIM

Os irmãos tiveram que fazer outra longa viagem até o Egito para comprar mais grãos e encontrar Simeão. Levaram duas pilhas de moedas de prata, como orientara Jacó, e um presente para o homem encarregado da distribuição de grãos. Desta vez,

Benjamim foi com eles. Os irmãos estavam inquietos, achando que encontrariam problemas. Perguntavam-se se voltariam a ver sua terra natal.

Quando chegaram ao Egito, reencontraram José, mas ainda não o reconheceram. José percebeu que Benjamim os acompanhava e disse para o seu servo:

– Leve-os para a minha casa. Teremos um grande banquete ao meio-dia de amanhã.

Os irmãos não entenderam nada. Da última vez, o egípcio os acusara de serem espiões; agora os convidava para comer com ele. Só podia ser uma armadilha. Seus homens provavelmente iriam prendê-los e fazer de todos eles escravos. E onde estava Simeão?

Aterrorizados, eles se aproximaram do servo de José e lhe contaram tudo sobre as moedas de prata que haviam encontrado.

– Não fazemos ideia de como elas foram parar ali, senhor – disseram eles. – É um verdadeiro mistério para nós.

– Não se preocupem – respondeu o servo. – O seu Deus deve tê-las colocado nas sacas. Parece que Ele está cuidando muito bem de vocês. Eu recebi o seu dinheiro da última vez. Não houve problema algum. Vou buscar Simeão agora. Ele está são e salvo.

Aliviados, mas ainda confusos, os irmãos reencontraram Simeão. Em seguida, foram todos juntos até a casa de José, curvaram-se até o chão diante dele e lhe ofereceram o presente que haviam trazido de Canaã.

– O pai de vocês está bem? – perguntou José baixinho.

– Nosso pai, seu servo, está bem. Obrigado, meu amo. – Curvaram-se uma segunda vez.

José olhou para Benjamim. Estava claro que ele também não o reconhecera.

– E este é o irmão caçula de vocês? – perguntou. – Deus o abençoe! – Sentiu um nó garganta e saiu às pressas do salão, caindo em pranto do lado de fora.

Algum tempo depois, José parou de chorar, lavou o rosto e voltou para o salão.

– Vamos comer juntos – disse ele.

O que estava acontecendo? Os irmãos não conseguiam entender. Nunca tinham provado um banquete tão suntuoso em suas vidas, e Benjamim foi servido cinco vezes mais do que qualquer um dos outros.

José ainda não conseguia dizer quem era. Não se esquecera do poço em que seus irmãos o haviam jogado tantos anos antes. Tinha mais um teste em mente, para ver se eles estavam mesmo arrependidos do que haviam feito e se tinham realmente mudado.

Antes que seus irmãos partissem outra vez para Canaã com seus novos mantimentos, José ordenou que um servo colocasse um cálice precioso dentro da saca de grãos de Benjamim.

Desta vez, mal os irmãos tinham saído da cidade, o servo veio ao encontro deles com um bando dos homens de José.

– É assim que vocês retribuem ao meu mestre? – gritou o servo. – Ele lhes oferece aquele banquete e um de vocês rouba o seu precioso cálice.

– Jamais faríamos uma coisa dessas! – exclamaram eles. – Reviste nossas sacas e veja com seus próprios olhos. Se o encontrar na saca de qualquer um de nós, leve-o daqui e mate-o. E todos nós outros seremos escravos do seu mestre.

O servo começou com a saca de Rúben, pois ele era o mais velho. Não havia nada nela. Nas duas próximas, tampouco. Todas as demais tinham apenas grãos. Restava apenas mais uma: a de Benjamim. O servo a desamarrou. Retirou lá de dentro a taça e a ergueu para que todos a vissem.

– Jamais fariam uma coisa dessas, não é? – exclamou ele. Os irmãos tremeram de medo.

Abalados, os irmãos voltaram escoltados para a casa de José. Uma vez lá, se atiraram no chão diante dele.

– Onde vocês estavam com a cabeça para roubar meu precioso cálice? – perguntou José.

– O que podemos dizer? – respondeu Judá. – O senhor não acreditará se dissermos que somos inocentes. Somos culpados, não há dúvida, mas só Deus sabe qual foi o verdadeiro crime que cometemos. Aceite-nos, meu amo, como seus escravos.

– Não – disse José. – Isso não seria correto. Somente um de vocês roubou o cálice. Os outros podem voltar para o seu pai em paz.

Judá deu um passo adiante.

– Nosso pai é um homem muito idoso – explicou. – Quando estávamos prestes a voltar para o Egito, ele nos disse: "Raquel, minha esposa querida, teve dois filhos. Um foi feito em pedaços por um leão, e eu sequer vi seu corpo. Agora vocês querem tirar o outro de mim! Se não trouxerem Benjamim de volta em segurança, eu morrerei de desgosto." Então, como o senhor pode ver, se Benjamim morrer, nosso pai morrerá também. E a culpa será toda minha, pois prometi cuidar dele até a nossa volta. Deixe-me assumir a culpa, senhor. Deixe Benjamim voltar com os demais. Eu ficarei aqui e serei seu escravo. Não posso voltar para casa sem Benjamim. Seria a morte para meu pai, e eu não poderia suportar isso.

José não conseguiu mais se conter.

– Deixem-me a sós com esses pastores – disse ele para o servo e seus homens. Depois que eles saíram, José desatou a chorar. – Eu sou José, o irmão que vocês jogaram no poço e venderam aos mercadores. Meu pai ainda está mesmo vivo?

Os irmãos ficaram apenas olhando para ele. Não conseguiam acreditar no que ouviam.

– Aproximem-se – disse José. – Deus me trouxe muitas coisas boas a partir do mal que vocês me fizeram. Ele me ajudou a salvar inúmeras pessoas da fome, entre elas vocês e toda a nossa família. Deus me trouxe até aqui para salvar o mundo da fome. Olhem para mim agora: sou o segundo homem mais poderoso do Egito! Estão vendo esta corrente de ouro? Ela me foi dada pelo faraó em pessoa. Vão para casa, contem para o meu pai sobre mim e tragam-no até o Egito, e tragam também suas esposas, seus filhos e seus animais. Ainda teremos mais cinco anos dessa fome terrível. Vocês estarão mais seguros aqui e poderemos ficar próximos uns dos outros. Contem tudo ao meu pai e venham com ele para o Egito o mais rápido possível.

Então ele jogou os braços em volta do pescoço de seu irmão Benjamim, e os dois derramaram muitas lágrimas. José abraçou todos os seus irmãos, um por um, e todos eles choraram.

Tinham muitas histórias a compartilhar.

A REUNIÃO

Os irmãos de José voltaram às pressas para Canaã. Assim que chegaram em casa, correram até a tenda de Jacó.

– José está vivo! – exclamaram. – E, além disso, é o vice-rei do Egito, o segundo homem mais poderoso do país depois do faraó.

Jacó não conseguia acreditar nos filhos. Então eles lhe contaram toda a história e o levaram para fora da tenda.

– Veja todas essas carroças! José as deu para nós, por ordem do faraó, para levarmos o senhor, nossas esposas e filhos até o Egito.

Jacó olhou assombrado para as carroças e para todos os outros presentes que José lhes dera.

– Meu filho está vivo! – alegrou-se ele. – Depois de todos esses anos! Preciso revê-lo antes de morrer.

Pouco depois, Jacó e toda a sua família saíram de Canaã para viverem no Egito. Quando se aproximaram de onde José morava, Judá se adiantou para contar ao irmão que todos estavam chegando.

Então José veio em sua carruagem luxuosa para receber o pai. Quando o viu, desceu do veículo e foi correndo, aos prantos, se atirar nos braços do velho.

– Posso morrer feliz – disse Jacó –, agora que vi seu rosto novamente e sei que você está vivo.

Assim, a família escolhida por Deus se assentou na melhor terra de todo o Egito, sob a proteção do faraó.

3

MOISÉS E A MONTANHA DE DEUS

O primeiro capítulo deste livro trouxe histórias retiradas do livro do Gênesis sobre os primórdios do mundo, sobre como tudo o que Deus criou era bonito e bom, e sobre como os seres humanos estragaram tudo com sua violência e seu orgulho. O segundo capítulo tratou do plano de Deus de escolher um povo que O ajudaria a colocar o mundo de volta no caminho certo. Mas as histórias desse capítulo não eram sobre um povo, mas sobre uma família apenas: Abraão e Sara; seu filho Isaac e sua mulher Rebeca; os filhos dos dois, Esaú e Jacó; e, por fim, os filhos de Jacó, em especial José. Foram esses os ancestrais do povo de Israel, que acreditava ser o povo de Deus.

Os relatos sobre a criação do mundo e sobre Abraão e Sara e seus familiares integram as primeiras partes de uma grande história que se estende pelos primeiros livros da Bíblia. Agora, neste capítulo, passaremos para a etapa seguinte. A família de Abraão e Sara se torna um grande povo. Assim nasce o povo de Deus! Só há um problema: eles estão no lugar errado. Deus dissera a Abraão que Seu povo viveria na terra de Canaã, da qual seriam donos. Tinha dito também que eles conquistariam ali sua liberdade e não seriam tiranizados por nenhuma outra nação que não reconhecesse Deus. No começo deste capítulo, contudo, encontramos o povo de Deus, não em Canaã, mas no Egito, escravizado por um rei cruel conhecido como faraó.

Como Deus fará para tirar Seu povo do Egito? Como o ensinará a viver na Terra Prometida? Como lhe dará o conhecimento e a sabedoria de que precisará para trabalhar junto com Ele e compartilhar da Sua visão de mundo? As histórias deste capítulo, em sua maioria retiradas do livro do Êxodo, respondem a essas perguntas.

Ao ler as histórias presentes neste capítulo, você não irá descobrir que o povo de Deus possui uma bravura ou uma bondade fora do comum. Primeiro será apresentado a histórias sobre mulheres muito corajosas e, em seguida, conhecerá um homem que se tornará um dos maiores heróis de toda a Bíblia: Moisés. É a pessoa que se encontra mais próxima de Deus nos primeiros livros da Bíblia.

AS PARTEIRAS CORAJOSAS E O FARAÓ

Na época de José, quando o mundo era dominado pela fome, Jacó e sua numerosa família foram viver no Egito. Tantas crianças nasceram ali que em pouco tempo já não se tratava de uma família, e sim de um povo. Era o nascimento de Israel, a nação de Deus!

Mas havia um problema: eles estavam no lugar errado. Deus queria que eles vivessem em Canaã, que ficava mais ao norte. Havia deixado isso bem claro para Abraão.

O rei do Egito, o faraó, também achava que eles estavam no lugar errado. Muitos anos se passaram desde que José salvara o Egito e o restante do mundo da fome avassaladora. O faraó que agora estava no poder sequer tinha ouvido falar dele, além de ser muito diferente do que reinava nos tempos de José. Este era sábio, generoso e justo, enquanto que o atual era o contrário disso.

O soberano tinha ouvido falar sobre o povo de Israel e sobre a rapidez com que ele se multiplicava.

– Temos mais israelitas no país do que egípcios! – exclamou ele. – Se não ficarmos atentos, quando houver uma guerra os israelitas se juntarão aos nossos inimigos para se voltarem contra nós.

Ele estava enganado. Os israelitas eram bem menos numerosos do que os egípcios, que constituíam um povo forte e poderoso. Ainda assim, o medo tomou conta da mente do faraó, e logo esse medo se transformou em ódio, e o ódio, em crueldade.

O faraó fez dos israelitas escravos e os obrigou a trabalhar noite e dia, construindo cidades para ele. Seu intuito era dominá-los. Porém, quanto mais impiedoso ele era, mais descendentes aquele povo parecia ter. Os homens do faraó então os fizeram trabalhar cada vez mais duro, até chegar a um ponto insuportável.

Mas o plano do Faraó não funcionou. Ele tramou uma coisa aterrorizante – uma das piores que alguém poderia tramar.

Havia duas parteiras trabalhando nos campos de escravos israelitas ajudando a dar à luz as crianças daquele povo. O faraó odiava as crianças israelitas, especialmente as do sexo masculino. Um dia elas se tornariam soldados, pensava ele, soldados que lutariam contra ele. Então convocou as parteiras à sua presença. Seus nomes eram Sifrá e Puá. As duas compareceram tremendo de medo. Sem sequer olhá-las, o faraó disse:

– Quando estiverem ajudando qualquer uma das mulheres israelitas, vejam se o bebê é menino. Se for, matem-no. Se for menina, podem deixá-la viver.

Isso foi tudo. Ele deu meia-volta e foi embora, enquanto dois escravos enxotavam Sifrá e Puá do palácio. As duas choraram de tristeza e de raiva diante da ideia de matarem os recém-nascidos. Elas eram parteiras! Seu trabalho consistia em ajudá-los a viver, não a morrer. Para isso, o Deus que amavam as colocara na Terra – e as duas deviam mais respeito a Deus do que àquele faraó terrível.

Assim, não deram ouvidos ao soberano. Simplesmente continuaram fazendo seu trabalho, deixando que as mulheres israelitas seguissem tendo meninos e meninas saudáveis e lindos.

O faraó, no entanto, tinha espiões nos campos de escravos. Ele tornou a convocar Sifrá e Puá ao seu palácio.

– Por que vocês desobedeceram minhas ordens? – vociferou. – Eu mandei que matassem os bebês se fossem meninos. Fui informado de que não mataram um bebê sequer. Por quê?

As duas resolveram enfrentar o faraó. Já não tinham mais medo.

– Bem, Sua Mais Divina e Majestosa Alteza – começou a falar Sifrá. – Essas mulheres israelitas são como animais. Seus bebês nascem tão depressa que nunca conseguimos chegar a tempo, não é verdade Puá?

– Se é! Corremos o mais rápido possível! – exclamou Puá. – Mas sempre chegamos tarde demais.

O faraó fechou a cara. Ele não entendia de partos e não sabia o que pensar de Sifrá e Puá. Decidiu que elas deveriam estar falando a verdade e as deixou partir.

O faraó então desistiu da ideia de utilizar parteiras para conduzir seus planos. Os bebês israelitas continuaram a nascer sãos e salvos, e Deus ficou muito orgulhoso de Sifrá e Puá. Ele se certificou de que elas tivessem suas próprias famílias e fossem consideradas grandes heroínas entre o povo de Israel.

Quem dera nossa história terminasse assim! Mas o faraó era louco demais, cruel demais. Se as parteiras não podiam executar seu plano, então seu próprio povo, os egípcios, teria de fazê-lo. Ele deu a ordem:

– Tomem cada bebê menino de cada mulher israelita – disse ele – e joguem todos no rio Nilo.

A bravura da mãe e da irmã de Moisés

Os israelitas viviam como escravos no Egito, sob o jugo de um faraó cruel que desejava ver todos os bebês meninos daquele povo afogados no rio Nilo.

Um dia, uma mulher israelita teve um menino. Ela e sua família ficaram ao mesmo tempo felicíssimas e apavoradas. A criança era linda, e a mãe escondeu-o por três meses. Mas, e se os egípcios a descobrissem? Eles faziam buscas regularmente no campo de escravos em busca de bebês do sexo masculino. Sempre que os encontravam, arrancavam-nos dos braços das mães e os atiravam no Nilo.

Com medo de que seu filho fosse encontrado, a mãe do menino tomou um cesto bem protegido e certa manhã, bem cedinho, antes de qualquer pessoa acordar, amamentou o bebê, colocou-o dentro do cesto e levou-o até o rio. Escondeu o cesto com cuidado em meio aos caniços da margem. A irmã do menino ficou sentada na margem oposta, escondida atrás de uma palmeira, observando o que iria acontecer.

Algumas horas depois, escutou o choro do bebê. Estava prestes a correr para casa quando viu a filha do faraó se aproximando do rio para tomar banho, acompanhada de suas escravas. A irmã do menino afligiu-se. Viu a princesa chegando cada vez mais perto, até alcançar o local onde o pequeno cesto estava flutuando. Mandou uma de suas escravas até o cesto para apanhá-lo. A princesa abriu a tampa e olhou para dentro.

O coração da irmã batia forte no peito. A filha daquele faraó cruel tinha encontrado seu irmão caçula. O que iria fazer com ele?

– Que lindo! – exclamou a princesa. – É um menininho, e está chorando de fome! Deve ser filho de alguma das israelitas. – Ao escutar essas palavras, Miriam teve uma ideia que parecia loucura, mas que talvez pudesse dar certo. Saiu de trás da palmeira e foi em direção à princesa.

– Que bebê lindo! – exclamou. – Deve ter sido abandonado pelos pais. A senhora vai precisar de alguém para alimentá-lo e cuidar dele, não vai? Quer que eu chame uma das mulheres israelitas?

A princesa concordou, e a irmã do bebê saiu correndo para chamar a mãe. A princesa sorriu.

– O que eu fui fazer? – disse ela para as escravas. – Ao concordar em conseguir alguém para cuidar da criança, eu a adotei como meu próprio filho. E um filho israelita ainda por cima. Mas ele é tão lindo! Não posso deixá-lo morrer aqui. O que meu pai vai dizer? – Sua expressão mudou, e ela pareceu assustada. – O faraó jamais pode saber disso – disse para as escravas. – Entenderam? – As mulheres assentiram. – Ótimo. Quando aquela menina trouxer alguém para cuidar da criança, vamos retornar para a minha ala do palácio, onde meu pai não poderá encontrá-la. Esse bebê será o nosso segredo, não é, meu pequenino? – disse ela, beijando-o e apertando-o contra o peito.

Nesse momento, a menina chegou, trazendo sua mãe. Ela fez uma mesura para a princesa.

– Esta mulher está disposta a cuidar do bebê para a senhora – disse ela.

A princesa colocou o bebê nos braços da própria mãe.

– Você deve voltar comigo para o palácio e cuidar desta criança – disse ela. – Eu lhe pagarei um salário adequado, é claro. É um menininho lindo, não é?

A mãe mal conseguia acreditar naquilo. Sorriu para a princesa em meio às lágrimas.

– Sim – disse ela. – Ele é um menino lindo.

Dessa forma, o bebê cresceu dentro do palácio do faraó. Sua própria mãe cuidava dele – e era paga para isso. A princesa o batizou de Moisés, dizendo "eu o tirei das águas". Suas escravas guardaram segredo, de modo que o faraó nunca soube de sua existência.

Moisés encontra Deus no deserto

Moisés cresceu como um príncipe no Egito. A filha do faraó o havia adotado, mas foi sua própria mãe quem cuidou dele durante a infância. Ela lhe contou que ele não era egípcio, mas sim israelita, e lhe ensinou todas as histórias antigas do povo de Israel. Moisés estava em segurança no palácio, mas sua mãe lhe contou que os demais israelitas viviam como escravos e eram maltratados. O faraó tentava destruí-los, impondo-lhes uma carga de trabalho insuportável. Além disso, muitos dos homens do faraó eram tão cruéis quanto ele.

Certo dia, Moisés viu um guarda egípcio espancando cruelmente um escravo israelita. Moisés olhou ao seu redor. Não viu ninguém por perto. Ele saltou em cima do guarda e o matou, enterrando o corpo na areia.

Mas a história se espalhou, e alguém foi contá-la para o faraó. Moisés constatou que estava na hora de deixar o Egito.

Assim, ele fugiu para o leste, até o deserto do Sinai. Ali, estabeleceu-se e se casou com uma mulher chamada Zípora, que lhe deu um filho, Gérson. O pai de Zípora se chamava Reuel, e Moisés cuidava de suas ovelhas e cabras.

Deus, no entanto, ainda ouvia os clamores de Seu povo, massacrado pelos egípcios. Lembrou-se do que havia prometido tantos anos antes a Abraão, Isaac e Jacó. Dissera que iria abençoá-los e fazer de seus descendentes uma grande nação, e que eles viveriam e prosperariam em sua própria terra. Então Deus olhou para o Seu povo e viu que algo precisava ser feito.

Moisés se encontrava fora, com as ovelhas e cabras de Reuel, como sempre. Como estava difícil encontrar um pasto naquele dia, ele conduziu os animais para cada vez mais longe de casa, rumo aos confins da região, até chegar à montanha sagrada de Deus, o monte Sinai. Moisés achou que era uma montanha como outra qualquer, pois o deserto era cercado de montanhas naquela parte. Contudo, havia ali uma fonte de água fresca, e a grama era boa. Ele pôs-se a tocar uma melodia em sua flauta e os animais começaram a pastar.

De repente, Moisés se deteve. A flauta caiu de sua mão. Que visão estranha! Uma moita, não muito longe dali, estava em chamas. O fogo dentro dela tremeluzia e dançava, emitindo todas as luzes do arco-íris. Porém, não havia fumaça ou cinza. O fogo não consumia a moita, nem a chamuscava – não retorcia uma só folha e tampouco partia qualquer galho! Na verdade, as chamas faziam a moita parecer mais viva, brilhando, reluzindo em meio às labaredas. Moisés andou em sua direção.

– Moisés! Moisés! – disse uma voz vinda da moita.

– Aqui estou eu – sussurrou ele.

– Não se aproxime! – falou a voz. – Tire suas sandálias, pois você está pisando em solo sagrado. Eu sou o Deus dos seus ancestrais, o Deus de Abraão, Isaac e Jacó.

Então Moisés cobriu o rosto com sua túnica, porque temia olhar para Deus.

A voz de Deus tornou a vir da moita.

– Eu vi a miséria do meu povo no Egito e também escutei o seu clamor. Vi as costas arqueadas de meus filhos e as marcas da violência em seus corpos. Eu os ouvi chorar de angústia e gemer de dor na calada da noite. Eu vim para resgatá-los e conduzi-los até a Terra que prometi a eles, um lugar onde o leite e o mel correm como rios. Preciso da sua ajuda. Vou mandá-lo ao Egito, até o faraó, para libertar meu povo daquele país.

Moisés deixou a túnica cair de seu rosto.

– Não posso – protestou. – Isso é um absurdo. Por que eu?

– Eu estarei ao seu lado – garantiu Deus.

– Mas... – a voz de Moisés foi sumindo. Em desespero, tentou pensar em alguma desculpa. Finalmente prosseguiu: – Vamos supor que eu retorne ao Egito e diga aos israelitas que o Senhor me enviou. E se eles me perguntarem: "Qual era o nome Dele?" O que lhes direi?

– Diga a eles: "EU SOU me enviou até vós. O Deus de Abraão, de Isaac e de Jacó me enviou." É o meu nome para sempre, e é assim que me invocarão de geração em geração.

Deus continuou contando como resgataria o Seu povo, como o faraó se recusaria a libertá-lo e como haveria problemas de todo tipo. Mas, no final, todos os israelitas escapariam e passariam a morar em sua própria terra, onde corria leite e mel. Moisés continuava resistindo, com medo de ser morto se voltasse ao Egito.

– Mas os israelitas não vão acreditar em mim quando eu lhes disser que vi o Senhor – disse ele.

– O que é isso que você tem na mão? – Deus perguntou.

– Uma vara – respondeu Moisés.

– Lance-a na terra – Deus ordenou.

Moisés obedeceu, e a vara se transformou em serpente, fazendo Moisés fugir.

– Estende a mão e pega-a pela cauda – Deus voltou a falar.

Quando, hesitante, Moisés obedeceu, a serpente se converteu em vara.

– É para que acreditem que te apareceu o Deus de Abraão, de Isaac e de Jacó – disse Deus.

Mas Moisés continuou resistindo. Então, se acendeu a ira de Deus. As chamas do arbusto subiram com violência em direção aos céus. Deus perdeu a paciência. Não aceitaria mais desculpas.

– Você tem um irmão chamado Arão. Ele irá ajudá-lo. Já está vindo ao seu encontro. Vocês poderão voltar juntos para o Egito. Precisamos tirar o meu povo de lá, e Eu preciso da sua ajuda. Essa é a verdade e ela é indiscutível.

E então estava resolvido. Moisés teria de abandonar seu ofício de pastor para retornar ao Egito.

Deus e o faraó

Quando Moisés chegou ao Egito, descobriu que havia um novo faraó no poder. Ele não era melhor do que o anterior. Ainda estava obrigando os israelitas a trabalharem até à morte.

Moisés e Arão foram ao seu encontro.

– Assim falou o Senhor, Deus de Israel – declararam os dois em tom solene. – Liberte meu povo! Eu quero que eles venham até o deserto para realizarem um grande festival em meu nome.

– Quem é este ser desprezível que vocês chamam de Senhor Deus? – zombou o faraó. – Nunca ouvi falar dele. Vou lhes mostrar quem manda no Egito. Saiam daqui.

Nos campos de trabalho forçado, os israelitas faziam tijolos para o faraó. Precisavam produzir uma determinada quantidade de tijolos por dia. O número era grande demais, e o trabalho os estava matando. Mas, pelo menos, os feitores de escravos egípcios forneciam a palha de que os israelitas precisavam para o serviço. Então o faraó ordenou que os israelitas deveriam colher a palha por conta própria e ainda assim produzir a mesma quantidade de tijolos.

– Isso irá destruí-los, é só esperar para ver – exclamou ele.

Os feitores de escravos haviam colocado alguns israelitas para comandar o trabalho, de modo a garantir que o número exato de tijolos fosse produzido a cada dia. No entanto, por terem que colher a palha também, os oleiros não conseguiram chegar nem perto da meta. Os capatazes israelitas levaram a culpa, e por isso foram espancados com brutalidade. Então dirigiram-se ao palácio do faraó para reclamar.

– Vocês são preguiçosos, e o seu povo também! – vociferou o faraó. – Digam à sua gente para continuar o trabalho, ou então...!

Os capatazes encontraram Moisés e Arão em frente ao palácio.

– Que grande ajuda vocês nos deram! – exclamaram. – Agora o faraó piorou dez vezes nossa situação e não podemos fazer nada.

Moisés ficou desolado. O que poderia fazer? Sentia-se amargurado, furioso e assustado. Voltou-se para Deus e exclamou:

– Por que o Senhor fez tamanha calamidade se abater sobre o Seu povo? Desde que voltei ao Egito para enfrentar o faraó em Seu nome que ele traz apenas desgraça para os israelitas. E para libertar o Seu povo o Senhor não fez nada!

– Eu não quebro minhas promessas – Deus respondeu com tranquilidade. – Ainda salvarei Meu povo do faraó. Isso eu prometo. Mas levará algum tempo. Antes, preciso mostrar a ele quem manda no Egito.

E assim teve início uma batalha longa e terrível entre Deus e o faraó. O faraó, com o coração endurecido, impediu a saída do povo israelita. Deus então mandou dez pragas que destruíram o Egito. Primeiro, todas as águas se transformaram em sangue, matando os peixes. Depois, milhares de rãs cobriram as terras do Egito, seguidas de nuvens de mosquitos e moscas sobre os homens e os animais. Como o coração do faraó continuasse endurecido, Deus fez cair uma peste que matou todos os rebanhos dos egípcios, preservando os dos israelitas. Em seguida o país ficou coberto por um pó que causou tumores e úlceras nos homens e animais. Ante a recusa insistente do faraó, Deus ainda mandou uma chuva de pedras e fez descer fogo sobre a terra, provocando uma grande destruição da qual os israelitas foram poupados. Depois, nuvens de gafanhotos cobriram tudo, destruindo o que sobrara. Apesar disso, o faraó ficou irredutível. Deus então fez baixar espessas trevas por três dias. Porém, no lugar em que habitavam os israelitas havia luz.

Todos abandonaram o faraó. Seu povo sofria terrivelmente. Ainda assim ele não desistiu e continuou se recusando a libertar os israelitas e a considerar-se mais poderoso do que Deus.

Deus disse então a Moisés e Aarão:

– No dia 10 deste mês, cada família deve pegar um cordeiro de seu rebanho, abatê-lo e comer toda a sua carne. Tomarão do seu sangue e colocarão duas marcas sobre as portas de suas casas. Deverão comê-lo já prontos para partir. E naquela noite passarei pela terra do Egito e ferirei de morte todos os primogênitos, desde os dos homens até os dos animais, fazendo justiça sobre os deuses do Egito. Mas, quando eu vir as marcas de sangue nas portas, seguirei adiante e pouparei aquela casa. Este dia vos servirá de lembrança, e todas as gerações o celebrarão como uma festa para Deus.

Cumprindo instruções de Deus, Moisés pediu aos israelitas que se preparassem para partir do Egito.

– Hoje à noite, nós finalmente vamos escapar – disse ele ao seu povo.

Naquela noite, todos os que estavam nas casas marcadas com sangue sobreviveram. No entanto, o primogênito de cada lar egípcio morreu, desde o filho do faraó até os das escravas e dos homens encarcerados na prisão.

Um grito aterrorizante foi lançado aos céus e cruzou toda a terra. O Egito, que já estava arruinado, se afogava em sua própria dor.

O faraó convocou Moisés e Arão pela última vez.

– Tirem seu povo daqui! – exclamou. – Vão embora e adorem seu precioso Deus.

Deus divide o mar

Assim, o povo de Israel finalmente estava a caminho da Terra Prometida! A única coisa que havia conhecido até ali era a escravidão, mas agora estavam livre do faraó cruel. Eles seguiram o mais rápido possível em direção à fronteira egípcia – homens, mulheres, crianças e todos os seus animais – até chegarem às margens do mar Vermelho. Logo estariam seguros em sua própria terra, aquela que Deus prometera aos seus ancestrais, fora do alcance do faraó.

Então ouviram um som estranho, vindo de longe, atrás deles. Ao olharem naquela direção, a princípio, tudo o que conseguiram ver foi uma nuvem de poeira, mas logo em seguida distinguiram o faraó em sua bela carruagem, com seus cocheiros, cavaleiros e soldados de infantaria. Os egípcios estavam vindo atacá-los!

O faraó mudara de ideia outra vez. Ele tinha perdido seu próprio filho, porém achava ainda mais terrível perder o poder. Não conseguia suportar que tivesse libertado os israelitas, era incapaz de tolerar a derrota. Mostraria a eles e ao Deus deles de uma vez por todas quem mandava no Egito. Seus soldados destruiriam aquele povo que estava encurralado entre o seu exército e o mar Vermelho. Não tinham onde se esconder ou para onde fugir.

– O que você fez? – gritaram os israelitas para Moisés. – Você nos trouxe até aqui para morrer! Teria sido melhor continuarmos como escravos no Egito. Como seremos livres, se estaremos todos mortos?

– Não tenham medo – disse Moisés. – Fiquem onde estão. Esta será a última batalha entre o faraó e Deus. Esperem para ver o que Deus irá fazer. Vocês estarão todos em segurança. Observem!

Ele estendeu a mão sobre o mar, e este se dividiu ao meio. As águas se ergueram, acumulando-se dos dois lados, e terra firme surgiu entre as paredes de água.

O barulho do exército egípcio ia ficando cada vez mais próximo.

– Vamos! – gritou Moisés. – Temos que chegar à outra margem antes que o faraó nos alcance. Depressa!

Os israelitas hesitaram. O caminho de terra firme parecia muito estreito, e as muralhas de água que se erguiam dos dois lados, altas demais. Será que conseguiriam mesmo chegar à outra margem? Então os gritos do faraó e dos soldados os alcançaram, e eles se lembraram de tudo o que tinham sofrido. Lançaram-se então para a frente.

As muralhas de água pareciam prestes a desabar sobre eles a qualquer momento. Às suas costas, o faraó e seus soldados adentraram o mar pelo caminho aberto.

– Agora vamos apanhá-los! – gritou o faraó.

Porém, assim que os soldados penetraram alguns metros no caminho aberto, as rodas de suas carruagens atolaram na lama. Seus cavalos tropeçaram e caíram, e a infantaria se enroscou na confusão das rodas e das pernas dos cavalos que se debatiam. Entraram em pânico.

– É contra Deus que estamos lutando! – exclamaram os soldados.

– Vamos voltar! – ordenou o faraó.

Eles tentaram, mas foi em vão. Caíram uns sobre os outros, formando uma pilha caótica de corpos.

Enquanto isso, os israelitas seguiam em frente, arrastando seus animais da melhor forma que podiam. Mães carregavam bebês nos braços. Crianças pequenas seguiam nos ombros dos pais. Os velhos e doentes eram carregados em macas improvisadas ou nas costas dos outros. De alguma forma, conseguiram todos chegar até a margem oposta. Nenhum israelita foi perdido. Nenhum animal ficou para trás. Eles conseguiam ouvir os gritos desesperados dos egípcios, vindos do meio do mar. Já não eram mais brados de raiva e violência, mas de horror.

Então Moisés estendeu a mão novamente sobre o mar. No mesmo instante as duas muralhas de água desabaram uma sobre a outra. O caminho de terra firme desapareceu. A superfície do mar cintilou, lisa e calma, e fez-se um silêncio profundo.

A montanha de Deus

Moisés conduziu seu povo pelo deserto do Sinai em direção à montanha de Deus, o monte sagrado onde, tempos atrás, ele havia encontrado o Senhor nas labaredas da Moita em Chamas.

Nenhuma daquelas pessoas jamais tinha sido livre. Seus pais tinham sido escravos, assim como seus avós e todos os seus antepassados. Estavam acostumadas a receber ordens. Nunca lhes havia sido permitido pensar por conta própria ou tomar decisões. Não entendiam como iriam sobreviver em um deserto que para eles era uma região desconhecida. Não faziam ideia de onde ficavam os oásis, os poços artesianos ou as fontes, nem sabiam como encontrar o que comer.

Reclamaram durante todo o caminho, muitas vezes lastimando a partida do Egito, onde pelo menos tinham alimento e água. Quando disseram que iriam morrer de sede, Deus mandou Moisés tomar a vara e bater com ela em uma rocha. E a água jorrou com abundância, saciando a sede do povo. Quando disseram que a falta de comida os mataria de fome, Deus lhes mandou um enorme número de codornizes e lhes ofereceu um alimento que parecia vir do céu, chamado maná – hóstias finas e folheadas, com gosto de mel.

No terceiro mês depois da saída do Egito chegaram aos pés da montanha sagrada do Sinai e montaram um acampamento.

No amanhecer do terceiro dia houve relâmpagos, trovões, uma espessa nuvem sobre a montanha e um estridor muito forte de trombeta. O som foi ficando cada vez mais alto, e a montanha inteira começou a estremecer com violência. Moisés então se pôs a subir as encostas íngremes e desapareceu em meio à neblina. Os israelitas ficaram esperando por ele ao pé do monte. Algum tempo depois eles o viram descendo de volta.

– Eu lhes trago os Dez Mandamentos de Deus – disse Moisés. – Estes são os ensinamentos Dele, para que vocês aprendam a ser o povo do Senhor na Sua Terra. Eis os Dez Mandamentos e o que eles significam:

"Eu sou o Senhor, seu Deus.
Libertei vocês do Egito,
de uma vida de escravidão.

Vocês devem ser leais a mim.
Eu serei o Deus de vocês
e vocês serão o meu povo.
Não façam qualquer imagem minha.
Não louvem madeira e pedra,
pois madeira e pedra não pensam, sentem,
ouvem ou falam como Eu.
Outros povos mais poderosos
terão palácios maiores e templos mais belos
e dirão a vocês que os costumes deles são melhores,
que os deuses deles são os verdadeiros.
Não sigam seus preceitos,
pois, se forem como eles,

como irão se lembrar
do motivo pelo qual os escolhi?

Não deixem que a vergonha se abata sobre mim.
Não arrastem meu nome na lama,
ou façam as pessoas pensarem que não sou nada,
ou, pior do que isso,
que sou um tirano como o faraó.

Guardem o dia de sábado
para mantê-lo sagrado.
Nesse dia, suas famílias não devem trabalhar,
e tampouco seus filhos,
seus escravos,
os estranhos que vivem entre vocês,
ou seus animais.
Lembrem-se de que eram escravos dos egípcios,
que os faziam trabalhar até à morte,
todos os dias da semana.
Não deve ser assim com vocês.
Vocês são um povo livre
e devem viver em liberdade
e estender essa liberdade a todos.
Até Eu mesmo descanso no sábado.
Quero que compartilhem do meu descanso.

Honrem seus pais e suas mães.
Eles merecem um tratamento muito melhor do que receberam
no Egito.
Devolvam-lhes a dignidade.

Não matem nenhum de seus semelhantes.

Maridos e esposas devem ser fiéis um para com o outro.
Não cometam adultério.
Vocês devem se tratar com respeito,
pois não são mais escravos.

Não roubem.
Não levem ninguém à pobreza.
Não façam o próximo de tolo,
nem o privem de sua liberdade ou dignidade.

Não espalhem boatos
ou rumores falsos sobre nenhuma pessoa.
Não contem mentiras que causem problemas ao próximo.

Vocês não devem cobiçar cada vez mais coisas.
Tampouco devem cobiçar o que seu vizinho
ou seu amigo possui.
Não devem conquistar riqueza
por meio da pobreza do próximo.
Que todos vivam de forma livre e digna."

– Esses são os Dez Mandamentos de Deus – disse Moisés – Se vocês os obedecerem e viverem de acordo com eles, serão o povo de Deus, e Ele será o Deus de vocês.

Mais ensinamentos na montanha de Deus

Deus tinha muito mais a dizer ao Seu povo. Ele queria colocar o mundo em ordem novamente, como havia sido quando o criara. Moisés trouxe todos os ensinamentos de Deus do topo da montanha. Pais os repassaram para seus filhos que, por sua vez, aprenderam a repetir as centenas de lições.

"Se o boi ou o jumento de seu inimigo se perder e você o encontrar, leve-o de volta para ele."

"Se vir um jumento caído sob a própria carga, e ele pertencer a alguém que o odeia e que você também odeia, não lhe dê as costas, deixando seu inimigo desamparado e só. Ajude-o a descarregar o jumento e a colocá-lo de pé."

"Durante o período da colheita, não colha tudo o que plantou. Deixe uma faixa livre na beirada da plantação para os que não possuem terras para plantar. Se hastes de trigo caírem pelo caminho, deixe-as para os pobres que não têm nada. O mesmo se aplica às suas videiras. Deixe algumas uvas para os pobres e para os que não possuem uva alguma para colher. Não colha todos os frutos da vinha."

"Certifiquem-se de que todos participem de seus festivais religiosos. Preparem banquetes fartos e ofereçam bastante vinho. Garantam a presença de todos os seus servos, das crianças, dos idosos abandonados e de qualquer estranho. Vocês já foram escravos no Egito. Nunca tratem alguém como foram tratados por aquele povo."

"Não sejam cruéis ou injustos com os imigrantes que vivem em sua comunidade. A experiência de vocês no Egito os ensinou o que é ser um imigrante."

"Ame o seu próximo como a si mesmo."

"Ame Deus com todo o seu coração, com toda a sua alma e com todas as suas forças."

O BEZERRO DE OURO

Somente Moisés tinha permissão para se encontrar com Deus no topo do monte Sinai. Todas as vezes, exceto em uma única ocasião em que alguns outros o acompanharam, ele subiu sozinho.

Contudo, Deus não queria ficar nas alturas, fora da vista e do alcance de Seu povo. Queria estar entre eles, bem no meio de seu acampamento. Se viver em tendas era bom para o Seu povo, também era bom para Ele. Deus ordenou que os israelitas levantassem uma tenda para Ele, feita de couros de cabra e de carneiro tingidos de vermelho, e com cortinas de pelo de cabra. Ela foi chamada de a Tenda do Encontro. Deus a utilizava para se reunir com Moisés e falar com ele face a face, como se conversasse com um amigo.

Deus, no entanto, tinha planos para uma tenda mais suntuosa, que celebrasse a vitória conquistada no mar Vermelho e o encontro com o Seu povo no monte Sinai. Uma tenda que os israelitas pudessem levar com eles em suas incursões pela Terra Prometida. A tenda seria um local onde tudo estaria na mais perfeita ordem, como o mundo quando Ele o criou. Os israelitas haviam trazido uma grande quantidade de tesouros egípcios. Ele pediria a Moisés que abrissem mão de parte daquelas riquezas para fazerem da tenda algo deslumbrante. Dentro dela, ficaria a arca da aliança, um lindo baú de madeira coberto de ouro, contendo duas tabuletas de pedra com os Dez Mandamentos de Deus. Nessa bela tenda, ao lado da arca, Deus iria poder se reunir com Seu povo. O céu estaria na Terra, e todos poderiam carregar um pedacinho dele consigo.

Essa era a ideia maravilhosa de Deus, e ele convocou Moisés a subir ao topo de Sua montanha sagrada para lhe dar instruções precisas.

Moisés ficou tanto tempo lá em cima, que as pessoas se cansaram de esperar e acabaram desistindo de Moisés e também de Deus. Reuniram-se em grande número diante da tenda de Arão, o irmão de Moisés, exigindo sua presença.

– Faça um deus para nós – exclamaram –, um deus que possamos ver e tocar, um deus que nos guiará pela nossa própria terra! Quanto a Moisés, não sabemos que fim ele levou.

– Entreguem-me os brincos de ouro que trouxeram do Egito – foi a resposta de Arão. – Eu os derreterei para ver o que posso fazer.

As joias eram tantas, que Arão conseguiu ouro suficiente para fazer a estátua de um bezerro. Os israelitas tinham ouvido dizer que outros povos faziam estátuas de touros e novilhos e acreditavam que esses povos os adoravam como imagens de seu próprio deus.

– Que maravilha! – disseram eles ao ver o que Arão havia criado. – Este só pode ser o deus que nos libertou das terras egípcias.

– Amanhã – disse Arão –, vamos realizar um grande festival e chamaremos o bezerro de Senhor Deus.

No dia seguinte, o povo se levantou cedo para o festival. Todos comeram, beberam e ficaram muito felizes.

No topo da montanha, em meio à neblina estranha onde ficava Deus, Moisés não era capaz de ouvir ou ver nada do que estava acontecendo lá embaixo. Deus, no entanto, conseguia.

– Desça imediatamente! – disse ele a Moisés. – O povo arruinou tudo! Eles fizeram um bezerro de ouro e o estão adorando, dizendo: "Este é o deus que nos libertou do Egito."

Deus ficou profundamente desapontado. Depois de tudo o que havia feito pelo Seu povo! Quando Moisés trouxera os Dez Mandamentos do topo da montanha, todos haviam dito que seriam fiéis a Deus. "Tudo o que o Senhor Deus falou, nós faremos", afimaram. E lá estavam eles adorando um bezerro. E para isso tinham usado parte do ouro que Deus pretendia que fosse usado em sua nova tenda.

A mágoa de Deus se transformou em raiva.

– Estou farto desse povo – disse Ele para Moisés. – Vou começar tudo de novo com você. Criarei um novo povo a partir dos seus descendentes.

Moisés tentou aplacar a fúria de Deus.

– O Senhor não pode fazer isso — exclamou. – Não depois de salvá-los no mar Vermelho e trazê-los até aqui. O que diriam os egípcios? Que o Senhor ajudou Seu povo a escapar apenas para poder se livrar dele no deserto?! E quanto às Suas promessas para Abraão, Isaac e Jacó? O Senhor prometeu tornar os descendentes deles um grande povo. Não pode desatar as linhas da história de Abraão e Sara, ou de Isaac e Jacó, ou de José do Egito, dos faraós e da travessia do mar, deixando que o vento do deserto as leve embora. Deve cumprir Sua palavra, Deus... ou então o senhor não é Deus.

Deus se acalmou. Não poderia começar tudo de novo apenas com Moisés.

Mas quando Moisés chegou ao pé da montanha e viu o povo dançando ao redor do bezerro de ouro, sua própria raiva veio à tona. Ele carregava duas tabuletas de pedra contendo as palavras de Deus. Ergueu-as sobre a cabeça e as espatifou no chão. Pegou o bezerro que os israelitas haviam feito e o derreteu, moendo-o até ele ficar reduzido a pó, que misturou com água e obrigou todos a beberem.

– Onde você estava com a cabeça para fazer isso? – perguntou ele a Arão.

– Não fique com raiva – disse o irmão. – Você sabe como são as pessoas. Elas não sabiam onde você estava e me pediram para fazer um deus que as liderasse. Então, quando eu peguei o ouro delas e atirei na fornalha, aquele bezerro apareceu.

– Vocês fizeram uma coisa ruim – disse Moisés ao povo. – Uma coisa muito ruim. Precisarei voltar a Deus para que tenhamos um novo começo.

UM NOVO COMEÇO

A montanha era muito íngreme. Os corvos do deserto abriam suas asas, decolavam no ar quente e cruzavam suas encostas com facilidade. Para Moisés, a subida era árdua. A névoa que ocultava Deus ainda cobria o topo. A névoa, que antes era estranhamente calorosa, passou a causar um frio cortante.

Moisés se voltou para Deus.

– O Senhor é capaz de continuar vivendo com essa gente? – disse em voz baixa. – Se não for, então deixe que minha história se perca no tempo. Que seja como se eu nunca tivesse existido.

– Eu não puno os inocentes – foi a resposta de Deus –, e você é inocente. Eu me adiantarei ao meu povo e prepararei a Terra Prometida para ele. Mas não lhes farei mais companhia.

– Mas isso significa que nós não seremos mais o Seu povo! – exclamou Moisés. – Necessitamos que o Senhor esteja presente, bem no meio de nós, para sermos o povo escolhido. Sei que eles fizeram uma coisa terrível, mas a misericórdia pode operar milagres, e o perdão alcançar o inalcançável. Meu amigo Deus, para o Senhor, tudo é possível.

Fez-se um silêncio. O ar se aqueceu um pouco.

– Está bem – disse Deus. – Eu viverei com eles. Andarei junto ao meu povo.

Moisés quis uma garantia. Teria de haver um novo começo. As tabuletas de pedra que traziam as palavras de Deus estavam despedaçadas. E quanto à nova tenda, aquele pedacinho de céu na terra? Da última vez, o momento em que Deus apresentara ao Seu povo os Dez Mandamentos tinha sido precedido por trovoadas e relâmpagos, fogo e fumaça, por terremotos e pelo som de um berrante de chifre de carneiro. Se houvesse de fato um novo começo, Deus teria que retornar da forma mais gloriosa possível.

– Meu Deus, revele-se para mim em toda a Sua glória – pediu Moisés.

– Isso é algo que você não pode ver – Deus respondeu. – Por mais que sejamos amigos, Moisés, eu devo permanecer um mistério até mesmo para você. Afinal de contas, eu sou Deus. Porém, eu lhe mostrarei minha bondade e você ouvirá meu nome sagrado. Irei escondê-lo em uma fenda na rocha e, quando passar, Eu o cobrirei com minha mão. Assim, você verá toda a minha bondade, todas as coisas que darei ao meu povo na Terra Prometida: trigo e vinho, rebanhos e manadas de animais, uma felicidade que fará as pessoas dançarem pelas ruas e uma vida como um jardim verdejante. Essa será a minha glória. Eu passarei, e você me verá enquanto desapareço.

O frio cessou e a névoa voltou a ser reconfortante. Uma revoada distante de cegonhas brancas passou pela montanha, girando bem alto no ar quente, cintilando como estrelas ao fazerem a curva. E então o próprio Deus passou, tapando com a mão Moisés dentro da fenda na rocha.

Em seguida, Deus entregou novamente os Dez Mandamentos a Moisés, que os levou montanha abaixo para o povo. A nova Tenda do Encontro seria enfim construída.

Ao descer a montanha após estar na presença de Deus, o rosto de Moisés reluzia com tudo o que vira e ouvira. Ele mesmo não se dava conta, mas sua pele brilhava de tal forma que as pessoas mal conseguiam encará-lo.

A MORTE DE MOISÉS

Deus partiu do Sinai com o Seu povo. Fazia muitos anos que estavam juntos no deserto. Àquela altura, todos os que haviam cruzado o mar Vermelho já haviam morrido, com exceção de três homens: Josué, Calebe e o próprio Moisés. Quando chegaram à fronteira da Terra Prometida escolhida por Deus para eles, Moisés transferiu aos que haviam nascido no deserto todos os ensinamentos que seus pais tinham recebido no Sinai. Então lhes deu sua bênção. Eles estavam prontos para atravessar o rio Jordão e entrar na Terra Sagrada.

O grupo estava diante de um monte chamada Nebo.

– Suba até o topo do monte – Deus ordenou a Moisés – Quero lhe mostrar algo.

Então Moisés subiu o monte. Ele era um homem muito velho, mas ainda tinha energia suficiente para a escalada e olhos afiados para ver. Chegando ao topo, pôde enxergar tudo com muita clareza. Olhou para além do vale do Jordão e viu a Terra Sagrada que havia sido prometida a Abraão tanto tempo atrás, a Terra que o povo de Israel quase perdera ao fazer o bezerro de ouro. Lá embaixo, do outro lado do Jordão, ficava o grande oásis de Jericó: uma extensão verde ampla e convidativa em meio à paisagem quente. Moisés, no entanto, conseguia enxergar bem mais além de Jericó. Era como se tivesse sido contemplado com a visão de Deus! Ele conseguia ver a Terra Sagrada inteira de uma ponta à outra, de norte a sul e até o Grande Mar chamado Mediterrâneo.

E ali, no topo daquela montanha, o grande Moisés, o amigo de Deus, morreu. O povo de Israel teria de atravessar o rio sem ele.

4

Vivendo na terra de Deus

O primeiro quarto da Bíblia é dedicado a uma longa história sobre o povo de Deus – o povo de Israel. Ela começa com um poema e com relatos sobre a criação do mundo e os primeiros seres humanos. Depois apresenta uma coletânea fascinante de histórias sobre os ancestrais daquele povo: Abraão, Sara e seus filhos, netos e bisnetos. Os primeiros dois capítulos deste livro abrangeram essas partes da história.

Em seguida, a Bíblia nos conta como o povo de Deus foi escravizado no Egito e como Deus e Seu amigo Moisés o libertaram. Ela fala de um mar que foi dividido ao meio; de uma viagem por um deserto seco e pedregoso até a montanha sagrada de Deus; dos Dez Mandamentos divinos e de uma série de outros preceitos que Moisés trouxe do topo da montanha; e de quando o povo de Israel trai Deus e usa ouro para criar uma nova divindade. Por mais que tenha ficado magoado com isso, Deus segue viagem com o Seu povo, deixando o Sinai para trás. Havia prometido dar uma Terra só para ele e não podia desfazer Suas promessas.

Contudo, eles levam tanto tempo para chegar lá, que, quando finalmente alcançam o vale do Jordão que delimita a fronteira da Terra Prometida, apenas um pequeno número dos que haviam escapado do Egito ainda estava vivo. Àquela altura, o povo de Deus era composto de uma nova geração que nascera no deserto. Moisés então lhes transmite os ensinamentos que recebera de Deus na montanha sagrada. Tudo isso está presente no terceiro capítulo deste livro.

Agora o povo está pronto para atravessar o Jordão e começar sua vida na Terra Prometida. Moisés não o acompanhará. Ele morre no topo do monte, do outro lado do vale. Porém, Josué, que também havia sobrevivido desde a fuga do Egito, assumirá o comando.

É a partir daí que continuamos no próximo capítulo, com histórias retiradas dos livros de Josué, Juízes, Samuel e Reis.

A QUEDA DE JERICÓ

Havia, porém, um problema com a Terra Prometida aos israelitas por Deus: ela não estava deserta. Muitas pessoas já viviam ali havia muitos séculos.

Quando o povo de Deus atravessou o rio Jordão, as primeiras coisas que viram à sua frente foram as palmeiras e as plantações de Jericó – além das grandes muralhas que se erguiam em volta da cidade.

Os israelitas agora eram diferentes de seus pais, que tinham fugido do Egito como escravos assustados incapazes de se cuidar sozinhos. Os que cruzaram o Jordão tinham nascido no deserto, que era um lugar árido. E aquela travessia os tornara duros como uma rocha. Eles estavam preparados para tudo.

Tinham um novo líder, Josué. Ele havia sido treinado para aquela função por Moisés. Os dois espiões que Josué enviou a Jericó voltaram dizendo que os habitantes do lugar estavam com muito medo deles.

Deus ainda acompanhava Seu povo acampado na Tenda do Encontro, um pedacinho de céu na terra. No deserto, os israelitas tinham confeccionado um baú de ouro que chamavam de "A arca da aliança do Senhor das Hostes". Ela ficava na Tenda do Encontro e continha os Dez Mandamentos de Deus. Com a arca em seu poder e Deus ao seu lado, nada poderia surpreendê-los.

O habitantes de Jericó estavam de fato muito assustados. Tinham visto os israelitas se agrupando à margem oposta do Jordão, mas sequer imaginavam que eles fossem capazes de atravessá-lo. O rio estava em época de cheia, com as águas profundas e a correnteza forte. No entanto, os israelitas o atravessaram como se estivessem caminhando em terra firme! Os habitantes de Jericó tinham ouvido a história da travessia do mar Vermelho, na fuga do Egito. O grande faraó, rei do Egito, perseguira os israelitas com seu exército, mas, assim que o último israelita chegara à outra margem, as águas haviam se fechado, afogando todos os egípcios.

E lá estava aquele povo estranho do deserto que conseguia andar sobre as águas, acampado entre a sua cidade e o rio, à beira da sua terra.

Os moradores de Jericó abandonaram suas plantações o mais rápido que puderam. Conduziram todos os seus animais para dentro das muralhas firmes da cidade. Fecharam bem os portões, bloqueando-os com toras grossas de madeira, e esperaram o início do cerco.

Foi o cerco mais estranho que se pode imaginar. Os israelitas deixaram seu acampamento e marcharam ao redor da cidade em uma longa procissão, contornando lentamente as muralhas. Em meio à procissão, havia sete sacerdotes vestidos com belas túnicas douradas e azuis, cor de violeta e rubras. Usavam turbantes reluzentes nas cabeças, além de correntes de ouro e pedras preciosas que refletiam a luz do sol. Atrás deles, bem no coração da marcha, outros homens carregavam uma arca de ouro sobre varas de madeira longas. A arca brilhava mais intensamente que o sol. Caminhando à frente, os sacerdotes sopravam sete trombetas de chifres de carneiro.

Isso foi tudo. Com os sacerdotes soprando suas trombetas, os israelitas contornaram em procissão os muros da cidade e depois retornaram ao seu acampamento, levando a arca de ouro consigo! O povo de Jericó não conseguia entender aquilo, mas, ainda assim, não se sentia seguro para sair da cidade. Na verdade, a procissão os deixara ainda mais aflitos. O que os israelitas fariam em seguida?

A resposta veio no dia seguinte. Os israelitas fizeram a mesmíssima coisa! E no terceiro e no quarto dia também. Por seis dias, os israelitas marcharam em procissão ao redor das muralhas da cidade, com sua arca de ouro reluzente e os sete sacerdotes soprando suas trombetas. E, como antes, nada aconteceu. Nenhum ataque, nenhum grito de guerra. Apenas a procissão lenta, os soldados israelitas calados, olhando direto para a frente, e o som contínuo das trombetas. Depois de contornar as muralhas, retornavam ao acampamento junto ao rio. O que estaria acontecendo? Os moradores de Jericó eram capazes de suportar aquela situação por semanas, meses até. Uma fonte jorrava água fresca dentro da cidade e havia bastante comida armazenada.

Então veio o sétimo dia. O sol estava escondido atrás das nuvens. Desta vez, a procissão começou cedo, no alvorecer, e contornou a cidade sete vezes. Então, se deteve. Os habitantes de Jericó ficaram observando através das muralhas os israelitas se virarem para enfrentá-los. Preparavam-se para um ataque. Agarraram com força suas armas. Um homem que parecia o líder dos israelitas virou-se e disse algo para os soldados e os sacerdotes. Era Josué. Os habitantes de Jericó não conseguiam ouvir suas palavras, mas, assim que ele terminou de falar, os sacerdotes sopraram uma nota prolongada de suas tombetas de chifre de carneiro. Não era o mesmo som de antes. Era o som que os israelitas tinham ouvido certa vez ao pé do sagrado monte Sinai, logo antes de Deus lhes apresentar os Dez Mandamentos. Parecia vir do próprio céu. No mesmo instante, o sol saiu de trás das nuvens e se refletiu em um clarão ofuscante na arca, fazendo os israelitas soltarem um grito poderoso. Não era um grito de guerra, mas o grito de triunfo que proferiam quando Deus se revelava a eles. Até ali, haviam permanecido calados durante a procissão que faziam ao redor da cidade. Agora era como se o som tivesse crescido dentro deles durante todo aquele tempo e então explodido em um brado colossal, capaz de arrasar a terra.

A terra, porém, não foi arrasada com aquele toque misterioso das trombetas, mas o grito derrubou as antigas muralhas de Jericó. Elas, que haviam suportado por séculos a fio tempestades e terremotos, não puderam suportar aquele grito, aliado ao toque das trombetas e à explosão de luz vinda da arca. Desmoronaram como se fossem feitas de palha.

Os soldados israelitas escalaram os escombros, entraram na cidade e mataram toda e qualquer pessoa ou animal que havia ali: homens, mulheres, crianças, idosos, bebês, gado, ovelhas e jumentos. Exceto uma mulher chamada Raabe e seus familiares, pois, quando os espiões de Josué haviam chegado à cidade, Raabe lhes oferecera abrigo e informações, além de tê-los ajudado a fugir.

Um silêncio pavoroso tomou conta do lugar.

No início, quando os israelitas ainda não eram um povo, mas apenas uma família, Deus havia dito a Abraão que ele deveria ser uma bênção para todos os que cruzassem seu caminho. "Lembre-se, Abraão, seja uma bênção!" tinham sido as palavras de Deus. Os israelitas em Jericó pareciam ter-se esquecido completamente disso.

ELUMA, UMA MULHER DESPREZADA

Não era fácil viver na Terra de Deus. Nem tudo se resolvia desmoronando muralhas e ganhando batalhas sem resistência. As tribos israelitas não possuíam as melhores plantações ou as cidades mais poderosas. Essas pertenciam aos povos que já habitavam a Terra Prometida. E também havia ameaças graves vindas de fora, especialmente por parte dos filisteus, que viviam nas proximidades do Mediterrâneo.

Muitos anos depois da época de Josué, os filisteus conquistaram a Terra Prometida e a mantiveram sob o seu poder por toda uma geração. Foi um longo período que para os israelitas pareceu infindável. Os dias de Moisés e Josué tinham ficado para trás. Eles precisavam de um novo líder, de um novo herói.

Havia um casal de israelitas que vivia perto do coração do território filisteu. O homem se chamava Manoá, e sua esposa, Eluma. Eles não tinham filhos. Os anos se passavam, mas nenhuma criança chegava. Aquela era uma situação muito difícil de suportar para os dois, especialmente para Eluma. Todas as outras mulheres do vilarejo eram mães.

Manoá sentia vergonha da própria esposa. Acreditava que a culpa era toda dela. Sua função era ter filhos e criá-los – e ela era incapaz disso. Mais do que tudo, sua função era gerar um filho homem, pois, se não o tivessem, quem iria cuidar deles quando fossem velhos? E o que aconteceria com a fazenda de Manoá e com a sua linhagem depois que ele morresse? Tudo simplesmente desapareceria. Não restaria nada. Pelo menos, era assim que Manoá pensava.

Eluma se sentia pior ainda. Seu marido a desprezava. Ela imaginava que as outras mulheres a desprezavam também. Certamente Eluma desprezava a si mesma. Todos os dias, enquanto os demais aldeões rezavam para que Deus enviasse alguém para livrá-los dos filisteus, ela rezava por um filho.

– Por favor, Deus, por favor, me dê um filho – repetia ela. – O Senhor é o Deus da vida. Sem um filho, é como se eu estivesse morta, e Manoá também. – Ela fazia essa prece todos os dias, mas, ainda assim, a criança não chegava. Ela continuou rezando, mas sua esperança começava a desaparecer e seu Deus parecia estar em outro mundo, um mundo isolado do seu, onde suas palavras não podiam ser ouvidas, ou sua dor, sentida.

Então, um dia, seu pequeno quarto se encheu de luz. Era a luz do próprio Deus! Ele lhe dirigiu a palavra, face a face. E que palavras Ele disse! Justamente as que ela ansiava por escutar havia tantos anos, as mais extraordinárias que ela jamais esperara ouvir.

– Você terá um filho – Ele lhe disse. – Um filho homem. Na verdade, já está grávida. Tenho um propósito especial para ele, de modo que você deve se cuidar com uma atenção especial. Quando seu filho tiver se tornado um homem, ele começará a salvar Israel dos filisteus.

Uma criança. Um filho homem. Um herói! Eluma foi contar a notícia a Manoá, mas, pensando que seu marido a acharia uma tola se dissesse que Deus falara com ela, disse que tinha sido um homem de Deus.

– Ele era parecido com Deus – exclamou. – Disse que eu estou grávida e me deu instruções especiais quanto à criança.

Manoá sequer percebeu o quanto sua esposa estava feliz. Quis ver esse "homem de Deus" com os próprios olhos.

– Perdoe-me, Deus – disse ele. – Mas este homem que o Senhor enviou... poderia enviá-lo novamente? Quero vê-lo e ouvir as palavras dele eu mesmo.

Deus escutou a prece de Manoá, mas, em vez de se revelar para ele, apareceu diante de Eluma uma segunda vez, quando ela estava sozinha nas plantações. Eluma foi correndo na mesma hora até o marido.

– Aquele "homem" que surgiu para mim no outro dia – exclamou. – Bem, ele tornou a aparecer!

Manoá ficou furioso. Não era certo que qualquer homem viesse se encontrar com sua esposa sem a sua permissão e sem ele estar presente. Quem era aquele homem? E o que ele estava tramando?

– Leve-me até esse tal homem de que você fala! – gritou ele.

Então Manoá seguiu a passos largos sua mulher até onde Deus os esperava. Cego pelo ciúme e pela desconfiança, Manoá não percebeu de quem se tratava. Deus estava diante dos seus olhos, mas ele não conseguiu reconhecê-Lo.

– Você é o homem que falou com essa mulher aqui? – perguntou Manoá com rispidez. – Vamos supor que o que disse é verdade, e que ela está esperando um filho. Quais são as suas instruções especiais quanto à maneira como devemos criá-lo?

– Eu já falei para "essa mulher", como você a chama – Deus respondeu. – Ela sabe o que fazer.

Isso é inaceitável!, pensou Manoá. Como esse estranho atreve-se a falar comigo como se a minha esposa fosse mais importante do que eu? Tenho que entender o que ele pretende e descobrir o que está acontecendo de verdade entre ele e minha mulher... Já sei. Se eu o convidar para jantar, vou poder observá-lo com atenção e lhe fazer algumas perguntas embaraçosas.

Passou então a falar em seu tom mais cortês.

– Por favor, fique um pouco e coma conosco. Minha esposa irá preparar um cozido saboroso e macio.

Os olhos de Deus brilharam. Sorriu para Eluma.

– Creio que seria mais apropriado oferecer um sacrifício a Deus, para agradecer pela promessa de um filho – disse.

Manoá ficou ainda mais intrigado. Quem era aquele estranho?

– Como é o seu nome? – perguntou.

– Meu nome é impronunciável – foi a resposta de Deus.

Apesar de continuar sem perceber com quem estava falando, Manoá preparou o sacrifício sugerido pelo "homem".

O fogo do sacrifício tremeluzia e dançava com todas as cores do arco-íris. De repente, Manoá e Eluma viram que o estranho misterioso parecia ter sido engolido pelas chamas. Ele brilhava com a glória reluzente de Deus. Então as labaredas saltaram até as alturas e o estranho desapareceu.

Só então Manoá percebeu quem era o estranho.

– Nós vamos morrer! – exclamou. – Vimos o rosto de Deus!

– É claro que não vamos morrer! Nós vamos ter um filho! Um filho! – retrucou Eluma.

E, quando isso aconteceu, Eluma o batizou de Sansão.

ANA, UMA MULHER SEM FILHOS

Quando Sansão cresceu, ele tirou a Terra Prometida do poder dos filisteus por algum tempo, mas ainda não era o homem que iria concretizar o maior plano de Deus. O Senhor queria que todas as famílias do mundo fossem abençoadas por meio dos descendentes de Abraão. Sansão não era o homem certo para essa tarefa. Deus precisava de alguém que compreendesse Seus desígnios e visse as coisas da mesma forma que Ele.

Às vezes, Deus parecia escolher o caminho mais difícil! Ele queria um novo grande líder para o Seu povo e elegeu Ana para ser sua mãe. Ana, no entanto, não podia ter filhos – ou achava que não podia. Ela era casada com um homem chamado Elcana, que também tinha outra esposa, Penina. Esta tinha filhos, mas Ana, não.

Todos os anos, Ana e Elcana, juntamente com Penina e seus filhos, saíam numa peregrinação particular até um templo em um local chamado Siló, que ficava a 25 quilômetros de seu vilarejo. Naquele templo, eles louvavam a Deus, ofereciam-Lhe sacrifícios, comiam refeições deliciosas e bebiam bastante vinho. Era para ser algo maravilhoso, mas Ana detestava essas ocasiões. Lá estavam eles agradecendo a Deus por Suas bênçãos quando Ele não a abençoara com uma criança sequer. Aquilo tudo fazia Ana se sentir vazia e inútil. E Penina sempre tornava as coisas muito mais difíceis. Ela ficava ali, com os filhos correndo em volta das suas pernas e o bebê caçula nos braços, dizendo a Ana que Deus deveria estar punindo-a por algo que ela fizera de errado.

– É por isso que você não tem filhos como eu – dizia ela.

Era terrível pensar que Deus poderia punir alguém dessa forma, mas Ana não conseguia tirar essa ideia da cabeça. Elcana, por mais que se esforçasse, também não entendia aquilo. Mas a vida tampouco era fácil para Penina. Embora tivesse dado filhos a Elcana, ele não a amava. Seu amor pertencia apenas a Ana.

As refeições da família em Siló eram sempre difíceis, porém, houve um ano em que Penina estava ainda pior e Ana não pôde mais suportar. Ela não conseguia tocar na comida. Sentindo-se completamente sozinha, desatou a chorar.

– O que houve, Ana? – perguntou Elcana. – Sei que é difícil não ter um filho, mas você não deve deixar isso estragar tudo. E, de qualquer forma, eu não valho mais do que dez filhos para você?

Deixar isso estragar tudo!, pensou Ana com amargura. Não está vendo que tudo estará sempre estragado para mim enquanto eu não tiver um filho? Você jamais poderá servir de consolo para o fato de eu não ser mãe. Deveria saber disso. Mas é claro que você tem filhos, não é? – os filhos de Penina. Não parece lhe importar se eu os tenha ou não.

Porém, não falou em voz alta. Em vez disso, levantou-se, abandonou a mesa e foi abrir seu coração para Deus.

Eli, o sacerdote do templo, estava sentado perto da entrada do santuário. Siló era um lugar muito importante naquela época, e Eli era também um homem muito importante.

As lágrimas escorriam pelo rosto de Ana enquanto ela rezava, e seu corpo tremia todo. Ela fazia sua oração em silêncio. Seus lábios se moviam, mas ela não produzia som algum. Eli a observava com atenção.

"Meu Deus, meu amigo", rezou ela.
"Olhe para mim!
Veja minha agonia!
Lembre-se de mim;
não me esqueça.
Dê-me uma criança,
um filho homem,
e eu o entregarei de volta ao Senhor.
Eu o dedicarei ao Senhor
por toda a vida dele.
Este é o meu voto solene."

Era uma oração extraordinária. Essa mulher queria tão desesperadamente um filho, que estava disposta a consagrá-lo a Deus. Eli, no entanto, sequer notou que ela estava rezando.

– Você está bêbada, mulher – gritou ele em sua direção. – Vá curar essa bebedeira e pare de importunar os outros.

Isso teria bastado para silenciar muitas mulheres – e muitos homens, também. Mas Ana era feita de um material mais resistente.

– Não estou bêbada – protestou ela –, apenas extremamente angustiada. Estou expondo minhas aflições para Deus, nada mais.

Eli se sentiu um tanto envergonhado.

– Então vá em paz – disse ele. – Que o Senhor lhe conceda o que você pediu.

E foi o que Deus fez. Ele de fato viu a agonia de Ana e não se esqueceu. Pouco depois ela teve um filho, que batizou de Samuel.

Quando Samuel tinha três anos e Ana já havia parado de amamentá-lo, ela foi com ele para Siló, levando consigo um bezerro e um pouco de farinha e vinho como oferendas para Deus. Segurando a mão de Samuel, ela o conduziu até Eli.

– O senhor se lembra de mim? – perguntou. – Sou a mulher que o senhor viu rezando. Eu estava pedindo um filho. Aqui está ele! Jurei que, se o tivesse, eu iria consagrá-lo a Deus. Então fique com ele. Deixe-o viver aqui neste lugar sagrado e fazer companhia a Deus. – Dito isso, ela soltou a mão de Samuel.

Assim, Ana retornou para casa sem o seu filho. Sempre que ela e o restante da família iam até Siló para sua peregrinação anual, Ana levava para o filho uma túnica nova. Eli abençoava Ana e Elcana, dizendo:

– Que Deus lhe conceda muitos outros filhos em agradecimento por vocês Lhe terem dado Samuel.

Foi o que Deus fez. Ana teve mais três filhos e duas filhas.

"SAMUEL! SAMUEL!"

Siló era um local sagrado. A Tenda do Encontro ficava lá, assim como a arca da aliança. Mas locais sagrados precisam de homens e mulheres igualmente sagrados, se quiserem brilhar com a santidade de Deus. Os sacerdotes de Siló, Eli e seus filhos, não eram homens sagrados. Seus filhos estavam apenas interessados em tirar vantagem de tudo. Não tinham respeito por Deus ou por aqueles que vinham adorá-Lo no templo. Eli estava velho, tinha perdido a visão, e, quando repreendia os filhos, eles não lhe davam ouvidos. O próprio Eli se sentia afastado de Deus. Aqueles que vinham a Siló já não O encontravam ali. Deus já não se dirigia a ele face a face, como quem fala com um amigo, como havia feito com Moisés. As coisas, no entanto, começaram a mudar depois que Ana foi a Siló para se encontrar com Deus e ao se deparar com Sua generosidade. Ela não vira o Senhor, ou escutara Sua voz, pois Eli a interrompera ao achar que ela estava bêbada. Porém, Ana havia escancarado sua alma para Deus, que a enchera até fazê-la transbordar de alegria ao lhe dar um filho. Então ela acrescentara sua própria generosidade à de Deus. Tinha devolvido Samuel, seu filho, ao Senhor. Samuel estava em Siló, como prova viva da generosidade tanto de Deus quanto de uma mulher extraordinária.

Samuel ainda era um menino. Certa noite, estava dormindo dentro do templo, perto da arca.

– Samuel! Samuel! – disse uma voz dentro da sua cabeça.

Ele despertou.

– Estou aqui – disse. Deve ser Eli me chamando, pensou. Então saiu correndo para ver o que o sacerdote queria. – Estou aqui – falou ele. – O senhor me chamou?

– Não, não o chamei – disse Eli. – Volte para a cama.

Samuel voltou para a cama.

– Samuel! – falou a voz uma segunda vez.

Novamente, Samuel saiu da cama e foi até Eli.

– Estou aqui. Agora o senhor me chamou.

– Eu não o chamei, meu filho – disse Eli. – Volte para a cama.

– Samuel! – falou a voz uma terceira vez, em tom de urgência, insistente.

Pela terceira vez, Samuel saiu da cama e foi até Eli.

– Estou aqui – disse ele. – O senhor me chamou. Chamou, sim.

De repente, Eli percebeu a verdade. A voz estranha devia ser a voz de Deus! Ele disse para Samuel:

– Vá para cama e deite-se. Se voltar a ouvir a voz, responda: "Fale, Senhor, pois o Seu servo está ouvindo."

Samuel voltou para a cama. Deus veio e parou ao seu lado.

– Samuel! Samuel! – disse Ele.

– Fale, pois Seu servo está escutando – respondeu Samuel.

Deus então disse:

– Estou prestes a fazer algo extraordinário em Israel. Minha notícia soará como música aos ouvidos do povo. Eli e seus filhos são os homens mais poderosos de Israel, mas eu vou retirar o poder das mãos deles. Os filhos de Eli são homens maus, e ele é fraco demais para detê-los. Aqueles que vêm até Siló devem encontrar minha generosidade. Em vez disso, tudo o que encontram é a ganância dos filhos de Eli. Preciso de alguém que assuma o lugar deles, alguém que venha da minha generosidade e saiba disso. Eu preciso de você. Você deve me revelar às pessoas.

O silêncio da noite retornou. O uivar distante de uma raposa era o único som que se ouvia. O rapaz ficou deitado na cama com os olhos arregalados, sem conseguir falar nada. Não tornou a dormir naquela noite.

Pela manhã, levantou-se como todos os dias e abriu as portas da casa de Deus para deixar o sol entrar. O que diria para Eli? Torcia para não ter que dizer nada. Então escutou uma voz a chamá-lo.

– Samuel, meu filho! – Reconheceu a voz no mesmo instante. Era a de Eli.

Foi até o sacerdote.

– Estou aqui – apresentou-se.

– O que Deus lhe disse na noite passada? – quis saber Eli. – Conte-me tudo.

Samuel repetiu as palavras de Deus. Tremia ao falar, com medo de que Eli explodisse de raiva.

Quando terminou, fez-se um silêncio. Eli não ficou irritado. Em vez disso, levantou-se e foi se sentar, calado, em seu lugar na entrada do templo. Observou o sol nascer por trás das colinas ao leste.

– Ele é o Senhor – murmurou baixinho. – Ele é Deus. Que faça o que Lhe parecer melhor.

Rei Saul

Deus surgiu pela primeira vez para Samuel quando ele ainda era um menino. Depois disso, falou com ele diversas vezes. Quando Samuel cresceu, as pessoas ficaram sabendo das coisas que ele estava fazendo em Siló e passaram a ir até lá para consultá-lo. Já que não conseguiam escutar a voz de Deus, iam até Samuel para saber o que o Senhor queria lhes dizer. Samuel conseguia ver as coisas através dos olhos de Deus. Ele sabia o que Deus pensava.

Enquanto isso, os filisteus continuavam sendo inimigos dos israelitas, que ainda sentiam muito medo deles. Tendo Samuel como líder, as tribos às vezes conseguiam mantê-los longe. Em outras, no entanto, os filisteus atacavam suas cidades e aldeias, causando um sofrimento terrível. E, além disso, Samuel estava envelhecendo. Todos sabiam que ele não estaria ali para sempre. E, quando não estivesse mais, o que aconteceria? Seus filhos eram uns canalhas, em nada melhores do que os filhos de Eli. Deus seria capaz de encontrar outro líder como Samuel? Como não sabiam, decidiram fazer seus próprios planos.

– Queremos que nos dê um rei – disseram para Samuel. – Todas as outras nações têm reis. Como seremos uma nação de verdade, se não temos um?

– Mas Deus é o rei de vocês – respondeu Samuel. – É isso que os torna diferentes das outras nações.

– Não, nós queremos ser como as outras – exclamaram. – Dê-nos um rei!

– Um rei tomará de vocês as suas melhores terras, escravos e animais – protestou Samuel. – Vocês terão de dar a ele um décimo dos seus grãos, do seu vinho e do seu óleo de oliva. Terão de travar guerras, arar as terras dele, preparar suas refeições e assar seu pão. E ele exigirá cada vez mais. Deixará vocês pobres para se tornar rico. Não permitirá que vivam de forma livre e digna. Vocês se tornarão escravos dele.

– Queremos um rei! – insistiram as pessoas. – Queremos que um rei soberano nos governe, como nas outras nações. Um rei para comandar nossas batalhas.

Então eles conseguiram seu rei. E foi assim que aconteceu.

Um homem rico chamado Quis tinha um filho chamado Saul, que era ainda bastante jovem. Saul era mais alto do que todos da região e muito bonito.

Certo dia, alguns dos jumentos de Quis desapareceram. Ele disse a Saul:

– Leve um dos servos da sua idade, encontrem meus jumentos e tragam-nos de volta.

Então Saul escolheu seu servo favorito; os dois rapazes colocaram um pouco de comida em suas bagagens, pegaram alguns odres de água e saíram em busca dos jumentos. Passaram três dias a procurá-los, mas não conseguiram encontrar o menor sinal deles. A essa altura, Saul estava apreensivo.

– É melhor voltarmos para casa – disse ele ao amigo –, ou então meu pai vai começar a ficar preocupado.

O servo então apontou para uma cidade em uma colina próxima.

– Existe um homem de Deus naquela cidade – disse ele. – Vamos até lá tentar encontrá-lo. Ele vai nos dizer onde estão os jumentos.

– Mas não temos nada para lhe oferecer – respondeu Saul. – É preciso levar-lhe uma oferenda, e estamos de mãos vazias. Toda a nossa comida acabou e não temos dinheiro algum.

– Ah, temos sim – falou o servo, triunfante. – Olhe aqui! – Enfiou a mão no fundo da sacola e retirou lá de dentro um punhado de moedas de prata.

– Maravilha! – exclamou Saul. – Então vamos!

Quando eles subiam a trilha até os portões da cidade, encontraram algumas jovens vindo em sua direção, carregando jarros na cabeça. Elas estavam indo até o poço buscar um pouco de água.

– O homem de Deus está na cidade? – perguntaram os jovens.

– Está sim – elas responderam. – Vocês vieram na hora certa. Hoje teremos um grande banquete, e o homem de Deus abençoará a comida antes de as pessoas começarem a comer. Se andarem rápido, talvez consigam encontrá-lo.

Os rapazes saíram correndo pela trilha. Ao atravessarem os portões da cidade, trombaram com o homem de Deus. Este não era outro senão Samuel. Era a primeira vez que os rapazes o encontravam, de modo que não sabiam de quem se tratava.

No dia anterior, Deus falara ao ouvido de Samuel.

– Amanhã – disse Ele – eu lhe enviarei um rapaz que você deve ungir rei do meu povo de Israel. Não suporto mais ver meu povo sofrer nas mãos dos filisteus. Escutei os gritos de terror dos meus filhos, seus lamentos atormentados, seus soluços na calada da noite. Esse rapaz irá salvá-los e lhes devolver a liberdade.

Assim que Samuel encontrou Saul na entrada da cidade, Deus sussurrou para ele:

– Este é o rapaz de quem lhe falei. Ele deverá reinar sobre o meu povo.

Saul, é claro, não ouviu nada disso. Seu único interesse era encontrar os jumentos de seu pai e voltar para casa.

– Com licença – disse ele a Samuel –, o senhor sabe como faço para chegar à casa do homem de Deus?

– Eu sou o homem de Deus – respondeu Samuel. – Venha comigo e junte-se a mim no grande banquete. Você pode passar a noite na cidade e voltar para casa amanhã. Não se preocupe quanto aos jumentos. Seu pai já os encontrou. Há coisas muito mais importantes do que jumentos. Você é o homem que o povo de Israel vem esperando.

Saul alegrou-se com as notícias dos jumentos, mas não entendeu nada da última parte.

– O que o senhor quer dizer? – perguntou. – Minha tribo é a menor de todas as de Israel, e minha família, a mais humilde de toda a tribo. Não somos ninguém!

Samuel ficou em silêncio, mas levou os dois meninos até o salão onde seria realizado o banquete. Todas as figuras ilustres da cidade se encontravam ali, porém Samuel deu a Saul e a seu servo os lugares de honra. Então ordenou que o cozinheiro oferecesse a Saul o melhor corte de carne. Os olhos de Saul se arregalaram, pois era um prato digno de um rei!

O que estava acontecendo? Saul não conseguia entender. E quando chegou a hora de dormir, camas foram preparadas especialmente para ele e seu amigo sobre o telhado plano. Fazia muito calor à noite, e, como o terraço era o lugar mais fresco, ficava reservado para os convidados de honra.

– Que história toda é essa? – disse Saul ao amigo antes de adormecerem.

– Não faço ideia – respondeu o outro. – Mas pra mim está ótimo!

Na manhã seguinte, logo que o sol começou a se erguer por trás das colinas, Samuel chamou Saul e seu amigo.

– Levantem-se! – gritou. – Está na hora de partirmos.

Os dois desceram as escadas em direção à rua, onde Samuel os aguardava. Quando iam se aproximando dos portões da cidade, Samuel dirigiu-se a Saul:

– Diga para o seu servo se adiantar um pouco e esperar por você. Tenho algo muito importante para lhe dizer.

Quando o amigo de Saul se afastou, Samuel retirou do bolso um pequeno frasco de óleo de oliva. Era um óleo sagrado, muito especial. Estendendo a mão, ele o derramou sobre a cabeça de Saul. Em seu tom de voz mais solene, declarou:

– O Senhor o ungiu rei deste povo. Você deve governar o povo de Deus e salvá-lo de seus inimigos.

E foi assim que Israel veio a ter um rei.

DAVI, O MENINO PASTOR

As coisas não aconteceram conforme o planejado. Saul se empenhava ao máximo, mas todo seu esforço nunca parecia ser suficiente para Samuel. Ele cresceu e tornou-se um guerreiro valente, porém, de certa forma, nunca conseguia acertar de verdade no que fazia. Além disso, os filisteus ainda atormentavam a população. Finalmente, Deus quis recomeçar do zero e decidiu que encontraria outro rei para o povo, alguém que realmente correspondesse aos Seus desejos.

– Quero que você vá até uma cidadezinha chamada Belém – disse para Samuel. – Leve um pouco de óleo sagrado, encontre um homem chamado Jessé e peça para ver os seus filhos. Eu escolhi um deles para ser rei de Israel. Irei indicá-lo para que você possa ungi-lo.

– Mas eu não posso fazer isso! – protestou Samuel. – Se ungir um dos filhos deste homem, teremos dois reis em Israel ao mesmo tempo. Não podemos ter mais de um rei. Saul vai me matar!

– Faça o que eu digo – insistiu Deus. – Vá até a cidade e lhes diga que veio oferecer um sacrifício ou algo assim.

– Mas... – disse Samuel.

– Chega de desculpas – atalhou Deus.

Assim, Samuel foi até Belém. Quando se aproximou da cidade, as pessoas que trabalhavam nas plantações o viram. A primeira coisa que notaram foram suas roupas finas. Trocaram olhares de admiração.

– Nunca recebemos poderosos na nossa cidade – disseram.

Então uma das mulheres o reconheceu.

– É Samuel! – ela exclamou. – Por que ele está aqui? O que fizemos de errado? Só queremos trabalhar em paz.

Os anciãos da cidade foram ao encontro de Samuel, tremendo de medo.

– O senhor vem em missão de paz, Excelência? – perguntaram.

– Sim, venho em paz – respondeu Samuel. – Estou aqui para oferecer um sacrifício a Deus. Quero que todos vocês venham assistir. Existe um homem chamado Jessé nesta cidade?

Um dos homens tossiu, aflito.

– Sou eu, meu amo – apresentou-se.

– Esteja presente no sacrifício e não deixe de trazer todos os seus filhos – ordenou Samuel.

Os homens ainda estavam apreensivos, mas obedeceram às ordens. A cidade inteira se reuniu para assistir ao sacrifício.

Jessé e seus filhos lá estavam. A pedido de Samuel, Jessé lhe apresentou cada um dos filhos. Primeiro foi o mais velho, Eliabe. Era alto e bonito, a perfeita imagem de um rei. Deve ser esse, pensou Samuel.

– Não, não é – sussurrou Deus. – Eu não julgo as pessoas pela aparência. É como elas são por dentro que me interessa.

Jessé apresentou o segundo filho.

– Não – disse Deus ao pé do ouvido de Samuel. – Também não é ele.

Então Jessé apresentou o terceiro filho, o quarto, o quinto, o sexto e o sétimo.

– Não é nenhum desses – Deus disse.

Samuel ficou confuso. Dirigiu-se a Jessé em seu tom de voz mais solene:

– Deus não escolheu nenhum desses. Você tem mais filhos?

O que quer dizer isso?, pensou Jessé. O que significa que Deus não escolheu nenhum dos meus filhos? Não o escolheu para quê? Achei que estávamos aqui para fazer um sacrifício.

Porém, não ousou falar nada para Samuel.

– Bem, tenho mais um filho, senhor. É o caçula. Um menino, ainda. Deve estar nos pastos, cuidando das ovelhas. O senhor não vai se interessar por ele.

– Vá buscá-lo e traga-o aqui – ordenou Samuel.

Jessé mandou Eliabe buscar o menino. Ele e os filhos presentes ficaram nervosos e agitados. O que estava acontecendo? E por que Eliabe não voltava? Samuel simplesmente permaneceu onde estava, com suas roupas finas, sem dizer nada, olhando na direção em que Eliabe tinha partido.

Algum tempo depois Eliabe retornou, quase correndo, com o irmão caçula ao lado. Jessé apresentou o menino a Samuel.

– Este é meu filho mais novo, senhor. Ele é apenas um menino, como eu havia dito. Perdoe-me, senhor, mas eu o avisei.

– É este! – disse Deus para Samuel. – Pegue seu óleo sagrado e derrame sobre a cabeça do menino para ungi-lo rei de Israel.

Foi exatamente o que Samuel fez. Jessé, seus filhos e o restante da população olhavam a cena atônitos.

Então Samuel foi para casa.

Ninguém ousou contar a Saul o ocorrido. Apenas Samuel e os habitantes de Belém sabiam que agora havia dois reis em Israel.

Davi e Golias

Davi, o menino pastor, estava intrigado. Samuel o ungira rei de Israel, mas ele ainda cuidava de ovelhas. Sua família mantinha silêncio sobre o que havia ocorrido, assim como todos os demais habitantes de Belém, onde ele vivia. Fora da cidade, o rei Saul e o povo de Israel não tinham notícia alguma daquilo. Era como se nada tivesse acontecido. Agora os irmãos de Davi o invejavam. Não conseguiam entender por que Samuel não os escolhera em seu lugar.

O povo havia escolhido Saul como rei para livrar-se dos seus inimigos, os filisteus, mas sem sucesso: a paz não chegava. Um dia, o exército filisteu marchou em direção ao vale de um rio chamado Elá para enfrentar os israelitas. Eles montaram acampamento em uma das margens do rio, com o exército israelita posicionado do lado oposto. Era verão, de modo que o leito estava totalmente seco.

Os dois exércitos alinharam-se para o combate, soltando seus gritos de guerra, um de frente para o outro, separados pelo vale. Saul esperou que os filisteus agissem primeiro. Não precisou esperar muito. Um homem chamado Golias colocou-se na frente dos filisteus. Os exércitos ficaram em silêncio. Golias era imenso, com mais de dois metros de altura, e tinha o corpo muito largo. Vestia um elmo de bronze reluzente, uma cota de malha pesada e caneleiras de bronze que protegiam suas pernas abaixo do joelho. Carregava uma espada, uma azagaia e uma lança pesada. Os israelitas nunca tinham visto ninguém parecido. Ele veio descendo a encosta da colina com um ar arrogante, precedido por seu escudeiro. Então se deteve, fincando os pés no chão e olhando paras as fileiras de soldados israelitas de uma ponta à outra.

– Para que vocês vieram aqui? Olhem bem para mim: eu sou um filisteu! Agora olhem para o seu rei Saul – provocou ele num rugido acompanhado de uma gargalhada cruel e sarcástica de um homem que sempre conseguia o que queria e gostava de amedrontar, ferir e matar. – Está certo – prosseguiu. – Se querem uma briga, é o que vão ter. Escolham um homem para vir me enfrentar. Nós dois decidiremos a batalha sozinhos. Se ele me matar, vocês vencem. Se eu o matar, então nós vencemos, e os israelitas se tornarão nossos escravos.

O vale foi tomado pelo silêncio. Saul e os soldados israelitas estavam apavorados. Não tinham ninguém que pudesse enfrentar um homem como aquele. Então saíram correndo de volta para as suas tendas.

Golias voltou rindo às fileiras dos filisteus. Todo o exército filisteu o imitou. O vale estremeceu com a zombaria deles.

Os três irmãos mais velhos de Davi estavam no exército israelita. Davi, que era considerado jovem demais para lutar, ainda se encontrava longe, cuidando das ovelhas.

Dia após dia, todas as manhãs e fins de tarde, Golias saía das fileiras dos filisteus e gritava seu desafio aos israelitas. Dia após dia, o resultado era o mesmo. Ninguém do lado dos israelitas tinha coragem de dar um passo à frente, de modo que Golias voltava soltando aquela risada terrível, seguido por todos os filisteus. Os israelitas foram se sentindo cada vez mais insignificantes e temerosos de Golias. O gigante adorava isso.

Em Belém, Jessé aguardava seus filhos voltarem da batalha. Semanas passavam, e eles continuavam longe. Alguém lhe contou que os dois exércitos ainda estavam acampados, um de frente para o outro. Não disseram nada sobre Golias.

Ele se deu conta de que seus filhos deviam estar ficando sem comida.

– Vá levar esses grãos e esses pães para seus três irmãos – disse Jessé para Davi. – Descubra se estão bem e me traga algo para provar isso. Ande o mais rápido possível.

Quando Davi chegou ao acampamento, os dois exércitos estavam assumindo suas posições habituais. Ele deixou a comida com o homem que cuidava dos mantimentos e foi em busca dos irmãos. Tinha acabado de cumprimentá-los, quando Golias saiu das fileiras dos filisteus e gritou o desafio de sempre. Davi virou-se. Ouviu as palavras do gigante e sua risada, assim como a comemoração insolente dos filisteus enquanto os soldados israelitas fugiam para suas tendas.

– Você viu aquele homem? – perguntaram alguns dos soldados para Davi. – Saul dará muitas riquezas e a mão de sua própria filha para quem conseguir matá-lo. Ele será um grande herói.

– Quem esse filisteu pensa que é? – disse Davi. – Nós somos o povo de Deus! Ele não está fazendo somente vocês de tolos e covardes. Está tentando fazer o Deus vivo de tolo e covarde também. Ouçam só esses filisteus! Eles acham que nosso Deus não vale nada!

Seu irmão Eliabe reagiu:

– Quem *você* pensa que é? – exclamou. – Não passa de um moleque! Isso é trabalho para homens. Volte para casa, vá cuidar das ovelhas e deixe a guerra conosco.

Saul, no entanto, foi informado das palavras de Davi e mandou chamá-lo.

– Eu vou enfrentar aquele filisteu para o senhor – afirmou Davi.

– Não pode fazer isso – respondeu Saul. – Você é só um menino. Aquele filisteu é um guerreiro experiente.

– Mas eu também sou um guerreiro – disse Davi. – Na nossa terra, já salvei algumas de nossas ovelhas das garras de leões e ursos. Se Deus pode me ajudar a matar essas feras, também pode me ajudar a lutar contra aquele filisteu. O brutamontes acha que nosso Deus não é nada, mas eu vou provar o contrário.

Saul hesitou. Então, após analisar Davi mais detidamente, disse:

– Está bem. Vá até lá e lute contra ele. E que Deus esteja com você! Tome, leve minha armadura para se proteger.

Davi a vestiu. Nunca tinha experimentado uma armadura antes. Mal conseguia andar! Ele era rápido e ágil como uma gazela. Então resolveu tirar a armadura e foi enfrentar Golias com sua túnica, sua bolsa, seu cajado de pastor... e com uma atiradeira. Os israelitas o observaram partir, perplexos e assustados.

Ao chegar ao fundo do leito do rio, onde as chuvas de inverno haviam deixado as pedras lisas, Davi agachou-se, escolheu cinco pedras boas e colocou-as dentro da bolsa.

Golias veio descendo com arrogância em sua direção, precedido por seu escudeiro. O gigante não conseguia acreditar no que via. Depois de todo aquele tempo, era aquele menino que os israelitas tinham escolhido para enfrentá-lo? Um menino, ainda por cima sem armadura, nem qualquer arma. Aquilo era uma afronta! Ele, o grande Golias, merecia lutar contra o maior campeão dos israelitas – e eles lhe enviavam um moleque pastor com um pedaço de pau.

– Por acaso está achando que eu sou um cachorro e que pode me derrotar com um pedaço de pau? Chegue mais perto – rugiu ele – e servirá de refeição para os leões e abutres.

– Você se acha invencível com sua espada grande, sua azagaia e sua lança – gritou Davi. – Mas eu tenho o Deus vivo ao meu lado, o Deus que você menospreza. Você, Golias, não sabe contra quem está lutando. Sim, os leões e abutres logo terão muita carne para comer, mas não será a minha!

Golias estava possesso. Soltou um urro e disparou para a frente com sua armadura. Davi correu em sua direção, sacou uma das pedras da bolsa, colocou-a na atiradeira, girou-a o mais rápido que pôde, fazendo a pedra rodopiar ao ser disparada. Golias não viu a pedra, mas sentiu uma dor repentina e penetrante logo acima do joelho. Cambaleou para a frente e caiu de cara no chão. Sua armadura era tão pesada que ele não conseguia se mexer. Ficou deitado ali, com o rosto enfiado no solo, o joelho latejando de dor, enquanto seu escudeiro subia correndo a colina em direção às fileiras dos filisteus. Davi correu até o gigante. O elmo de Golias tinha caído quando ele atingira o chão, mas sua espada ainda estava presa ao seu lado. Davi desembainhou a espada grande, ergueu-a sobre a cabeça do gigante e enterrou-a com força no pescoço de Golias.

A batalha estava vencida.

DAVI EM FUGA

Após Davi derrotar Golias, ele se tornou um herói nacional, comandante do exército de Saul, membro da corte do rei e melhor amigo de seu filho, Jônatas. Pouco depois casou-se com Mical, filha de Saul. Acima de tudo, ele era o homem que entendia os desejos de Deus. Enquanto Saul não conseguia fazer nada certo, Davi não conseguia fazer nada errado.

Mas foi justamente isso que se tornou a raiz do problema: Saul passou a sentir inveja. Ele ainda ignorava o episódio da unção em Belém, mas sabia muito bem o quanto Davi era querido. Decidiu então livrar-se dele.

A inveja de Saul transformou-se num ódio fervilhante. Um dia, Davi estava tocando sua lira quando, de repente, sem aviso algum, Saul apareceu diante dele e tentou perfurá-lo com uma lança. Davi saltou para o lado e escapou do ataque. Então fugiu do palácio.

Davi foi se esconder com alguns de seus amigos soldados nas cavernas do deserto. Saul pôs-se a caçá-lo com seu exército.

Certo dia, Davi e seus homens estavam no interior de uma caverna que dava vista para o mar Morto. A escuridão era total, e mantinham o máximo de silêncio. Saul estava a caminho! Eles conseguiam ouvir homens de Saul marchando ao longo da trilha que contornava o litoral – um grupo de três mil soldados.

À medida que os soldados se aproximavam, os cabritos selvagens fugiam e saltavam pelas rochas, fazendo pequenas pedras caírem diante da caverna. Davi e seus homens quase morreram de susto. Então, ao ouvirem alguém escalando em direção ao seu esconderijo, recuaram ainda mais para a escuridão.

O vulto de um homem alto surgiu contra a luz na entrada da caverna. Era Saul! O que ele estava fazendo ali, sozinho? Em vez de vasculhar o local, virou-se de costas para a caverna e agachou-se. Tinha ido até ali para se aliviar!

Os homens de Davi não conseguiam acreditar no que viam.

– Essa é a nossa chance – sussurraram para Davi. – Ele está em suas mãos!

Davi aproximou-se sorrateiramente com a espada em punho. Chegou por trás de Saul e, sem fazer o menor barulho, cortou uma tira da ponta de sua túnica. Então esgueirou-se de volta até seus homens.

Saul levantou-se e desceu a encosta de volta para a estrada.

– Eu não deveria ter feito isso – disse Davi para os seus homens. – Saul é o rei ungido, escolhido especialmente por Deus para liderar o povo de Israel. Deveria tê-lo deixado em paz.

Quando Saul estava prestes a prosseguir estrada afora com seus soldados, Davi foi até a entrada da caverna e gritou:

– Meu rei e senhor!

Saul e seus homens viraram-se e olharam para cima. Saul deu um passo à frente e Davi fez uma mesura, inclinando-se até o chão. Então empertigou-se e disse:

– Por que você me persegue como se eu fosse seu inimigo? Veja o que tenho em minha mão! – Estendeu o triângulo de pano que havia cortado da túnica de Saul. – Poderia tê-lo matado há pouco na caverna. Meus homens insistiram para que eu o matasse, mas eu me recusei. O senhor é o rei ungido de Israel, escolhido por Deus para liderar Seu povo. Eu não sou seu inimigo. Veja como somos poucos aqui em cima. Sou menos ameaçador para o senhor do que as pulgas de um cachorro morto. Deixemos que Deus nos julgue e decida qual de nós está com a razão.

Saul mal conseguia enxergar: seus olhos estavam cheios de lágrimas.

– É a sua voz que estou ouvindo, meu amigo Davi? – Não esperou pela resposta. Sabia quem era. – Você me conhece melhor do que eu mesmo – prosseguiu. – Eu lhe fiz mal e você retribuiu com o bem. Que Deus o recompense. – Sua visão clareou. Olhou para o pedaço da sua túnica real que Davi ainda trazia na mão.

– Você será rei de Israel – declarou. – Sei disso agora. É mais merecedor do que eu.

Então Saul dirigiu-se aos soldados, exclamando:

– Vamos voltar para casa!

No entanto, logo que chegou à sua terra, Saul voltou a sentir inveja. Não conseguia suportar a ideia de Davi se tornar rei. Assim, tornou a sair em campanha com seus três mil homens.

Quando foi informado de que Saul estava vindo atrás dele novamente, Davi enviou espiões para descobrir onde ficava o seu acampamento. Ao retornarem, os espiões disseram a Davi:

– Venha conosco. Temos uma coisa para lhe mostrar!

Era noite, mas eles conheciam muito bem aquela região do deserto. Conduziram Davi e os outros ao longo de uma trilha estreita que subia até o topo de uma cadeia de montanhas. Lá chegando, olharam para baixo e viram Saul e seus homens dormindo a céu aberto, no ar quente da noite. Davi observou com atenção para tentar distinguir Saul. A lua surgiu detrás de uma nuvem, e lá estava ele, no meio do seu exército, com o comandante Abner deitado ao seu lado. Os dois dormiam profundamente.

Davi dirigiu-se aos seus homens.

– Eu vou descer até o acampamento – disse. – Alguém me acompanha?

– Eu irei com você – respondeu um homem chamado Abisai.

Davi e Abisai desceram a encosta e se esgueiraram pelo acampamento. Passaram com cuidado por cima dos soldados e seguiram em zigue-zague por entre eles. Nenhum homem acordou.

Algum tempo depois chegaram ao meio do acampamento, onde se encontravam Saul e Abner. A lança de Saul estava enfiada no chão perto de sua cabeça, com um jarro d'água ao lado.

– Deixe-me pegar a lança e fincar seu corpo no chão – sussurrou Abisai para Davi.

– Não – sussurrou Davi de volta. – Ele é o rei ungido de Deus. O Senhor pode fazer de mim rei em seu lugar um dia, mas não irei tomar o poder dele, muito menos sua vida. – Fez uma pausa e sorriu para Abisai. – Mas posso tomar sua lança e seu jarro d'água.

Davi e Abisai deixaram o acampamento na ponta dos pés e subiram de volta até o topo da cordilheira.

– Ei, Abner! – gritou Davi. – Acorde, Abner!

Abner se mexeu.

– Quem está falando? – perguntou, sonolento.

– Parece que você não vem cuidando muito bem do seu rei, não é, Abner? Onde estão a lança e o jarro d'água dele?

Saul e seus soldados já estavam mais do que acordados àquela altura. Saul gritou:

– É você, meu amigo Davi?

– Ah, sou eu sim – respondeu Davi. – E ainda quero saber por que você me expulsou da Terra de Deus. Que mal eu lhe fiz? Não me deixe morrer aqui no meio deste deserto.

– Eu agi mal – exclamou Saul. – Tenho sido um tolo. Volte, Davi. Jamais o prejudicarei novamente.

Mas Davi não confiou em sua palavra.

– Mande um de seus homens vir pegar sua lança de volta – gritou. – Eu poupei sua vida esta noite, pois sei o quanto ela é preciosa. A minha também é. Deus me salvará e me livrará do perigo no final.

– Que minha bênção recaia sobre você, Davi – respondeu Saul. – Você realizará grandes feitos. No fim, a vitória será sua.

Davi e Betsabeia

Davi jamais retornou à corte, e Saul foi morto em uma batalha contra os filisteus. Depois disso, houve uma guerra entre os seguidores da família de Saul e os seguidores de Davi. O lado de Davi saiu vitorioso, e o povo o proclamou rei de toda a nação de Israel. Davi fez de uma cidade chamada Jerusalém sua capital e, com grande pompa, levou a arca da aliança para lá. Finalmente, conseguiu derrotar os filisteus. E sobretudo, Deus lhe fez promessas solenes, como as que um dia fizera a Abraão:

"Eu o retirei dos pastos, Davi,
do ofício de conduzir as ovelhas,
para ser o governante de minha nação, Israel.
Eu o acompanhei
e estive sempre ao seu lado.
Agora o tornarei tão célebre
quanto os homens mais célebres do mundo.
Meu povo sempre esteve sob ameaça
Desde que veio até esta minha terra.
Agora eu o farei criar raízes firmes
e ele viverá em segurança.
Meu povo jamais será oprimido por tiranos novamente.
Jamais voltará a tremer de medo.
Eu lhe darei descanso de todos os seus inimigos."

Essas foram as promessas do Senhor. Mas Deus precisa de pessoas que O ajudem em Seu trabalho para que suas promessas se concretizem. Agora precisava que Davi mantivesse Seu povo seguro, que semeasse a bondade, a verdade e a justiça para que a Terra Prometida pudesse se tornar, de fato, a Terra de Deus.

Mas Davi tinha suas falhas.

Era um fim de tarde de primavera. O exército do rei Davi estava em campanha, lutando distante de Jerusalém, sob o comando do general Joabe. Enquanto as forças israelitas cercavam uma cidade chamada Rabá, Davi permanecia em Jerusalém. Havia começado como um pastor em um vilarejo, o caçula de uma família numerosa que todos ignoravam e maltratavam, e agora era um rei, em seu próprio palácio, com esposas, servos e um exército inteiro travando suas batalhas.

A tarde estava quente. Depois de sua sesta habitual, Davi foi dar uma caminhada pelo terraço do palácio. Olhando para baixo, viu uma mulher se banhando. Era linda, e ele a desejou imediatamente.

Então convocou um escravo e mandou-o descobrir quem era a mulher. Ao retornar, o escravo informou:

– Ela é Betsabeia, meu amo, esposa de Urias.

– Urias está em campanha, lutando no exército, não está? – perguntou Davi. – Vá buscar aquela mulher para mim.

O escravo obedeceu à ordem. Em alguns minutos estava de volta, trazendo Betsabeia. Davi deitou-se com ela e em seguida Betsabeia voltou correndo para casa.

Algumas semanas se passaram. O exército ainda estava em campanha. Davi tinha quase se esquecido de Betsabeia. Mas um dia ela enviou um de seus escravos até o palácio com um recado para o rei. "Estou grávida", dizia a mensagem.

Davi soube imediatamente o que fazer. Precisava trazer Urias de volta para Jerusalém, devolvê-lo ao seu lar e à sua esposa. Assim, quando o bebê nascesse, Urias pensaria que a criança era sua e tudo ficaria bem.

Assim, ele mandou um recado a Urias, dizendo-lhe que deveria retornar imediatamente para Jerusalém e se apresentar diante do rei. Quando Urias chegou, Davi manteve a calma.

– Meu amigo! – disse. – Que bom ver você! Como está indo a campanha?

Depois de conversarem por algum tempo sobre a guerra, Davi levantou-se e disse:

– Está ficando tarde, vá relaxar com sua esposa e se divertir.

Mas, em vez de ir para casa, Urias dormiu à entrada do palácio com os soldados da guarda real.

Na manhã seguinte, um dos guardas comunicou o ocorrido a Davi, que convocou Urias uma segunda vez. Esforçando-se ao máximo para esconder sua raiva, perguntou de forma amistosa.

– Por que você não foi para casa relaxar?

– Como eu poderia? – respondeu Urias. – Joabe, meu comandante, e o exército de Sua Majestade estão acampados ao relento, e a arca da aliança está lá com eles. Como eu poderia ir para casa comer, beber e dormir com minha esposa? Jurei que jamais faria isso.

Davi teve que repensar seu plano.

– Fique o dia de hoje em Jerusalém – disse para Urias – e amanhã eu o enviarei de volta ao exército.

Mas, em vez de enviá-lo, no dia seguinte Davi o convidou para jantar em sua companhia no palácio.

– Não pare de servir vinho para Urias – sussurrou para um escravo. – Eu quero embebedá-lo.

Apesar de ter bebido bastante, Urias não quis voltar para casa. Dormiu novamente com os guardas do palácio. Davi foi informado na manhã seguinte. Decidiu então livrar-se de Urias.

Escreveu uma carta para Joabe, o comandante do exército, e pediu que Urias a entregasse.

Urias não ousaria abrir uma carta destinada ao seu comandante lacrada com o selo do próprio rei. Entregou a carta para Joabe.

"Em seu próximo ataque a Rabá", dizia a mensagem, "coloque Urias na linha de frente, onde o combate é mais violento. Então, quando ele estiver mergulhado na batalha, ordene que os outros soldados recuem, de modo que ele fique sozinho. Eu o quero morto."

Joabe obedeceu às ordens do rei. O plano deu certo. Vários outros oficiais morreram, e Urias foi um deles.

Joabe enviou um relatório completo para Davi.

– Se o rei ficar irritado com o número de homens perdidos – disse para o mensageiro –, diga a ele que Urias está morto.

O mensageiro retornou a Jerusalém o mais rápido possível. Entrou no palácio para repassar as informações ao rei.

Ao ouvir a notícia, Davi suspirou.

– Assim é a guerra – falou com tranquilidade. – Diga para Joabe não se preocupar. Ele deve repetir o ataque à cidade e destruí-la.

Betsabeia foi informada da morte do marido. Ela o amava e era amada por ele. Chorou e chorou, gritando de dor.

Assim que pôde, Davi mandou que a trouxessem até o palácio. Casou-se com ela e a colocou em seu harém. Com o passar do tempo, seu bebê nasceu, e Davi voltou a sorrir. Parecia-lhe mais do que natural que ele, o rei, conseguisse o que queria.

DAVI E NATÃ

Davi achou que seu plano de roubar Betsabeia jamais lhe traria problemas, mas Deus sabia o que ele tinha feito. O Senhor sempre ficava do lado daqueles que sofriam nas mãos dos poderosos. Quando Davi tomou Betsabeia e deitou-se com ela, Deus ficou indignado. Quando seu marido foi assassinado e ela chorou sem parar, Deus também chorou. Não poderia deixar que Davi achasse que não tinha feito nada de errado.

Deus enviou um amigo Seu chamado Natã até o rei. Natã era um profeta. Os profetas falavam em nome de Deus. "Assim diz o Senhor!", exclamavam eles para que todos ouvissem – até mesmo reis. Profetas comunicavam os pensamentos de Deus e transmitiam Suas palavras ao povo. Não eram servos do rei; eram servos de Deus.

Assim, Natã foi até Davi. O rei exercia o papel de juiz supremo da nação, de forma que Natã fingiu levar um processo judicial para que ele o julgasse.

– Havia dois homens numa certa cidade – explicou ele. – Um deles era rico, com muitas cabeças de gado, e o outro era paupérrimo, quase indigente. Tinha apenas uma pequena ovelha que ele adorava, pois ela havia crescido junto com seus filhos. Todos a adoravam. O homem repartia tudo com a ovelha, e ela dormia ao seu lado, como se fosse uma filha. Então, um dia o homem rico recebeu um hóspede e precisava arranjar algo especial para ele comer. Tinha animais de sobra, mas não quis abater nenhum deles. Em vez disso, tomou a ovelha do homem pobre e a serviu para o hóspede.

Davi explodiu de raiva.

– Por Deus, esse homem rico merece morrer! – exclamou. – Deve ressarcir quatro vezes o homem pobre. Que coisa terrível! Que total falta de piedade!

Natã encarou o rei.

– O senhor é esse homem – afirmou.

Fez-se um longo silêncio. Então Natã recomeçou a falar, em tom baixo, mas causando um efeito devastador.

– Assim diz o Senhor – falou o profeta. – "Não lhe deixei faltar nada. Você tinha tudo, inclusive várias mulheres. Urias tinha apenas Betsabeia. E você a tomou dele simplesmente porque a desejava. Você arruinou tudo! Com a minha ajuda, foi alçado do nada até os píncaros do poder. Bem, agora Eu vejo como você o utiliza. Este é o início da sua queda, Davi. Você arruinou tudo, e tudo será arruinado."

Deus tinha razão. A criança de Betsabeia morreu. Ela teve outro filho, Salomão, porém, logo após seu nascimento, a família de Davi caiu em desgraça. Poucos anos depois, o próprio país foi devastado pela violência de uma guerra civil.

Elias e a disputa no monte Carmelo

Salomão foi o sucessor de seu pai, Davi. Ele se tornou famoso por sua sabedoria, riqueza e poder, e por ter construído um templo maravilhoso para Deus em Jerusalém. Salomão, no entanto, possuía um lado oculto. Ele passou sete anos construindo uma casa para o Senhor, mas passou 13 erguendo um palácio para si mesmo – e fez questão de terminar seu palácio primeiro. Cercou-se de todas as armadilhas do poder. Para alguns dos povos que habitavam a região – especialmente para os que já viviam ali quando as tribos israelitas vieram do Egito –, Salomão era quase tão cruel quanto qualquer outro rei. Até os próprios israelitas começaram a se curvar sob o peso de sua tirania. Além disso, ele reuniu um harém imenso de esposas estrangeiras, que o persuadiram a adorar seus próprios deuses e construir templos para eles. Salomão começou a se esquecer do Deus que, tempos atrás, havia libertado Seu povo do Egito.

Após a morte de Salomão, o reino se dividiu em dois e houve guerra entre as tribos, um conflito entre homens que se esqueceram de que eram irmãos de sangue. A partir daí – tanto no reino do norte, chamado Israel, quanto no reino do sul, chamado Judá – não foram os reis, mas os profetas que sustentaram a crença no Deus vivo de Abraão. Os reis geralmente estavam mais preocupados com seu próprio poder do que com o poder e a glória de Deus.

Cem anos depois de Davi, Acab era o governante de Israel, o reino norte. Seu controle sobre o reino seria total se não fosse um profeta chamado Elias.

Acab possuía uma nova e bela capital, construída por seu pai e que lhe deu o nome de Samaria. Havia se casado com Jezabel, uma princesa de uma cidade estrangeira chamada Tiro, na costa do Mediterrâneo. Um dos deuses adorados naquela cidade era conhecido como Baal. Jezabel queria que Baal também fosse adorado em Samaria, de modo que Acab construiu um templo para ele na capital. O rei e sua corte passaram a ir até lá para louvar Baal. Em seguida, Jezabel começou a matar os profetas do Deus de Abraão.

Elias não temia pela própria segurança, mas sim que o culto ao Deus de Abraão fosse dizimado. Temia que as pessoas se esquecessem do Deus dos seus ancestrais; do Deus que lhes dera a Terra Prometida; do Deus que ficava do lado dos pobres, dos desamparados e dos vulneráveis. E que, no lugar Dele, adorassem o deus do rei e da rainha, o deus dos que estavam no poder, dos que viviam em palácios luxuosos.

Baal era o deus da chuva e dos relâmpagos, que controlava as nuvens e era o mestre das tempestades, trazendo fertilidade à terra, conforme acreditavam seus adoradores. Elias declarou que haveria uma seca terrível na Terra Prometida.

– Eu sou um homem de Deus, não do rei – exclamou. – Obedeço ao Senhor Deus, não ao soberano. Em nome de Deus, eu juro que não cairá chuva sobre esta terra, nenhuma gota de orvalho se formará até que eu o diga. Veremos quem é o Deus da Terra Prometida. Derrotaremos Baal em seu próprio jogo. Mostraremos quem envia a chuva, quem faz as plantações crescerem e deixa os pastos verdejantes!

Então Elias deu meia-volta e partiu. Foi viver longe de Acab e de sua cidade real.

A seca veio e assolou a terra por mais de dois anos. Foi terrível.

Acab ficou preocupado com seus animais, pois se os seus servos não encontrassem pasto fresco, logo eles morreriam. Preocupava-se mais com eles do que com seu próprio povo. Porém, algumas pessoas estavam prestes a ficar sem comida. Essa era a verdade – e Elias sabia disso. Deus também.

Deus decidiu dar fim à seca e, junto com Elias, mostrar ao povo a verdade.

– Vá encontrar Acab – Deus falou para Elias.

Elias partiu. Um dos servos de Acab, chamado Obadias, estava percorrendo a região naquele momento em busca de pasto para os cavalos e mulas do rei. Obadias não seguia a religião da corte – ainda era leal ao Deus de Israel. Quando Jezabel havia começado a matar os profetas de Deus, ele salvara uma centena deles, escondendo-os em cavernas nas colinas, deixando-lhes provisões de comida e água.

Quando buscava pastagens, encontrou-se com Elias.

– Vá dizer ao seu mestre que estou aqui – disse-lhe Elias.

– Não posso fazer isso! – exclamou Obadias. – Acab vai me matar! Ele o culpa pela seca e vem caçando-o por toda parte. Você não pode lhe dar ordens, ele é o rei! – Fez uma pausa para respirar e recomeçou seus protestos. – As pessoas nunca dizem a

Acab para ele vir até elas. De qualquer forma, se eu for até ele e Acab concordar em vir, quando chegar aqui você já terá partido. Então eu levarei a culpa e será o meu fim. Não sabe que arrisquei minha vida por centenas de profetas de Deus? E agora você quer que eu morra?

– Em nome de Deus – respondeu Elias com tranquilidade – juro que encontrarei Acab aqui ainda hoje. Vá buscá-lo.

Obadias balançou a cabeça, mas obedeceu.

Apesar das previsões de Obadias, Acab veio ao encontro de Elias. O profeta estava aguardando sua chegada, conforme o prometido.

– Você é o flagelo de Israel! – exclamou Acab.

– Não, você é que é! – respondeu Elias. – Foi você quem fez esta catástrofe se abater sobre a nação, você e Jezabel, ao afirmarem que esta é a Terra de Baal, e não a Terra do Deus de Abraão, o Senhor Deus que libertou nossos ancestrais da escravidão no Egito. Nós vamos lhe mostrar a verdade, Deus e eu. Convoque todo o povo para me encontrar no monte Carmelo e diga para todos os profetas de Baal estarem presentes.

O monte Carmelo era uma formação rochosa muito extensa e alta que se projetava em direção ao Mediterrâneo. Era o primeiro lugar de Israel a receber as chuvas que o vento trazia do mar e costumava estar sempre viçoso e coberto de flores. Agora, no entanto, encontrava-se crestado, árido e tão seco quanto o restante da Terra Prometida.

O povo se reuniu na montanha. Acab estava presente, e os profetas de Baal também, mas Jezabel havia ficado no palácio.

– Por quanto tempo vocês ainda dançarão conforme a música de Baal? – exclamou Elias para o povo. – Vocês devem escolher hoje quem seguirão. Devem decidir quem é Deus em Israel: Baal ou o Senhor, o Deus que os libertou do Egito.

O silêncio foi total. As pessoas se mexiam com desconforto, sem saírem do lugar, mantendo os olhos colados no chão.

– Isso – exclamou Elias. – Olhem para o chão! Vejam em que deserto ele se tornou. Veremos agora que deus pode fazer o relâmpago correr pelo céu e lhes trazer a promessa de chuva. Vamos realizar uma disputa.

Havia dois altares de pedra grandes e redondos no monte Carmelo. Um era dedicado a Baal. O outro, dedicado ao Deus de Abraão, já não era usado havia um bom tempo. Estava em escombros e coberto de vegetação.

– Nós iremos abater dois touros e os colocaremos em uma pilha de lenha sobre o altar – prosseguiu Elias. – Porém, não atearemos fogo à lenha. Pediremos que nossos deuses façam isso. Aquele que conseguir atear fogo em seu sacrifício será Deus em Israel. Vocês concordam?

– Concordamos – respondeu o povo.

Elias havia escolhido touros para o sacrifício porque Baal às vezes era chamado de "o Touro" e representado com os chifres desse animal.

– Vocês, primeiro – disse Elias para os profetas de Baal.

Os 450 profetas de Baal prepararam seu altar, colocaram um dos touros sobre a pilha de lenha e pediram ao seu deus que ateasse fogo nele.

– Ó, Baal, responda-nos! – gritaram eles. Nada aconteceu. – Ó, Baal, responda-nos! Ó, Baal, responda-nos – repetiram. Passaram toda a manhã gritando essa frase, fazendo uma dança estranha, até o calor forte do sol de meio-dia queimar-lhes a cabeça. E, ainda assim, nada aconteceu.

– Gritem mais alto! – sugeriu Elias. – Quem sabe o seu Deus não está meditando? Ou talvez tenha viajado para algum lugar.

Os profetas gritaram cada vez mais alto, entrando em um frenesi tão violento que se cortaram com facas até ficarem cobertos de sangue. Mesmo assim, continuavam com sua dança estranha. E, como antes, nada aconteceu. O sol brilhava em um céu límpido e imperturbável – ausente de nuvens, ausente de chuva.

Com o tempo, Elias se fartou daquilo.

– É chegada a minha vez – disse ele.

Dirigindo-se ao povo, chamou:

– Cheguem mais perto. Observem e vejam o que vai acontecer.

As pessoas se aproximaram. Observaram Elias reerguer o altar dilapidado do Deus de Israel e cavar um fosso ao redor dele. Depositou a madeira para o sacrifício sobre o altar, abateu o segundo touro, cortou sua carne e dispôs os pedaços em cima da lenha. Então ordenou que os observadores enchessem quatro jarras enormes de água e a despejassem sobre o sacrifício e dentro do fosso. Pediu que repetissem aquilo três vezes, 12 jarros de água no total. O touro, a lenha, o altar e o chão que o cercava ficaram completamente ensopados, e a vala, cheia até a borda.

– Que desperdício de água preciosa! – comentaram entre si as pessoas. – Era tudo o que tínhamos! O que este louco está tramando?

Quando ficou tudo pronto, Elias deu um passo à frente e fez a seguinte prece em voz alta:

"Ó, Senhor Deus, responda-me!
Responda-me,
para que o povo possa saber que o Senhor,
o Altíssimo,
o Deus de Abraão, Isaac e Jacó,
é de fato Deus em Israel.
Que eles saibam que o Senhor é o verdadeiro Deus do trovão,
que controla as nuvens e é o mestre das tempestades,
que traz vida para a Terra Sagrada e para todos
os que nela vivem."

Imediatamente, um relâmpago caiu do céu límpido. Ele consumiu o touro, a lenha e até mesmo as pedras do altar e a terra encharcada ao redor dele, sorvendo a água no fosso. Tudo desapareceu. Só se via uma luz estranha, sobrenatural, que bruxuleava e dançava. Não havia cheiro de queimado, apenas o perfume do paraíso. Os observadores se prostraram, inclinando a cabeça até o chão em sinal de louvor.

– O Senhor, o Deus de Abraão, é o verdadeiro Deus! – exclamaram. – O Senhor, ele é o Deus.

– Então devemos livrar a Terra Sagrada desses profetas de Baal desgraçados – vociferou Elias. – Peguem-nos!

O povo os agarrou, arrastou-os encosta abaixo até um leito de rio seco, assassinando-os ali mesmo.

Um silêncio profundo recaiu sobre tudo e todos.

– Consigo ouvir o ribombar de um trovão distante – anunciou Elias. Ele e um servo retornaram até o lugar do altar, logo abaixo do topo do monte, para aguardarem a tempestade.

Elias agachou-se rente ao chão, a cabeça entre os joelhos.

– O que você está vendo? – perguntou ao servo.

– Nada – respondeu o outro.

– Vá até lá e olhe de novo – disse Elias.

O servo subiu mais cinco vezes até o topo. E cinco vezes voltou dizendo que o céu ainda estava limpo.

Então, após subir pela sétima vez, desceu às pressas.

– Há uma pequena nuvem no oeste! – exclamou. – Do tamanho da mão de uma pessoa, apenas.

– É melhor avisarmos ao rei para deixar a montanha, antes que sua carruagem fique atolada na lama – disse Elias.

A nuvem foi crescendo e crescendo, até cobrir o céu e ficar negra de tantos trovões. O primeiro relâmpago caiu, seguido pela chuva abundante.

Era o fim da seca. O Senhor, o Deus de Abraão, havia mais uma vez trazido vida à Terra Sagrada e a todos os que nela viviam – plantas, animais e pessoas. Menos para os profetas de Baal, cujo sangue deixou vermelha a água que corria rio abaixo pelo monte Carmelo.

ELIAS EM FUGA

Acab contou a Jezabel o que havia acontecido no monte Carmelo. Contou apenas como Elias havia zombado dos profetas de Baal e ordenado que fossem mortos. Não lhe disse como o Senhor, o Deus de Abraão, tinha derrotado Baal na grande disputa. Tampouco mencionou o altar de Deus que Elias reerguera, ou o touro que ele havia colocado em cima e toda a água que derramara sobre os dois. Também não falou nada sobre o relâmpago que Deus tinha feito cair de um céu límpido para devorar tudo aquilo, ou sobre o povo gritando: “O Senhor, o Deus de Abraão, é o verdadeiro Deus!” Contou-lhe apenas sobre os profetas de Baal.

Jezabel tinha achado uma idiotice a ida de Acab ao monte Carmelo, sobretudo levando todos os profetas de Baal.

– Imbecil! – gritou ela. – Se tivesse se livrado daquele odioso Elias quando teve a chance, nada disso teria acontecido. Quatrocentos e cinquenta profetas, homens bons, leais, estão mortos! Como entraremos em contato com Baal agora? Deixe que eu resolvo isso. Quanto a Elias, eu cuidarei dele, espere só para ver!

Na mesma hora, ela enviou uma mensagem para Elias.

– Tenho um recado para você de Sua Majestade, a rainha – anunciou o mensageiro. Ela diz que jura pelo grande deus Baal que amanhã mesmo você estará tão morto quanto os profetas que assassinou no monte Carmelo.

Elias ficou petrificado. Quando Jezabel fazia uma ameaça, não havia escapatória! Ele teria que fugir imediatamente, afastando-se de Jezabel e do centro de seu poder. Teria de ir para outro lugar, para o coração do poder de Deus.

Elias levou um servo consigo. Os dois partiram sem demora e viajaram por vários dias, sempre na direção sul, até chegarem a uma cidade à beira do deserto chamada Berseba. Ali, Elias se despediu de seu servo e seguiu viagem sozinho.

Já estava viajando um dia inteiro pelo deserto. Encontrava-se na mesma parte em que, tempos atrás, Agar, uma escrava egípcia, havia chegado com seu filho, Ismael. Elias conhecia muito bem a velha história. Agar tinha sido escrava de Sara, mulher de Abraão. Vagando pelo deserto com seu filho, já sem esperanças de encontrar comida e água, havia deixado a criança debaixo da sombra de um arbusto e se afastado, para não vê-la morrer. Para Elias, o deserto também parecia um lugar mortífero, árido, cruel, silencioso e indiferente. A solidão que reinava nele o atingia como um soco no rosto. Ele se sentou debaixo de um arbusto e rezou para morrer.

– Chega! – gritou. – Tome a minha vida agora mesmo, meu Senhor. Não sou melhor do que meus ancestrais que fugiram do Egito para o deserto e O decepcionaram de forma tão grave.

Agar não se preocupara com ela mesma. Pensara apenas no filho. Mas Elias só conseguia pensar em si próprio. Remoía-se de autocomiseração e desapontamento. Tinha uma jornada a completar e agora constatava que não conseguiria chegar ao fim dela.

Mas, assim como acontecera com Agar, Deus mostrou a Elias como vencer a fome e a sede que reinavam ali. Tocou com delicadeza o ombro do profeta adormecido.

– Levante-se e coma! – ordenou Deus.

Elias se sentou, sobressaltado. Olhou ao seu redor e viu uma broa e uma jarra d'água. Comeu e bebeu um pouco, mas o desespero de estar em um deserto ainda pesava sobre seus ombros. Não tinha forças para prosseguir. Morreria debaixo daquele arbusto.

Deus o acordou uma segunda vez.

– Levante-se e coma! – repetiu. – Ou não conseguirá suportar sua jornada.

Elias comeu e bebeu um pouco mais, e então o desespero o abandonou. Lembrou-se do motivo que o levara até aquele deserto.

Seguiu viagem até chegar ao monte Sinai, a montanha sagrada nos confins do deserto. Sinai era o lugar onde Deus havia se encontrado com o Seu povo depois de libertá-lo do Egito, surgindo diante dele em meio a uma estranha e sobrenatural profusão de relâmpagos e trovões, fogo brilhante e fumaça, ao som demorado e contínuo de uma trombeta de chifre de carneiro. Era o local em que Deus havia falado com Moisés face a face, o lugar onde o escondera em uma fenda na rocha e passara por ele em todo o esplendor de Sua bondade. Era lá que Deus tinha sido extremamente magoado pela deslealdade de Seu povo, que construíra um bezerro de ouro para louvá-lo como seu deus. O Senhor então ameaçara recomeçar tudo do zero com Moisés e criar um novo povo a partir de seus descendentes. Quando Elias chegou àquela montanha, subiu um trecho de suas encostas, escondendo-se na mesma fenda na rocha, no exato local em que Deus tinha passado por Moisés. Esperou que Deus também surgisse diante dele e que lhe dirigisse a palavra, como o fizera com o outro profeta, num pronunciamento solene.

Em vez disso, ouviu uma voz serena:

– O que você está fazendo aqui, Elias?

Era a voz de Deus! Elias a reconheceu imediatamente e exclamou:

– Eu tenho sido um defensor extraordinário do Senhor, ó Deus Altíssimo. Mas sou o único que restou. Todo o Seu povo virou as costas para o Senhor. Eles derrubaram Seus altares e mataram Seus profetas a golpes de espada. Sou o único que ainda Lhe é fiel, mas eles estão vindo tomar minha vida também.

– Saia da caverna – falou a voz novamente, mais alto desta vez. – Saia e venha para o ar livre. Venha ficar na presença de Deus.

Nesse momento um vento repentino e poderoso atingiu a montanha. Parecia forte o suficiente para fazê-la em pedaços. Elias recuou de medo para dentro da caverna.

Deus não estava na tempestade.

Então um terremoto sacudiu o monte como se ele fosse um pedaço de pano e fez Elias mergulhar mais fundo na escuridão da rocha.

Deus não estava no terremoto.

Em seguida, um fogo intenso surgiu.

Deus não estava no fogo.

A tempestade, o terremoto e o fogo não passavam de um espetáculo vazio, e logo desapareceram. Encolhido nas profundezas da caverna, Elias continuava esperando.

Uma inércia abateu-se sobre a montanha, seguida por um sussurro estranho, suave, tranquilo e prolongado, como um eco distante do paraíso.

Elias conhecia aquele som. Era o som de Deus. Agora, o Senhor falaria com ele face a face. Saiu da caverna, aquela fenda na pedra em que Deus tinha passado por Moisés, e ficou parado à sua entrada. Como Moisés diante da Moita em Chamas, Elias escondeu o rosto com a túnica. E então aguardou.

Deus não surgiu diante dele, mas, pela segunda vez na montanha, Elias escutou Sua voz.

– O que você está fazendo aqui, Elias? – perguntou o Senhor.

O profeta ficou perplexo! Será que Deus não o havia escutado da primeira vez? Resolveu repetir mais alto.

– Eu tenho sido um defensor extraordinário do Senhor, ó Deus Altíssimo – gritou a plenos pulmões. – Mas sou o único que restou. Todo o Seu povo virou as costas para o Senhor. Eles derrubaram Seus altares e mataram Seus profetas a golpes de espada. Sou o único que ainda Lhe é fiel, e eles estão vindo tomar minha vida também.

Então Deus falou sem rodeios, com absoluta franqueza.

– Você ainda tem trabalho a fazer, Elias. Não vou desistir do Meu povo só por causa de Acab e Jezabel. Você não pode fugir do poder infame e desonesto que constitui o mundo deles. Quero que volte a ser o meu profeta, que retorne ao calor da batalha, para falar o que penso e garantir que minha palavra seja ouvida.

Nada mais disse. Mas foi o suficiente para fazer Elias cair em si e para transformá-lo novamente em um profeta de Deus. E ele voltou para o calor da batalha.

Elias, Acab e o vinhedo

O rei Acab tinha dois palácios: um em sua nova capital, Samaria, e outro em um lugar mais ao norte, chamado Jezrael. Ao lado do palácio de Jezrael havia um vinhedo muito antigo. Seu dono era um homem chamado Nabot. A família de Nabot trabalhava naquele pedaço de chão havia séculos. Como todo o restante da Terra Sagrada, ele também pertencia a Deus. Sua família acreditava piamente nisso. Estavam na Terra de Deus, pois, quando os israelitas haviam se estabelecido ali, Ele distribuíra uma parte dela para cada uma das tribos. A família de Nabot tinha recebido o terreno que agora ficava colado aos muros do palácio. Como não era de sua propriedade, Nabot não podia vendê-lo. O terreno deveria continuar como herança familiar, sendo passado de geração em geração, até o final dos tempos.

Acab, no entanto, não dava a menor importância para esse tipo de crença, e sua esposa Jezabel, vinda do mundo bem diferente de Tiro, onde reis e rainhas faziam tudo o que queriam, não conseguia entendê-lo.

Acab queria aquele vinhedo. Estava determinado a consegui-lo, de modo que um dia foi ao encontro de Nabot.

– Dê seu vinhedo para mim – disse. – Ele fica colado ao meu palácio e eu quero fazer dele um jardim de vegetais. Eu lhe darei um vinhedo melhor em troca, ou lhe pagarei um bom dinheiro por ele, se você preferir. Não posso oferecer nada mais justo do que isso.

– Não posso dá-lo ao senhor – respondeu Nabot. – Deus me livre de lhe entregar a herança da minha família. Meus ancestrais escaparam do Egito, e Deus ofereceu aos Seus filhos este vinhedo quando eles chegaram à Terra Sagrada com Josué. Não posso dá-lo ao senhor, pois ele não me pertence. E, de qualquer forma, esta Terra é de Deus, não do senhor. Se está pensando que é dono dela, está muito enganado.

Acab retornou a Samaria e ficou amuado. Deitou-se na cama, virou o rosto para a parede e se recusou a comer.

– Qual é o problema? – perguntou Jezabel.

– Quero aquele vinhedo em Jezrael para mim, o que pertence a Nabot. É bem ao lado do palácio. Mas ele não quer dá-lo. Fiz uma proposta muito generosa, porém ele se recusou terminantemente a vendê-lo.

– Que absurdo! – exclamou Jezabel. – Você é o rei! Pode ter o que bem quiser. Como Nabot ousa recusar um pedido seu?! Quem ele pensa que é? Seja como for, deixe de tristeza; eu vou conseguir aquele vinhedo para você.

Jezabel ditou algumas cartas e as lacrou com o selo real. Quem as lesse pensaria que eram do próprio rei. Ela as deu para o mensageiro levá-las a Jezrael e entregá-las aos anciãos e nobres da cidade. Conhecia aqueles homens. Eles não desafiariam o rei, como Nabot. Fariam qualquer coisa que Acab ordenasse.

As cartas diziam o seguinte: "Proclamem um jejum solene. Espalhem a notícia de que uma catástrofe terrível está prestes a se abater sobre a cidade por causa de algo que alguém fez, e que este é o motivo do jejum. Então convoquem todos os homens da cidade para uma assembleia. Deem a Nabot um lugar de honra, onde todos possam vê-lo, e arranjem dois homens que não tenham escrúpulos em contar mentiras. Digam-lhes para fazerem acusações falsas contra Nabot, em voz alta, de forma que todos possam ouvir: 'Você amaldiçoou Deus e o rei!' Então levem-no para fora da cidade e apedrejem-no até à morte."

Jezabel sabia que aquilo iria funcionar – e funcionou. Tudo aconteceu conforme o planejado – o jejum, a assembleia, o lugar de honra para Nabot, as acusações falsas, o julgamento e o apedrejamento. Os anciãos e os nobres enviaram uma carta para Jezabel, em Samaria, dando-lhe a notícia. A mensagem dizia somente: "Sua Majestade, estamos certos de que gostará de saber que Nabot foi apedrejado até à morte."

A rainha leu a carta e foi informar imediatamente o rei.

– Eu lhe disse que daria um jeito na situação, não é? Bem, foi o que fiz. O vinhedo de Nabot é todo seu. O homem está morto. Benfeito, quem mandou ele ir contra os desejos do rei? Então melhore logo esse humor. Vá até Jezrael, tome posse da terra, arranque as vinhas e plante seus preciosos vegetais.

Jezabel não contou a Acab como havia feito aquilo, e ele não perguntou.

Deus, no entanto, sabia muito bem o que ela fizera. Ele enviou seu amigo, o profeta Elias, até Jezrael.

Acab estava no vinhedo, medindo sua extensão, quando Elias chegou.

O rei parou onde estava. Não gostava de Elias. Aquele profeta já havia lhe causado problemas demais.

– Ah, então meu velho inimigo me achou outra vez, não é mesmo? – zombou Acab.

– Eu o encontrei, sim – respondeu Elias –, e Deus também. "Não matem nenhum de seus semelhantes." Esse é um dos Dez Mandamentos de Deus. "Não cobicem o que seu vizinho possui. Que todos vivam de forma livre e digna." É o que diz outro. "Não contem mentiras que causem problemas ao próximo", reza um terceiro. Deus não permitirá sua tirania na terra Dele, Acab, e tampouco a tirania de sua rainha. Você e Jezabel estão procurando problemas.

Antes disso, quando Jezabel havia ameaçado matá-lo, Elias tinha fugido até o monte Sinai, no extremo sul. Esquecera-se do que significava ser um profeta do Deus de Abraão. Agora, tomava consciência de que era um profeta novamente – e não havia nada que qualquer rei ou rainha pudessem fazer a respeito.

Acab nunca conseguiu plantar seus vegetais no vinhedo de Nabot.

5

O povo de Deus sob ameaça

Mais de 700 anos antes de Jesus de Nazaré nascer, os dois pequenos reinos de Israel e Judá, onde vivia o povo de Deus, foram invadidos pelos assírios. Eles vinham de um país ao noroeste, nas cercanias do rio Tigre. Eram grandes mercadores e criaram maravilhosos edifícios e obras de arte. Também possuíam o exército mais forte e implacável que havia. Eles arrasaram o reino de Israel, mas o pequeno reino de Judá, mais ao sul, sobreviveu por um triz.

Os primeiros trechos deste capítulo se referem à época em que os assírios começavam a representar uma ameaça. Eles são de um profeta chamado Amós, cujas palavras podem ser encontradas na Bíblia no livro do mesmo nome. Amós tentou ver o povo do reino de Israel através dos olhos de Deus. Ele o vê tal como é. Vê a ganância dos ricos e o sofrimento dos pobres. Diz aos israelitas que, se eles não mudarem de atitude, serão acometidos pela desgraça. Amós era um excelente poeta, e este capítulo traz alguns de seus poemas, assim como uma história sobre seu confronto com um sacerdote chamado Amazias.

Outro profeta-poeta foi Oseias. Seus poemas, que podem ser lidos no livro de Oseias, foram compostos poucos anos depois que os assírios invadiram o reino de Israel e infligiram um sofrimento terrível ao seu povo. Oseias foi o primeiro personagem da Bíblia a falar sobre o amor de Deus, e este capítulo apresenta seu poema mais famoso sobre o assunto – um dos poemas mais bonitos de toda a Bíblia.

Cem anos depois de os assírios destruírem o reino de Israel, chegou a vez de Judá. Desta vez, os invasores não foram os assírios, mas os babilônios, que haviam tomado o império assírio e eram tão implacáveis quanto os primeiros. Alguns habitantes de Jerusalém, a capital de Judá, acreditavam que a cidade era segura. Esta é a cidade de Deus, diziam eles, e jamais poderá ser tomada. Existem alguns poemas, ou cânticos, na Bíblia que expressam essa crença, e dois deles – ou parte deles – estão presentes neste capítulo. Eles pertencem ao livro dos Salmos. Não sabemos quem os escreveu, mas foram compostos para serem entoados no templo de Jerusalém.

Contudo, nem todos concordavam com esses salmos. O profeta Jeremias vivia em Jerusalém na época em que o exército babilônico invadiu o país. O povo esperava que Deus o salvasse. Jeremias afirmava ser tarde demais e disse à população que eles deveriam se render. Como era de esperar, isso lhe causou problemas. Além de alguns poemas de Jeremias, você encontrará neste capítulo a história de como ele foi jogado dentro de uma cisterna e largado ali para morrer. As poesias e a história encontram-se no livro de Jeremias.

Jeremias previu que Jerusalém seria capturada e destruída. Ele tinha razão. Muitos foram mortos, e muitos outros levados para o exílio a centenas de quilômetros dali, na Babilônia. Os babilônios tomaram o gado, as ovelhas e as cabras do povo, destruindo também suas plantações, de modo que os que ficaram em Judá quase não tinham o que comer. Este capítulo traz outro salmo sobre a destruição de Jerusalém, assim como poemas do livro das Lamentações sobre o sofrimento do povo em Judá após a invasão. O livro das Lamentações é às vezes chamado de "As lamentações de Jeremias", mas não sabemos ao certo quem o escreveu. Parte dele, ou talvez o livro todo, pode ter sido escrito por mulheres.

Entre os exilados na Babilônia havia dois profetas que tiveram sonhos otimistas sobre como Deus reconduziria o Seu povo à Terra Sagrada e faria tudo voltar a ser como antes. O primeiro era um poeta extraordinário, mas não sabemos seu nome. Seus poemas se encontram no livro do profeta Isaías, porém não foram compostos por ele. Isaías vivia em Jerusalém durante a época da invasão assí-

ria. Esses poemas foram escritos na Babilônia 150 anos mais tarde. Este capítulo contém dois deles. O outro profeta do exílio representado neste capítulo é Ezequiel. Ele era um sacerdote em Jerusalém quando os babilônios chegaram. Anos depois, no exílio, teve visões arrebatadoras de como Deus reconstituiria o Seu povo e faria da Terra que lhe havia prometido um jardim de delícias.

Todavia, os sonhos desses grandes profetas do exílio não se concretizaram totalmente. Alguns dos exilados acabaram retornando, porém não houve nenhum marcha triunfante de volta para casa, como haviam anunciado os profetas, e tampouco a Terra Sagrada se tornou um jardim de delícias. Em vez disso, grande parte dela estava em ruínas. Mas um novo templo foi construído em Jerusalém sob o comando de um homem chamado Neemias e as muralhas em torno da cidade também foram reerguidas. Aqui, leremos parte da história de Neemias, conforme narrada por ele mesmo no livro que leva seu nome.

Após o exílio, o povo de Deus passou a ser conhecido como povo judeu. Mas ele ainda não era livre. Os babilônios tinham sido conquistados pelos persas, e o pequeno país dos judeus fazia parte do império deles. Mais tarde esse império foi tomado pelos gregos, sob o comando de Alexandre, o Grande, e quase 170 anos antes de Jesus nascer um grego tentou dizimar o culto a Deus e destruir o modo de vida do Seu povo. Era perigoso demais criticar o rei abertamente, porém um judeu corajoso escreveu um livro onde incluiu histórias antigas sobre alguns reis babilônicos terríveis. Na Bíblia, é o livro de Daniel. As duas histórias mais famosas desse livro fecham este capítulo.

"QUE A JUSTIÇA CORRA COMO UM RIO"

CEM ANOS DEPOIS DA ÉPOCA DE ELIAS, outro profeta, chamado Amós, veio ao reino norte de Israel. Amós era de Tecoa, uma cidade pequena que ficava poucos quilômetros ao sul de Jerusalém, no reino de Judá.

O rei de Israel nessa época se chamava Jeroboão. O país estava passando por dificuldades e, de tempos em tempos, soldados inimigos invadiam parte de seu território. Havia pessoas no reino que cobiçavam o trono de Jeroboão e tramavam contra ele.

Porém, os agricultores camponeses eram os que mais sofriam. Suas famílias vinham trabalhando na lavoura desde os tempos mais remotos – desde quando acreditavam que Deus havia dado a Terra Sagrada às tribos israelitas que atravessaram o rio Jordão com Josué. No entanto, um número cada vez maior deles estava caindo na pobreza. Homens ricos que viviam nas cidades tinham comprado suas terras e todos os anos exigiam parte do que eles produziam a título de aluguel. Quando a lavoura não vingava, quando havia seca ou uma praga de gafanhotos, os agricultores não conseguiam pagar o que deviam e ainda ter o suficiente para sobreviver. Então precisavam vender suas mulheres e crianças como escravos ou se tornarem eles mesmos escravos dos donos de suas terras. Muitas vezes eram maltratados. E, se levavam seus casos aos tribunais, descobriam que ali também os ricos estavam no controle e se viam de mãos atadas.

Alguns eram forçados a abandonar suas terras e tentar sobreviver da melhor forma possível nas cidades, onde a vida era ainda mais dura. Os comerciantes que lhes vendiam trigo para o pão usavam pesos falsos, e os preços cobrados pelos comerciantes eram em geral exorbitantes, às vezes por um trigo tão ruim que mais parecia pó.

Amós viu tudo isso e ficou furioso.

UM DIA, AMÓS FOI AO ANTIGO TEMPLO de Betel. Tratava-se de um lugar sagrado, pois há tempos, Jacó, um dos ancestrais do povo de Israel, havia encontrado Deus nele. Os homens de Israel estavam ali reunidos para um festival religioso importante, que se estenderia por uma semana inteira. Haveria muita comida e bebida, além de preces, canções e sacrifícios. Deus estaria entre eles, como estivera quando seus ancestrais deixaram o Egito, e os ajudaria a derrotar todos os seus inimigos. Pelo menos era essa a crença, ou a esperança, daqueles homens.

Amós os observou comer e beber e pensou nas famílias camponesas que não tinham comida suficiente sobre a mesa. Ao ouvir as preces do festival e as canções que eram entoadas, lembrou-se dos miseráveis nas cidades.

– Ouça só essa gente! – disse baixinho para Deus. – Eles pouco se importam com os pobres, ao contrário do Senhor Deus, que sempre se importou com os necessitados. Como posso dizer a verdade, Deus? Como posso abrir os olhos desses homens?

Amós calou-se. Então teve uma ideia. Começaria dizendo às pessoas o que elas queriam ouvir; depois, quando elas já estivessem ao seu redor, lhes diria o que Deus estava pensando.

Ele começou a pregar e as pessoas se juntaram para ouvi-lo.

> "Assim diz o Senhor Deus", exclamou Amós,
> "o povo de Damasco não perde por esperar.
> Ele invadiu as terras de Israel além do mar da Galileia
> E assolou o povo daquela região.
> A brutalidade deles será sua ruína,
> e sua violência os levará à destruição."

As pessoas vibraram com o que ouviram! Há séculos, não só em Israel, mas também no Egito e na Mesopotâmia, profetas amaldiçoavam os inimigos da nação. Há séculos davam voz aos temores e ao ódio do povo. Profetas eram homens sagrados que exprimiam palavras sagradas, repletas do poder do deus em nome do qual falavam. E lá estava Amós, acusando Damasco de invadir Gileade. Que maravilha!

"Assim diz o Senhor", prosseguiu Amós,
"o povo de Gaza não perde por esperar.
Pois tomou de assalto as cidades de Israel e de Judá
e capturou seus habitantes
para vendê-los nos mercados de escravos de Edom.
Eles serão esmagados por sua própria perversidade;
e a crueldade deles será seu fim."

As pessoas vibraram mais ainda e começaram a dançar, cantar e bater palmas. Então se calaram quando Amós voltou a falar.

Outros cinco inimigos foram denunciados por ele.

– Este profeta é como um leão – exclamaram as pessoas – rondando nossas fronteiras, abatendo nossos inimigos como se eles fossem cabras ou ovelhas doentes, destroçando-os com suas palavras. Sensacional!

Amós pediu silêncio mais uma vez.

"Assim diz o Senhor", exclamou ele,
"vocês, povo de Israel, não perdem por esperar!
Pois venderam os pobres como escravos,
privando-os de sua liberdade e de sua honra
quando eles lhes deviam uma ninharia,
o valor de um par de sandálias.
Vocês pisaram em suas cabeças
e as esmagaram contra o chão!

Vocês deturparam a justiça
e instituíram o suborno em seu lugar!
Quando os miseráveis e ofendidos
vão aos tribunais em busca da justiça de Deus,
são rechaçados e não têm direito
a qualquer tipo de misericórdia!

Vocês gostam tanto de vender seu trigo,
que mal conseguem esperar para fazer isso.

Mas usam pesos falsos!
Os pobres não levam o que estão pagando,
e o trigo que vendem a eles
não passa dos restos varridos do chão.

Vocês fazem os homens e mulheres de sua terra trabalharem
até à morte,
e as crianças também,
enquanto ficam deitados em camas incrustadas de marfim
e vadiando em sofás macios!
Banqueteiam-se com cordeiros e novilhos
que eles criaram,
mas que eles jamais comerão;
bebem galões de vinho
produzido por eles,
mas que eles jamais beberão!

E cá estão vocês
em Betel,
a casa do seu Deus,
recostados ao lado dos altares,
aquecidos pelas mantas dos pobres,
enquanto eles tremem de frio noite afora.

Não estão vendo a desgraça
que lançaram sobre a Terra de Deus?
Não estão vendo a desgraça
que os aguarda
se vocês não se emendarem?

Que a justiça corra como um rio,
como a torrente que desce rugindo no leito seco
quando a chuva de Deus cai sobre as colinas.
Que a retidão jorre como uma fonte incessante
que, mesmo sob o calor do verão,
traz vida ao solo árido.

Se ainda assim vocês continuarem a oprimir, intimidar e
tratar com
desprezo o povo,
então este festival é uma farsa
e vocês estarão cuspindo no rosto de Deus.
A ganância os levará à ruína,
a inclemência será o seu fim.
Sua terra será invadida
e vocês serão conduzidos como gado ao exílio!"

As pessoas pararam de dançar, cantar ou bater palmas. Ficaram apenas ouvindo as palavras de Amós em um silêncio perplexo.

Amazias, o sacerdote encarregado do templo, escutou o que Amós tinha dito. Preciso dar um jeito nisto!, pensou. Enviou uma mensagem ao rei Jeroboão. "Amós está tramando contra o senhor", dizia a mensagem, "acusando-o diante de todos. Está dizendo coisas terríveis. A própria terra mal conseguiu suportar as palavras que saíram de sua boca."

Amazias não aguardou uma resposta do rei. Queria Amós longe dali imediatamente, antes que pudesse falar mais.

– Volte para Judá e vá fazer suas profecias por aquelas bandas! – ordenou. – Não se atreva a voltar a Betel. Este é o santuário do rei, e não permitimos que se fale contra ele e seu país aqui.

– Estou surpreso! – respondeu Amós. – Eu pensava que esta era a terra e o santuário de Deus! – Ele se aproximou de Amazias. – Preste atenção. Eu não recebo ordens suas. Você colocou os profetas locais na folha de pagamento de Jeroboão, para que eles digam o que o rei quer ouvir e façam o que você mandar. Bem, eu não sou um desses profetas, Amazias. Deus me mandou vir aqui. Deus me mostrou o que acontece nesta terra. Foi Ele quem colocou as palavras na minha boca. Como eu poderia deixar de dizê-las? Devo lealdade a Deus, não a você ou ao rei. E lhe digo uma coisa, Amazias: quando esta terra for invadida, sua família será a primeira a sofrer. E, quando o povo for exilado, você estará no meio dele e morrerá em terra estrangeira, longe deste seu precioso santuário.

Poucos anos depois a invasão começou. A Assíria, a mais poderosa e implacável de todas as nações daquela parte do mundo, conquistou o reino de Israel e exilou seus líderes. Foi a última vez que se ouviu falar de Amazias.

Mas nem todos esqueceram das palavras do profeta Amós. Alguns se dispuseram a anotá-las e mantê-las em segurança.

Oseias e o amor de Deus

Pouco depois de Amós, no reino norte de Israel, há quase 2.750 anos, existiu um profeta chamado Oseias. Era um poeta maravilhoso e escreveu o poema mais lindo sobre o amor de Deus.

Nessa época, Israel estava sofrendo terrivelmente nas mãos dos assírios. Eles haviam invadido o reino, transformado a maior parte dele em províncias de seu império e despachado a maioria dos líderes do povo para a Assíria, juntamente com quase todos os tesouros do país. Apenas a cidade fortificada de Samaria e os povoados e vilarejos nas colinas que a cercavam resistiam. Onde o rei de Israel poderia buscar ajuda? Alguns achavam que ele conseguiria obtê-la com o faraó do Egito e seu exército. Oseias julgava que pedir ajuda ao Egito teria consequências desastrosas: os assírios ficariam enfurecidos e voltariam para arrasar o que sobrara do reino. Outros acreditavam que seriam salvos se rezassem para os deuses antigos da região, deuses que tinham sido adorados ali durante séculos e séculos, bem antes de as tribos israelitas chegarem do Egito. Oseias, por sua vez, acreditava que a única esperança deles era se voltarem para o Deus que os libertara do Egito e lhes dera a Terra Sagrada.

UM DIA, OSEIAS ESTAVA rezando para Deus. Em silêncio total, não movia um só músculo. De repente, ele soube, com todo o seu ser, o quanto Deus amava Seu povo e o quanto Seu povo o magoara. Sua mente foi inundada por palavras que pareciam vir do próprio Deus. Era como se ele conseguisse ouvir o que Deus dizia.

E o que Oseias escutou foi o seguinte:

"Quando a nação de Israel era uma criança,
eu a amei,
e como um filho a chamei, fazendo-a sair do Egito.

Agora os israelitas clamam pela ajuda
dos poderosos que os escravizaram.
Eles não conseguem se decidir,
voltando-se ora para os egípcios,
implorando para que eles venham resgatá-los,
ora para os assírios,
declarando sua lealdade
e lhes entregando suas riquezas.

E, ainda assim, fazem sacrifícios a deuses que não são deuses
e rezam para divindades que não lhes servem de nada.

Mas fui Eu que cuidei deles no deserto.
Eu que os carreguei em meus braços quando eles
se cansaram.
E eles sequer me reconheceram!

Eu fui como um pai, como uma mãe para eles,
fui também seu pastor, e eles, meu rebanho favorito!
Tirei a canga de suas costas e os arreios de suas bocas;
resgatei-os do trabalho árduo e penoso do arado
e os conduzi até um pasto verdejante,
onde eles podiam comer até se fartarem,
tamanho foi o amor e a bondade que demonstrei a eles.

Eles não receberão ajuda do Egito;
Os assírios os governarão.
A espada deles devorará suas cidades
e assolará seus vilarejos.

Olhe para eles,
veja como estão infelizes e desamparados!

Como posso desistir de você, ó Israel?
Como posso entregá-lo ao inimigo,
deixar que ele o destrua?
Não posso fazer isso.
Meu coração se encolhe de horror.
A compaixão toma conta de mim.
Meu amor por você é grande demais!

Eu não vou dar vazão à minha ira,
pois sou um Deus e não um homem;
Sou o que há de sagrado entre vocês,
o Deus de toda a criação,
que veio viver em sua companhia."

Jerusalém jamais será tomada!

Os assírios destruíram o reino norte de Israel e também não deixaram em paz o povo do reino de Judá, ao sul. Tomaram várias de suas cidades e confiscaram grande parte de seus tesouros. Porém, não tomaram Jerusalém. Conseguiram cercá-la, mas não tomá-la. Alguns acreditavam que isso fosse impossível. Essas mesmas pessoas entoavam canções ancestrais no templo que o rei Salomão havia construído, cujos versos diziam o seguinte:

"Deus é nosso refúgio, nossa fortaleza.
Com Ele, podemos ficar seguros em momentos de crise.

As asas do Senhor nos protegem do frio cortante da noite,
da chuva inclemente, da violência das tempestades
e do calor escorchante do sol.

Deus é para nós como uma mãe-pássaro para seus filhotes.
Aninhados em suas penas,
sentindo o calor de seu corpo e
as batidas fortes de seu coração,
podemos nos abrigar de tudo o que nos fere.

De modo que não teremos medo,
mesmo que o mundo seja abalado
em suas estruturas,
e as montanhas desabem sobre os mares.

Jerusalém é a cidade de Deus,
onde o céu e a terra se encontram.
Com o Senhor entre seus habitantes
ela jamais correrá perigo!
Um rio cujas águas jamais secam
traz vida à cidade.
Ele é um presente de Deus
que brota do chão,
suas águas vindas dos rios ocultos do Éden.

Deus está do nosso lado!
Deus luta por nós!
O Deus de Abraão, de Isaac e de Jacó ainda está entre nós,
é Ele nosso refúgio, nossa fortaleza!

Saiam de Jerusalém
e contornem as muralhas da cidade.
Vejam como elas são fortes!
Vejam quantas torres existem ali,
tão sólidas, belas, majestosas e gloriosas
quanto o próprio Deus!

Deus é nosso Senhor para todo o sempre.
Ele jamais nos abandonará.
Sempre poderemos contar com o Seu amor."

JEREMIAS CONTA A VERDADE

O POVO DE JERUSALÉM CANTAVA suas belas canções no templo. No entanto, um século e meio depois de Amós, outro profeta, chamado Jeremias, tentou confrontar o povo com algumas verdades bastante desagradáveis.

Na época de Jeremias, o império assírio já havia caído. Os babilônios passaram a ser a maior ameaça. Na primeira vez, o cerco durou três ou quatro meses, e 10 anos mais tarde se arrastou por 18 meses. Na metade do segundo cerco, o exército babilônio se retirou da região para lidar com uma ameaça egípcia ao sul. O povo suspirou aliviado. Mas Jeremias sabia que eles iriam voltar. Sabia que a queda de Jerusalém estava por vir. Muito antes havia tentado mostrar às pessoas o que elas estavam fazendo e o quanto Deus estava decepcionado. Elas pensavam que Deus estava do seu lado, porém Jeremias acreditava que elas haviam rejeitado o Senhor e que Ele se afastara. Jeremias lhes disse o seguinte:

"Assim diz o Senhor Deus:
Povo de Jerusalém,
vocês são como uma esposa para mim,
e eu seu marido.
Lembro-me de como vocês me amaram
no início de nosso matrimônio.

Eu os livrei do Egito
e os conduzi pelos horrores do deserto.
Eu os guiei por uma terra inculta

de ravinas sombrias,
onde não há viva alma
e que ninguém jamais cruzou.
Eu os trouxe até uma terra boa,
uma terra especial,
de fartura,
repleta de frutas, como o Éden.

Apesar disso, vejam como vocês a arruinaram!
Vejam como me esqueceram!
Já não sou mais bem-vindo ali.
Vocês me abandonaram no deserto,
na desolação das ravinas sombrias.

Vocês abriram mão do que era verdadeiro
e saíram em procura do que é falso.
Eu fui como um rio que nunca para de correr,
trazendo-lhes água fresca em meio ao calor,
dando-lhes de beber mesmo durante as secas.
Eu fui uma fonte onipresente de vida para vocês,
mas ainda assim vocês me abandonaram
e foram buscar o falso deus Baal.
Com o suor de seus rostos,
vocês cavaram poços no solo rochoso para armazenar água,
porém, se esqueceram de emboçá-los,
e a água vazou
até sobrar apenas lama.
Assim é o seu precioso Baal,
um poço rachado e fétido
que não retém a água
e não traz vida."

O rei e seu povo, no entanto, não deram atenção a Jeremias. Havia outros profetas que lhes diziam o que eles queriam ouvir. "Deus os protegerá do mal", afirmavam eles. "Lembrem-se das antigas canções. Jerusalém jamais cairá". Jeremias tinha consciência de que precisaria tomar medidas drásticas para que sua mensagem fosse ouvida.

Um dia, ele apareceu com um jarro de gargalo estreito, feito de cerâmica. Reuniu alguns dos sacerdotes do templo e alguns líderes do povo.

– Venham comigo – disse. – Quero lhes mostrar algo.

Ele os conduziu por um dos portões nas muralhas da cidade até o fundo de um pequeno vale. Trazia o jarro consigo. De repente, parou, e os homens o cercaram. Largou o jarro no chão e correu os olhos pelo grupo. Então apanhou o jarro pelo gargalo com uma das mãos, ergueu-o bem alto e atirou-o no solo. O jarro se partiu em cem pedaços. Em seguida, Jeremias exclamou:

> "Assim diz o Senhor Deus:
> Como este jarro,
> esta cidade será quebrada e seu povo
> esmigalhado de forma irrecuperável
> pelos babilônios."

Chegou uma época em que nenhum habitante de Jerusalém podia sair de dentro das muralhas, assim como ninguém podia entrar para ajudá-los ou levar comida. Era o segundo cerco dos babilônios, cujo exército estava acampado logo em frente aos muros da cidade. O rei e seu povo entraram em desespero, ansiosos para que Deus viesse salvá-los. Jeremias, no entanto, sabia que era tarde demais. Ele acreditava que Deus tinha passado para o lado dos inimigos. A única coisa que restava ao rei era se render.

> "Assim diz o Senhor", declarou Jeremias,
> "Vejam, estou lhes revelando o caminho da vida
> e o caminho da morte.
> Aqueles que ficarem dentro da cidade irão morrer
> pela espada, pela fome e pela doença.

Aqueles que saírem
e se renderem aos babilônios
ao menos sobreviverão.

Eu, o seu Deus, já não vivo nesta cidade.
Não sou bem-vindo aqui.
Vocês me expulsaram
rumo ao acampamento do inimigo.

Se ao menos você,
ó rei de Judá,
e vocês, nobres do palácio,
tivessem velado pelos fracos e necessitados,
pelos imigrantes sem poder algum,
pelas mulheres e crianças que não têm ninguém
para cuidar deles,
se ao menos houvessem tornado esta cidade um lugar justo,
onde todos pudessem viver com liberdade e dignidade,
vocês estariam em segurança.

Mas agora já é tarde.
Esta bela cidade,
da qual vocês tanto se orgulham,
será destruída e consumida pelas chamas.
Vocês já a arruinaram;
logo ela não passará de uma pilha de escombros."

Como já era de se esperar, algumas pessoas em Jerusalém acharam o alerta de Jeremias de um atrevimento intolerável. Três dos mais poderosos oficiais do palácio escutaram sua pregação e foram até o rei Zedequias.

– Este homem é um traidor! – exclamaram. – Está dizendo às pessoas que elas devem se render aos babilônios. Não podemos tolerar esse tipo de conversa. Precisamos encorajar as pessoas a lutar, e Jeremias está mandando que elas se entreguem. O moral dos soldados e do povo já está baixo demais e, com este profeta pela cidade, vai chegar à estaca zero. Temos que nos livrar dele.

O rei estava exausto.

– Façam com ele o que acharem melhor – foi sua resposta.

Assim, os oficiais prenderam Jeremias e o jogaram em uma cisterna. Toda a água armazenada ali tinha sido consumida. Restava apenas uma lama espessa no fundo. Jeremias afundou nela. Não conseguia escalar de volta, pois a cisterna era funda demais. Era também escura e fria, e o fedor lá dentro, insuportável. Não tinha comida ou água. Os oficiais o deixaram ali para morrer.

Mas Jeremias tinha alguns amigos no palácio. Um deles era um etíope chamado Ebede-Meleque. Ele foi até o rei Zedequias para lhe contar o que os oficiais tinham feito.

– Jeremias é um profeta! – disse-lhe Ebede-Meleque. – Ele está aqui para nos dizer o que Deus pensa, para ver as coisas através dos olhos do Senhor e transmitir as palavras Dele ao povo. Nós temos que ouvi-lo! Seus oficiais fizeram algo terrível. Ele vai morrer de fome naquela cisterna imunda.

Zedequias ergueu os olhos para ele.

– Está bem – disse o rei, cansado. – Leve três homens com você e tire-o lá de dentro.

Ebede-Meleque saiu às pressas e, com três amigos seus, foi até a cisterna levando trapos, roupas velhas e um pedaço de corda. Amarraram as roupas e trapos à corda e a fizeram descer até Jeremias.

Jeremias foi resgatado da cisterna, mas o rei o manteve preso. E o cerco prosseguiu.

A QUEDA DE JERUSALÉM

POR DUAS VEZES OS BABILÔNIOS cercaram Jerusalém. Por duas vezes capturaram a cidade.

Na primeira vez, o rei, que se chamava Jeoaquim, sua família, os oficiais de seu palácio e seus sacerdotes se entregaram às forças inimigas e foram exilados na Babilônia, juntamente com muitos outros habitantes de Jerusalém e com o restante do reino.

Na segunda vez foi bem pior. O cerco durou muito mais. A comida armazenada pelas pessoas antes de o cerco começar acabou, e no final já não lhes restava nada. O novo rei, Zedequias, mandou buscar Jeremias. Eles se reuniram em segredo em uma das entradas do templo.

– PRECISO DA SUA AJUDA – disse o rei para Jeremias. – A situação é desesperadora, como você pode ver. Não sei qual a melhor saída. Quero o seu conselho.

– Se eu lhe der meu conselho, o senhor não vai ouvi-lo. Não gostará do que tenho a dizer e me matará, acusando-me de traidor.

– Prometo não condená-lo à morte – respondeu Zedequias. – Sei que algumas pessoas gostariam de se livrar de você, mas não o entregarei a elas. Eu juro.

Jeremias fez uma pausa. Então disse:

– Assim diz o Senhor Deus. Se você se render aos babilônios, sua vida será poupada, esta cidade não será destruída e suas crianças ficarão em segurança. Se, no entanto, você não se render, o exército babilônio tomará a cidade e fará com que ela arda em chamas, de modo que você mesmo não conseguirá escapar.

– Mas, se eu me render, meu próprio povo achará que eu o traí. Eles vão querer meu sangue!

– Deus quer que o senhor se renda – disse Jeremias. – Obedeça a Ele e ficará em segurança. Caso contrário, a desgraça recairá sobre o senhor e sobre a cidade.

– Não conte a ninguém sobre a nossa conversa – falou Zedequias. – Se contar, é um homem morto.

Jeremias manteve segredo, porém Zedequias não seguiu seu conselho. "Assim diz o Senhor Deus", anunciara o profeta. O rei, no entanto, não lhe deu ouvidos.

Em uma noite escura, em que um vendaval castigava a cidade com força suficiente para mascarar os barulhos da fuga, alguns dos soldados de Zedequias foram a ele com um plano.

– Majestade – disseram. – Já não há mais comida na cidade e os poços estão secos. Se ficarmos aqui, iremos todos morrer. Mas nós temos um plano. Podemos abrir um pequeno buraco nas muralhas, em um lugar que os babilônios não consigam ver. Eles também não vão nos escutar, por causa do barulho do vendaval. Podemos nos refugiar no deserto e seguir para Jericó e além. Chegaremos lá antes que eles percebam que fomos embora.

Esse é um plano melhor do que o de Jeremias, pensou Zedequias. Ele sacou sua espada.

– Vamos em frente! – ordenou.

Seus soldados abriram uma fresta nas muralhas e escaparam, com Zedequias e seus filhos entre eles. Havia um grande pomar bem próximo das muralhas, e eles se embrenharam rapidamente entre as árvores. Deixaram para trás o acampamento dos babilônios e seguiram rumo ao deserto.

Eles conheciam bem as colinas daquela região e seus leitos de rio escuros e secos. Acharam que ninguém os tinha visto, mas estavam enganados. À medida que se aproximavam de Jericó e o sol começava a se erguer do outro lado do mar Morto, ouviram o barulho dos soldados babilônios às suas costas. Apertaram o passo, mas, como estavam enfraquecidos pela falta de alimento, suas pernas não lhes obedeciam.

O comandante dos babilônios gritou para suas tropas:

– Capturem o rei e seus filhos. Quero que cheguem a mim vivos!

Os soldados de Zedequias ouviram a ordem e fugiram em todas as direções, deixando o rei e seus filhos entregues à própria sorte.

Em instantes os babilônios os alcançaram.

– Vamos levá-los ao rei da Babilônia – disse-lhes o comandante.

O rei da Babilônia vivia em um palácio chamado Ribla, cerca de 500 quilômetros ao norte. Quando lá chegaram, Zedequias e seus filhos foram atirados aos pés do soberano.

– Olhe para mim! – gritou o rei a Zedequias. – Eu vou lhe mostrar o que acontece com quem não se rende ao rei dos babilônios. – Matem os filhos deste homem e depois o ceguem – ordenou. – Acorrentem-no e levem-no para a Babilônia.

Já não havia mais rei em Jerusalém, nem soldados para defendê-la. O exército babilônio abriu brechas nas muralhas e invadiu a cidade. O templo estava ali, reluzindo à luz do sol. Os soldados o arrombaram e roubaram seus tesouros. Levaram todos os vasos sagrados, todo o ouro, prata e bronze. Então o incendiaram. O palácio do rei também foi queimado, assim como todas as grandes construções da cidade. A seguir, eles demoliram as muralhas e deixaram Jerusalém em ruínas.

Alguns dos sacerdotes do templo e oficiais do palácio foram torturados e executados. Quanto ao restante dos habitantes, muitos foram exilados. Saíram em uma longa viagem até a Babilônia, escoltados por soldados armados. Alguns colocavam seus pertences em carroças puxadas por bois, enquanto as mulheres e crianças iam sentadas em cima da bagagem. Porém, muitos dos adultos tinham que seguir a pé, levando, penduradas nos ombros, sacolas contendo alguns de seus pertences e provisões para a viagem. Algumas das crianças menores iam nos ombros dos pais, ao passo que as maiores caminhavam ao lado deles. Nem todos conseguiram chegar ao fim daquela jornada.

Alguns poucos continuaram na Terra Sagrada, mas a vida também não foi fácil para eles. O campo estava arruinado e vazio.

Outros fugiram para o Egito. Levaram com eles o profeta Jeremias, embora ele não quisesse ir. O Egito era a nação em que o povo de Israel tinha nascido. Agora alguns deles estavam de volta àquele país, de volta à estaca zero. Seria esse o fim de tudo?

CANÇÕES TRISTES DE LAMENTAÇÃO

O TEMPLO E O RESTO DA CIDADE de Jerusalém estavam em ruínas, mas as pessoas que viviam ali não pararam de rezar a Deus. Elas ainda se reuniam para adorá-Lo no local em que o templo antes ficava. Os soldados babilônios o haviam destruído, mas não o privaram de sua santidade. Para o povo de Jerusalém, a cidade ainda era um lugar onde eles esperavam encontrar seu Deus e onde podiam abrir seu coração para Ele, mostrar-Lhe sua dor e expressar sua raiva e perplexidade.

Alguns poetas (não sabemos seus nomes) compuseram novas canções para serem entoadas a Deus, canções belas, porém repletas de uma angústia cortante.

– Nós falaremos com Deus como Moisés o fez no monte Sinai – diziam eles. – Moisés era amigo de Deus. Ele abriu seu coração ao Senhor e não escondeu nada Dele. Nós também somos amigos de Deus. Não esconderemos nada Dele. Não fingiremos que as coisas estão melhores do que realmente estão. Mostraremos ao Senhor o que sentimos de verdade e Lhe contaremos toda a nossa angústia. Se formos diretos com Ele, então Ele poderá ser direto conosco.

Estas são as canções que eles entoavam:

Por que, ó Deus, o Senhor parece tão irado?
Nós somos o Seu rebanho,
o Senhor, o nosso pastor.
Assim tem sido desde o início.
Então por que, por que

o Senhor parece ter nos abandonado,
nos deixado à mercê de animais selvagens,
para sermos despedaçados e deixados para morrer?
Por que, Deus, por quê?

Lembre-se de nós, do Seu povo.
Lembre-se também do Seu templo, da Sua morada.
Ande pelas ruínas dele.
Veja o que os soldados inimigos fizeram!

Eles pisotearam o Seu templo,
vociferando e gritando.
Eles o fizeram em pedaços,
quebraram todas as suas esculturas
e o incendiaram.
Içaram seus estandartes
e os emblemas de seus deuses
no exato lugar
que há tanto tempo marcava a Sua presença.
Eles O desafiaram.
Eles O insultaram.
Eles O desonraram.

Por quanto tempo, ó Deus, por quanto tempo
eles continuarão com esse escárnio?
Por que o Senhor se esconde?
Por que cruza os braços e não faz nada?

O Senhor é o criador de todo o mundo, Deus!
Pense em como criou as coisas que nos cercam
a partir daquela poça negra d'água.
Pense em como separou cada coisa da outra
e colocou tudo em seu devido lugar.
Pense em como derrotou as Forças Sinistras do Caos.
Foi o Senhor quem criou o sol e a lua.
O dia é Seu; a noite é Sua.

O inverno e o verão,
ambos nasceram de Suas mãos.

Ainda assim esses inimigos, esses tolos
arrastaram o Seu nome na lama,
trataram-no como lixo
e O humilharam, como se o Senhor não fosse nada.
Lembre-se disso.
Lembre-se também de nós.
Somos como uma pomba
presa ao chão
e cercada por leões.
Não se esqueça de nós.
Não se esqueça de nós.

Os soldados babilônios devastaram não só a cidade, como também o campo.

Quando Jerusalém foi tomada, toda a comida estocada dentro das muralhas já havia acabado. Assim que puderam, os habitantes da cidade que foram deixados para trás pelos babilônios seguiram para os campos em busca de alimento. A cena com a qual se depararam os fez chorar. Seus rebanhos tinham desaparecido, suas plantações tinhamn sido dilapidadas para alimentar os soldados babilônios, quando não pisoteadas ou queimadas. Não havia nada para comer. Eles caminharam até o topo da próxima colina e desceram rumo ao vale seguinte. O panorama era o mesmo: nada além de devastação. O exército babilônio havia ido embora. Porém, outro inimigo tinha chegado: a fome.

A cidade estava vazia, mas cheia de tristeza. Muitos haviam partido, outros foram mortos pelos babilônios ou exilados para a Babilônia. Já não se viam mais crianças brincando nas ruas. O templo estava destruído e os antigos sacerdotes e profetas que ainda restavam em Jerusalém não tinham palavras de consolo para oferecer.

Dessa forma, os poetas compuseram mais canções de lamentação. Nelas colocaram todas as suas angústias, mas também louvaram o amor e a misericórdia de Deus. Sabiam que apenas Ele poderia salvá-los.

Como está solitária a cidade!
Antes, ela era tão cheia de pessoas.
Antes, era tão ilustre.
Antes, era como uma princesa.
Agora, é como uma viúva,
sem ninguém para olhar por ela.
Agora, é como uma escrava
em um campo de trabalhos forçados.

Cheia de amargura, ela chora noite adentro,
suas faces cobertas de lágrimas.
Não há ninguém para consolá-la.
Todos os seus amigos a traíram.

As estradas que levam à cidade,
antes abarrotadas de peregrinos
a caminho dos festivais,
agora estão vazias,
pois já não há peregrinações.
As próprias estradas choram de solidão.

Os portões da cidade,
nos quais as pessoas se encontravam
e conversavam sobre os assuntos do dia,
não passam de escombros.

Seus governantes são como cervos,
vagando pelo deserto

sem encontrarem pasto,
exauridos de suas forças,
fracos demais para escaparem de seus perseguidores.
Seus sacerdotes gemem de desespero.
Seus profetas já não têm visões de Deus.
Não se ouve música alguma;
ninguém dança pelas ruas.
Suas crianças desapareceram,
levadas de seus braços rumo ao cárcere.
Tudo o que um dia foi sua glória já não existe mais.

"Veja, ó Senhor Deus", grita a cidade,
"veja como me tornei imprestável!

Vejam, vocês que passam por aqui,
vejam minha agonia!
A culpa é de Deus!
Foi Ele quem ateou fogo nos meus ossos.
Foi Ele quem me derrubou, quem armou essa armadilha,
causando-me essa angústia sem fim.
Foi Ele quem colocou uma canga nos meus ombros
e quebrou minhas costas.

É por esses motivos que eu choro,
sem que ninguém venha me consolar.
Meus filhos estão desolados.
O inimigo venceu.

Sei que o Senhor Deus tem razão.
Eu O ignorei e segui meu próprio caminho.
Ainda assim, povos deste mundo,
vejam minha dor!
Meus filhos, minhas meninas e meninos,
foram todos escravizados.
Veja, ó Senhor Deus,
Veja a quem o Senhor fez isso!

Porém, uma coisa eu sempre irei recordar
e nela buscarei esperança:
o amor duradouro do Senhor não tem fim,
o laço que nos une é forte demais,
Sua compaixão, Sua misericórdia são infinitas,
renovando-se a cada manhã.
Grande, ó Deus, é a Sua lealdade!"

SONHANDO COM O LAR

OS EXILADOS NA BABILÔNIA estavam a centenas de quilômetros de casa. Sentiam-se também a centenas de quilômetros de Deus, esquecidos por Ele, abandonados, como se o Senhor não se importasse mais com eles.

A Babilônia era uma cidade magnífica. Comparada a ela, Jerusalém não passava de um vilarejo. Uma rua longa, reta e ampla – uma grande avenida para desfiles – cortava o coração da cidade. Durante os festivais, o rei cruzava essa avenida, onde, ao longo dela, as reluzentes imagens de ouro e prata dos deuses babilônios eram dispostas. Quando o rei voltou da devastação de Jerusalém, ele e seus deuses fizeram esse trajeto sob os olhares do povo da cidade, que aplaudia e vibrava. A avenida era um símbolo do poder da Babilônia, uma maneira de reforçar a glória de seus reis e a magnitude esmagadora dos seus deuses. Pelo menos, era assim que os babilônios a viam e queriam que os exilados de Jerusalém pensassem da mesma forma.

ENTRE OS EXILADOS HAVIA UM PROFETA de Jerusalém, um grande poeta, que via as coisas por outro ângulo. Um dia, ele se sentou debaixo de algumas árvores e ficou olhando para as muralhas da Babilônia, na margem oposta do grande rio Eufrates. Uma ponte maciça cruzava o rio, e do outro lado dela via-se um belo portal feito de tijolos esmaltados brilhando à luz do sol. O poeta se lembrou de quando os povos de Judá e Jerusalém foram arrastados por aquele caminho atrás do rei dos babilônios e dos seus deuses logo que chegaram ali. Ele fechou os olhos e rezou.

Uma visão lhe veio à mente. Nela, havia outra avenida, muito mais longa do que a da Babilônia: uma estrada magnífica que se estendia dali até Jerusalém. E nessa estrada estavam os exilados voltando para casa! E era Deus quem os conduzia!

Ele compôs um poema para recitar aos seus companheiros de exílio:

Deus fala no céu entre os deuses,
entre os membros do conselho divino.
Ele se dirige aos poderes celestiais:
"Consolem, ó, consolem meu povo.
Digam a eles sobre o meu amor,
digam a eles que já sofreram o bastante,
que já suportaram muito mais do que mereciam."

Uma voz então ressoa, vinda do conselho:
"Preparem uma estrada triunfal para o Senhor Deus.
Ergam os vales, achatem as colinas!
Afastem do caminho rochas e pedras,
aterrem cada poço e cada buraco!
Façam da estrada uma linha reta
a cruzar os quilômetros de deserto,
a cruzar os territórios mais ermos e antigos
até Judá e Jerusalém!
Então a glória de Deus será revelada,
e o mundo todo poderá vê-la!
Assim falou o Senhor Deus."

Uma segunda voz ressoa:
"Fale, profeta", diz ela.

"Mas o que devo falar?", respondo eu.
"O povo é como a flor silvestre,
castigada pelo vento quente do deserto,
suas pétalas a perder o viço,
suas folhas a murchar.
O povo definhou perante a ira de Deus."
"Flores silvestres podem perder o viço e murchar",
responde a voz,
"mas a palavra, o amor e as promessas de Deus são eternas."

Uma terceira voz exclama, mais retumbante ainda;
ela se dirige a Jerusalém do céu:
"Erga-se, erga-se, ó Jerusalém!
Olhe rumo à imensidão e veja.
Levante sua voz e grite a plenos pulmões,
fale alto, não tenha medo;
exclame para as cidades de Judá:
'Eis o seu Deus!
Vejam: Ele está marchando pela Sua estrada.
Ele conquistou de volta Seu povo.
Vejam como eles O seguem em Seu retorno triunfal.
Nosso Deus é como um pastor,
trazendo Seu rebanho de volta para casa,
carregando os cordeiros recém-nascidos nos braços,
e conduzindo delicadamente as ovelhas acompanhadas
de sua prole.'
Erga-se, Jerusalém!
Olhe rumo à imensidão e veja."

O poeta-profeta compôs vários belos poemas para encorajar seu povo e tirá-lo do desespero. Certo dia, enquanto rezava, ele se surpreendeu pensando naqueles que tinham ficado para trás em Jerusalém. Sabia como deviam estar se sentindo. E sabia como ficariam perplexos quando Deus trouxesse os exilados de volta. Deus tinha sido como um marido para eles. Aquelas pessoas provavelmente achavam que Ele as abandonara justo quando mais precisavam da Sua ajuda. Mas logo ele voltaria para envolvê-las em seus braços mais uma vez.

O profeta compôs outro poema e o recitou para os exilados. Fingiu que Jerusalém era uma mulher e que se dirigia a ela.

Cante, ó desvalida,
deixe a música explodir em seu peito!
Você, que não tem filhos,
mas que ansiou por tê-los
e não viu se cumprirem os seus anseios,
grite bem alto de pura alegria!
Pois como Ana na antiguidade,
que esperou por tantos anos infrutíferos
e suportou os insultos de Penina,
você terá mais filhos do que jamais sonhou.
Pois suas crianças exiladas
voltarão aos borbotões
e você terá de expandir sua tenda,
estender suas cortinas
e alongar suas cordas,
de modo a haver espaço para todos.
Não tenha medo.
Você se sente abandonada, humilhada, envergonhada,
como uma viúva sem ninguém que olhe por ela.
No entanto, esquecerá toda essa tristeza,
pois o seu Criador,
o Deus que fez você,
Ele é seu marido.
O Ente Sagrado de Israel,
o Deus de toda a Terra.
Ele é o seu redentor.
Ele transformará toda a sua desgraça em graça.

Você é como uma esposa abandonada,
angustiada e subjugada,
como uma mulher largada pelo marido.

Mas Deus penetra o seu silêncio;
novamente, você escuta Sua voz:
"Por um instante, Eu a reneguei,
mas agora, com grande compaixão,
irei abraçá-la de volta.
Por um instante, minha ira nos dividiu,
mas agora, com amor eterno,
terei piedade de você.
O laço que nos une é forte demais!

Lembre-se de Noé, Jerusalém.
Lembre-se de como prometi, depois do Grande Dilúvio,
jamais tornar a destruir a Terra.
Da mesma forma, agora prometo
nunca mais direcionar minha ira contra você.
As montanhas podem desaparecer
e as colinas evaporarem no ar,
mas meu amor por você durará para sempre,
minha promessa de protegê-la e de lhe trazer a paz
jamais se apagará.
Eu sou o Senhor, seu Deus, que ama você;
e não posso privá-la da minha compaixão."

Um vale cheio de ossos e um novo Jardim do Éden

Dentre os exilados na Babilônia havia um profeta chamado Ezequiel. Quando vivia em Jerusalém, ele tinha sido um dos sacerdotes do templo. Ezequiel fora levado à Babilônia no primeiro dos dois cercos sofridos por Jerusalém. Dez anos depois, os exilados receberam a notícia do segundo cerco e foram informados da tomada final e da destruição da cidade e do seu templo. Caíram então em desespero total. Já não havia mais esperança, nenhuma luz no fim do túnel.

Ezequiel ficou arrasado com a notícia, embora ela não o surpreendesse. Ele já tivera uma visão de Deus abandonando o templo, deixando Jerusalém e chegando à Babilônia. Até mesmo Deus tinha sido exilado, não pelos soldados babilônios, mas por Seu próprio povo. Os israelitas não foram fiéis a Ele. Não O amaram como deveriam. Tinham adorado outros deuses no próprio templo do Senhor. O templo teve de ser destruído para que outro pudesse ser erguido em seu lugar. Jerusalém teve de ser assolada para que uma nova cidade fosse construída, com Deus no centro dela. Era nisso que acreditava Ezequiel.

Assim, quando a notícia terrível do resultado do segundo cerco chegou, ele não entrou em desespero. Agora poderia haver um recomeço. Deus ressuscitaria o Seu povo.

CERTO DIA, ALGUNS DOS EXILADOS foram até Ezequiel para saber se ele teria alguma novidade para lhes contar. Sentaram-se diante do profeta sem desgrudarem os olhos do chão. Pareciam muito cansados e abatidos e mal conseguiam falar.

– Que esperança nos resta, agora? – perguntou um dos homens.

– Eu lhes direi – respondeu Ezequiel. – Deixe-me contar a nova visão que tive. E prosseguiu: "Eu senti a mão do Senhor Deus sobre mim. Deus me fez levantar, me tirou de dentro de casa e me conduziu até um amplo vale cheio de ossos espalhados por toda parte. Era como se um exército imenso tivesse morrido ali muitos anos antes. Os corpos não foram enterrados.

"Os animais tinham comido suas carnes, e os abutres, limpado seus ossos. De modo que tudo o que se via eram ossadas secas e alvejadas pelo sol. Não havia o menor traço de vida nelas, apenas morte em todo o canto. Nenhuma chance de vida, sem dúvida – apenas pilhas de ossos. Deus me conduziu por entre elas, de uma ponta à outra do vale. Milhares e milhares de ossadas, empilhando-se umas sobre as outras.

"Deus me perguntou: 'Podem esses ossos voltar a viver?'

"'Ó, Senhor Deus', respondi. 'Somente o Senhor tem essa resposta.'

"Então Ele me ordenou que profetizasse sobre esses ossos, dizendo a eles: 'Ó, ossos secos, ouçam a palavra do Senhor Deus.' Assim diz Ele: 'Vejam, eu trarei o sopro da vida para vocês, que viverão novamente. Eu os encherei de carne outra vez e soprarei a vida dentro de seus corpos, para que possam renascer. E então vocês saberão que eu sou o Senhor Deus.'

"Assim, conforme Deus ordenou, eu profetizei e, ao fazê-lo, de repente ouvi um chacoalhar que percorria todo o vale. Os ossos estavam se juntando! Em seguida, carne se formou ao redor deles. Porém, ainda não respiravam. Ficaram apenas deitados no chão, fileiras após fileiras de corpos sem vida, até onde minha vista alcançava.

"Deus tornou a me dizer que profetizasse o sopro da vida, que o evocasse, dizendo: 'Assim diz o Senhor Deus, venha dos quatro cantos do mundo o sopro da vida e encha esses corpos abatidos, para que possam renascer.'

"Obedeci novamente, e o sopro da vida veio dos quatro cantos da Terra como quatro ventos serpeando e dançando sobre o chão do vale. Ele entrou nos corpos, que começaram a respirar. Então foram se levantando devagar, enrijecidos, uma multidão imensa!

"Em seguida, Deus me falou que estes ossos secos são o povo de Israel. Eles dizem: 'Já perdemos todas as esperanças. Tanto faria se estivéssemos mortos e enterrados. Não passamos de pilhas de ossos secos. Fomos isolados, enterrados no desespero sombrio do exílio, deixados para apodrecer como cadáveres em suas tumbas.'

"Portanto, faça uma profecia para o povo, Ezequiel, e diga a ele: 'Assim diz o Senhor Deus: Eu mesmo abrirei as suas sepulturas e retirarei vocês da escuridão. Irei colocá-los de pé novamente e lhes entregarei de volta à terra de Israel. Eu os encherei do meu espírito, do meu sopro da vida, e vocês renascerão! Irei devolvê-los ao seu próprio solo, e lhes trarei descanso. Então vocês saberão que eu, o Senhor Deus, mantenho minhas promessas. Eu cumprirei minha palavra!'"

No dia seguinte, Ezequiel voltou a falar com os exilados.

– Eu tive uma visão de uma nova Jerusalém – declarou ele – e de um novo templo. Em breve, nós voltaremos para lá e reconstruiremos a cidade. Ergueremos um novo templo no coração dela, e o próprio Deus retornará do exílio para viver ali outra vez. O novo templo e a nova cidade não serão como os antigos. Eles estavam corrompidos e precisavam ser destruídos. Deus nos dará um novo espírito, de modo que seremos Seu povo novamente, e Ele será o nosso Senhor. A Terra renascerá. Vocês se lembram do mar Morto? Nada consegue viver naquelas águas, e suas margens estão desoladas. Mas eu lhes digo: quando Deus voltar para Jerusalém e para o seu templo, o mar Morto e o deserto ao seu redor ficarão como o Jardim do Éden! Deixem-me lhes contar qual foi a minha visão:

"Eu vi a glória de Deus vindo do leste em direção a Jerusalém. O barulho que se ouvia era como o de imensas cachoeiras, e toda a terra brilhava com a luz do Senhor. Essa presença reluzente e estrondosa de Deus veio à cidade, chegou ao templo e o adentrou. Todo o templo foi tomado pela glória de Deus! Eu lhes digo: Jerusalém ganhará um novo nome. Ela se chamará: 'O Senhor Deus Está Aqui.'

"Um guia do céu me conduziu à entrada do templo. Água saía de dentro dele, fluindo do coração da presença de Deus. Era pouco mais que um filete, mas, à medida que meu guia me levava rumo ao leste, atravessando as colinas do deserto, notei que a água já chegava aos meus tornozelos. Ele continuou me guiando, e logo a água estava na altura dos meus joelhos. Em seguida, subiu até minha cintura e depois já estava profunda o suficiente para eu poder nadar. A essa altura, já era um rio enorme, vasto demais para ser atravessado.

"Nós nos viramos para trás, eu e meu guia, e vimos árvores crescendo ao longo das margens do rio. O deserto havia se tornado um jardim!

"O guia então me falou: 'Está vendo isto? Onde quer que este rio vá, ele traz vida. Agora está fluindo em direção ao Mar da Morte, e quando chegar lá irá transformá-lo em um Mar da Vida! A água do mar ficará fresca e repleta de peixes. As pessoas irão pescar no seu litoral. Será um lugar de martins-pescadores, onde os homens estenderão suas redes. Todos os tipos de árvores crescerão nas margens do rio, e elas darão frutos frescos todos os meses do ano. Suas folhas jamais secarão e seus frutos irão sempre vingar. Os frutos serão uma fonte incessante de comida, e suas folhas terão poderes medicinais. Será como o Jardim do Éden.'"

Os exilados ergueram os olhos para Ezequiel, pasmos. Eles tinham perdido toda e qualquer esperança no futuro. Agora poderiam voltar a ter sonhos felizes. Antes, achavam que Deus os havia abandonado. Agora sentiam-se muito próximos Dele.

Reconstruindo Jerusalém

Os babilônios tinham deixado Jerusalém e seu templo em ruínas e mandado vários de seus habitantes para o exílio. Contudo, enquanto esses exilados viviam na Babilônia, a centenas de quilômetros de seu lar, um novo império surgia naquela parte do mundo. Seu rei se chamava Ciro. Em pouco tempo, seu império se estendia do mar Mediterrâneo, na Turquia, até o noroeste da Índia. Chegou um dia em que Ciro marchou sobre a Babilônia, sob os aplausos e a vibração do povo da cidade. Até mesmo os babilônios estavam cansados de seu próprio rei. A Babilônia já não era mais um império. O império persa havia tomado o seu lugar. Na Babilônia, Ciro se autoproclamou "rei do mundo, rei dos quatro cantos da Terra".

No ano seguinte, o rei Ciro baixou um decreto solene permitindo que os exilados de Jerusalém voltassem para casa se assim desejassem. Ordenou que reconstruíssem o templo e tornassem a cidade um lugar sagrado outra vez. Os babilônios haviam saqueado o templo, levado todos os vasos sagrados para a Babilônia e os colocado nos templos de seus próprios deuses. Ciro ordenou que fossem devolvidos aos exilados para que eles pudessem trazê-los consigo ao voltarem para casa. No entanto, a arca da aliança, o antigo baú de ouro que continha os Dez Mandamentos de Deus, que antes ficava na parte mais sagrada do templo, desaparecera. Nunca mais se ouviu falar nela.

Um ano depois de voltarem, os exilados ergueram as fundações de um novo templo. Que grande dia foi aquele! Os sacerdotes vestiam suas túnicas especiais. Sopraram trombetas de prata, bateram címbalos de bronze e cantaram salmos, enquanto todo o povo saudava Deus de volta ao lar com um grito retumbante. A maioria gritava de alegria; porém, para alguns dos mais velhos, a cerimônia trazia recordações dolorosas. Eles tinham passado toda a vida adulta no exílio. Lembravam-se muito bem de quando eram crianças em Jerusalém. Suas mentes voltaram para o antigo templo que reluzia dourado sob o sol antes da chegada dos babilônios. Recordaram a época terrível do cerco à cidade e do que os soldados babilônios fizeram ao capturá-la. Pensaram em todos os seus amigos e familiares que tinham perdido a vida. Quase conseguiam ouvir novamente os sons dos soldados derrubando as muralhas da cidade, despedaçando o templo e ateando fogo nele. Olharam para as fundações do novo templo e sentiram um nó na garganta. Incapazes de se juntarem à comemoração, ou de compartilharem da alegria das demais pessoas, choraram desbragadamente, com lágrimas e gritos repletos de dor.

Reconstruir o templo não foi fácil, mas, passado algum tempo, ele ficou pronto. Jerusalém, no entanto, ainda não tinha muralhas para cercá-la e mantê-la em segurança. Muitas de suas construções ainda estavam em ruínas ou vazias. Ela não era nem mesmo a capital daquela região do império Persa. Além disso, alguns dos povos poderosos das cercanias também não queriam que Jerusalém ganhasse forças. Achavam que poderiam perder parte de seu poder caso a cidade fosse reconstruída. Os sacerdotes e outros líderes de Jerusalém não sabiam o que fazer. Até que um dia um homem chamado Hanani teve uma ideia.

Hanani tinha um irmão chamado Neemias, que era um homem importante na corte do grande rei da Pérsia. Neemias era chefe dos copeiros do rei, além de provador dos vinhos do soberano e guarda dos aposentos reais. A maioria das pessoas não podia se aproximar do rei. Mas Neemias, sim. Ele era chamado à presença real todos os dias. Hanani achava que se os líderes de Jerusalém fossem falar com Neemias, talvez seu irmão pudesse convencer o rei da Pérsia a ajudá-los.

Assim, Hanani e alguns de seus amigos de Jerusalém viajaram até Susã, a cidade onde o rei tinha seu palácio de inverno, para se encontrarem com Neemias. O grupo manteve o propósito da viagem em total segredo, para se proteger de qualquer ameaça.

O próprio Neemias conta a história do que aconteceu em seguida no livro da Bíblia que leva o seu nome:

"UM DIA EU ESTAVA TRABALHANDO no palácio do grande rei quando alguns homens chegaram de uma longa viagem para me ver. Entre eles, reconheci meu irmão Hanani!

– Que maravilha ver você – exclamei. – Mas por que viajou todas essas centenas de quilômetros para me encontrar? E por que todos vocês parecem tão tristes? Como estão as coisas em Judá? E em Jerusalém, como está nosso velho lar agora?

Então eles me contaram tudo: os muros em ruínas, os portões destruídos, a vergonha e a desgraça que testemunharam. Fui tomado pela agonia e rezei com fervor a Deus:

'Ó Deus,
o Senhor é o Deus celestial,
o Senhor é o Deus do amor,
do amor duradouro e inquebrantável.
Abra Seus ouvidos, ó Deus,
e ouça minha prece.
Abra Seus olhos e veja a minha dor.
Veja a angústia e a vergonha de Seu povo,
a humilhação que assola a Sua cidade sagrada,
os escombros que cercam o Seu templo.
Permita que eu tenha sucesso hoje
quando for me dirigir ao rei.
Encha-o da Sua bondade,
para que ele tenha misericórdia de mim
e escute meu pedido.'

Então, naquele mesmo dia, quando o rei se sentou para fazer sua refeição, eu trouxe seu vinho, como sempre. Ele olhou para mim e disse:

– Neemias, por que seu rosto está tão triste? Você é sempre tão animado.

– Ó, meu rei – respondi. – Que o senhor viva eternamente! A cidade em que meus ancestrais estão enterrados se encontra em ruínas, seus portões consumidos pelo fogo. É por isso que estou tão triste.

– O que você quer que eu faça? – perguntou o rei.

– Se for do seu agrado, Majestade, e se o senhor me tiver em tão alta estima, mande-me para Judá, a cidade dos meus ancestrais, para que eu possa reconstruí-la.

A rainha estava sentada ao lado do rei. Nós dois sempre nos entendemos muito bem. Lancei um olhar para ela. Ela se inclinou e sussurrou algo para o rei, que então se virou para mim.

– Por quanto tempo você ficará lá? – quis saber ele.

Meu coração saltou de alegria. Ele tinha concordado com meu plano! Eu lhe dei uma estimativa do tempo que tudo levaria e perguntei:

– Se for do seu agrado, Majestade, será que o senhor poderia me dar algumas cartas que eu possa mostrar aos governantes das regiões que terei de cruzar, e aos governantes das regiões vizinhas à cidade dos meus ancestrais, para que eles sabiam que tenho a sua proteção? E poderia também me dar uma carta que eu possa mostrar ao homem encarregado da sua floresta real, para que ele me dê madeira para os novos portões?

– Eu lhe darei as cartas de que você precisa – respondeu o rei – e mandarei que alguns dos oficiais do meu exército o acompanhem, assim como alguns soldados da cavalaria, para que você chegue ao seu destino em segurança.

Minha vontade foi bater palmas e dançar de alegria, mas isso não é jeito de se comportar diante de um rei. Então, em vez disso, fiz uma reverência, dobrando bastante meu corpo, e lhe agradeci de todo o coração. Agradeci também a Deus, por ter mantido Sua mão sobre a minha cabeça, abençoando-me, e por Seu amor ter me amparado nesse dia.

Assim, Hanani, seus amigos e eu partimos para Jerusalém acompanhados pelos oficiais e pela cavalaria do rei. Eu carregava também as cartas com o selo real, guardadas em segurança dentro da minha bolsa. Quando chegamos às regiões próximas de Judá, os governantes não ficaram nem um pouco felizes em nos ver. Não queriam de forma alguma que Jerusalém fosse reconstruída. Porém, quando leram as cartas do rei e viram o número de soldados que nos acompanhavam, perceberam que estavam de mãos atadas. Então nos deixaram seguir viagem, e finalmente chegamos a Jerusalém.

Eu queria inspecionar toda a circunferência da muralha, para ter ideia da gravidade da situação e de quanto trabalho precisava ser feito. Mas não queria que ninguém ficasse sabendo disso. Assim, levantei-me sem fazer barulho certa noite, reuni apenas um punhado de homens e saí da cidade.

Dobramos à esquerda e nos pusemos a contornar os antigos muros, cavalgando sob a luz das estrelas e de uma meia-lua. Os cascos de nossos jumentos pisavam de leve sobre o chão poeirento. Quando chegamos a um vale íngreme ao leste da cidade, não pudemos mais prosseguir. Os antigos terraços, onde oliveiras costumavam crescer, tinham desabado, e as pedras de seus muros, rolado em direção ao vale, bloqueando totalmente nossa passagem. Assim, desmontei do jumento e subi a colina da melhor forma possível. Na metade do caminho, me deparei com uma matilha de chacais em busca de carniça. Eles me encararam por um instante, seus olhos reluzindo ao luar, depois deram meia-volta e saíram correndo. Continuei a escalada até chegar ao local onde a grande muralha da cidade costumava ficar. Já não restava mais quase nada dela. Tudo o que eu podia ver eram pilhas de escombros cobertas de arbustos espinhosos, urtigas e cardos. Desci de volta e tornei a montar no meu jumento. Acenei para os homens, giramos nossos animais e retornamos pelo mesmo caminho que viemos. Entramos na cidade pouco antes de a aurora irromper no céu, ao leste.

Havia muito a fazer e nenhum tempo a perder. Convoquei uma assembleia dos chefes das famílias da região de Judá, da qual participariam também os sacerdotes do templo e os oficiais da cidade.

– Olhem à sua volta – falei. – Esta cidade, antes tão bela, ainda está em ruínas. Isso é uma vergonha. Ela é nosso lar espiritual e já foi nossa capital. Olhem para ela agora! Porém, eu lhes trago boas novas! Deus me concedeu Sua bênção. Eu tenho comigo cartas do rei em Susã autorizando-me a reconstruir a cidade e me concedendo madeira suficiente de suas florestas reais para erguer novos portões.

Todos os que ouviram essas palavras ficaram maravilhados.

– Vamos começar a reconstrução agora mesmo! – exclamaram.

Nossos inimigos nos territórios vizinhos não gostaram nem um pouco dos nossos planos. O líder deles era o governador da Samaria, a região ao norte de Judá. Seu nome era Sambalate.

– O que você está tramando? – perguntaram ele e seus amigos. – Por acaso está se preparando para se rebelar contra o grande rei?

– Deus nos trará o sucesso – respondi – e Ele é o Deus dos céus e de toda a Terra. Nós somos os Seus servos, os Seus amigos, e vamos começar a reconstrução, quer vocês gostem ou não. Não há nada que possam fazer para nos impedir.

E assim tiveram início as obras. Equipes de homens começaram a fazer pares de portões de madeira sólidos, enquanto outros foram trabalhar nos muros. Algumas mulheres também se dispuseram a ajudar.

Em alguns locais, a muralha precisou apenas de reparos para ser reerguida até a altura certa. Porém, nas zonas norte e sul da cidade, onde eu vira os chacais, tivemos que recolher os escombros e construí-la toda de novo.

Os homens de Sambalate foram lhe informar que nós tínhamos iniciado a reconstrução, o que o deixou furioso. Mas ele não acreditava que fôssemos conseguir.

– O que esses judeus insignificantes podem fazer? – disse ele para seus soldados e para seus amigos. – Como vão construir muros firmes a partir de pilhas de escombros? Quando os babilônios incendiaram sua cidade, as pedras dos muros também foram queimadas. Elas vão simplesmente se esfarelar quando eles tentarem usá-las outra vez.

– É verdade – acrescentou um de seus amigos. – Os muros que estão construindo serão tão fracos que, quando uma raposa subir em cima deles, vão todos desabar. – E caíram na gargalhada.

No entanto, quando viram o progresso que estávamos fazendo, pararam de rir e voltaram a ficar possessos. Ao redor de toda a cidade, a muralha já estava na metade de sua altura ideal! As partes arruinadas estavam sendo reconstituídas, e logo toda a circunferência estaria completa. Então Sambalate convocou os líderes de todas as regiões vizinhas de Judá e disse:

– Precisamos reunir nossos exércitos, marchar rumo a Jerusalém e impedir que ela seja reconstruída. Se Jerusalém ganhar força, nós ficaremos fracos. Se ela permanecer arruinada, continuaremos no poder.

A situação não estava nada boa para nós. Tínhamos inimigos ao norte, ao sul, a leste e a oeste. Mas eu havia convocado todos os homens de Judá aptos ao serviço militar para nos ajudarem. Em alguns lugares era possível ver a cidade de um terreno elevado. Lá de cima, os espiões de Sambalate conseguiriam enxergar o lado de dentro dos muros. Portanto, eu reuni nessas áreas o maior número possível de homens armados com espadas, lanças, arcos e flechas. Queria que nossos inimigos pensassem que tínhamos um grande exército protegendo toda a cidade.

– Não tenham medo – eu lhes disse. – Lembrem-se de que Deus está do nosso lado, e Deus é muito maior do que Sambalate!

Lutem pelas suas famílias, pelos seus filhos e filhas, por suas esposas e por seus lares.

Meu plano pareceu funcionar. O esperado ataque de Sambalate não ocorreu. Ainda assim, todo cuidado era pouco. Até os muros e portões ficarem prontos, estávamos muito vulneráveis. Então, desse momento em diante, metade das pessoas trabalhava na reconstrução, enquanto a outra metade montava guarda com suas armas em punho. Até mesmo os construtores andavam armados. Os que carregavam as pedras menores sobre os ombros, ou cestos de entulho sobre as cabeças, seguravam-nos com uma das mãos e traziam uma arma na outra. E cada homem que assentava as pedras ou pregava a madeira dos portões o fazia com uma espada presa ao lado do corpo. Eu dispus trombeteiros espaçadamente ao longo da muralha, já prontos para soarem o alarme.

– Se ouvirem alguma das trombetas soar – disse para os líderes do povo –, vocês e todos os demais devem vir correndo imediatamente. Isso significa que estaremos sob ataque.

Trabalhávamos desde o raiar do dia até as estrelas despontarem no céu, ao anoitecer. Os que moravam em outras cidades e vilarejos de Judá não voltavam para casa no fim do dia. Continuavam na cidade, para o caso de nossos inimigos virem nos atacar à noite. Enquanto uns ficavam de vigia, outros dormiam com roupas de trabalho e com armas ao lado.

Em apenas 52 dias, os muros e os portões estavam terminados. Nossos inimigos ficaram estupefatos por termos acabado tão depressa. Na verdade, estavam pasmos pelo simples fato de termos conseguido.

– Devem ter tido a ajuda de Deus – diziam.

E tinham razão.

Agora, a cidade sagrada de Deus estava segura e fortificada. Seu povo sagrado poderia viver em segurança novamente, reunido em volta do templo do Senhor."

Daniel: Deus nas chamas

Graças a Neemias, Jerusalém foi reconstruída e voltou a ser uma cidade forte. Contudo, ela não permaneceu segura para sempre. O império persa foi conquistado por Alexandre, o Grande. Daí em diante, toda a área ao leste do Mediterrâneo passou a ser influenciada pela cultura grega. Cidades eram construídas dentro do modelo grego. A língua grega foi introduzida ali. Ideias gregas, filosofia grega, religiões gregas, vestimentas gregas, esportes gregos e formas de governo gregas... tudo foi levado para a região.

Embora na antiga cidade sagrada de Jerusalém os judeus se apegassem aos seus velhos costumes, um rei grego chamado Antióquio subiu ao trono e quis torná-la igual às demais cidades gregas de seu império. Quando o povo da cidade sagrada se rebelou, ele o puniu com severidade. Seus soldados massacraram muitas pessoas e escravizaram outras tantas. Eles queimaram partes da cidade e derrubaram seus muros. Isso foi terrível, mas o pior ainda estava por vir. Antióquio baixou um decreto tornando ilegal que os judeus praticassem sua religião, celebrassem seus festivais ou sequer tivessem uma cópia de suas escrituras sagradas. Além disso, tentou transformar o templo dos judeus em um templo grego, no qual celebraria seu próprio aniversário com a adoração a Zeus, a divindade grega.

Alguns judeus aceitaram o que ele exigia. Outros se rebelaram e decidiram formar um exército para combatê-lo. Outros ainda disseram que os judeus não deveriam lutar, mas conclamaram o povo a se manter firme, ater-se aos seus costumes, permanecer fiel a Deus e confiar que Ele o libertaria.

Uma pessoa desse terceiro grupo, ou talvez várias delas, foi responsável por escrever o livro de Daniel. Foi o último livro do Antigo Testamento a ser escrito.

Era muito difícil para os judeus confiarem em Deus naquela época. Antióquio parecia tão forte, enquanto Deus às vezes parecia fraco, incapaz de oferecer qualquer ajuda. Por isso, o autor ou autores do livro de Daniel o escreveram para incentivar seus irmãos judeus a permanecerem leais à sua fé. Eles conheciam histórias maravilhosas sobre os grandes heróis do passado que também haviam sido perseguidos. Seus ancestrais tinham transmitido essas histórias por 100 ou 200 anos antes de Antióquio entrar em cena. O autor (ou autores) do livro de Daniel achou que elas eram as mais adequadas para reavivar a esperança do povo naquela situação. Assim, recontou algumas delas na primeira parte do livro. Duas estão presentes aqui.

Os personagens dessas histórias são um herói chamado Daniel e seus três amigos: Sidrac, Misac e Abdênago. De acordo com o relato, esses quatro judeus foram levados de Jerusalém para a Babilônia durante o período do exílio, 400 anos antes de Antióquio. Eles vinham de famílias ricas e poderosas, e o rei da Babilônia, Nabucodonosor, quis que fossem treinados em sua corte para ajudá-lo a administrar seu império. O rei ficou tão impressionado com os quatro que confiou a eles alguns dos cargos mais importantes do reino. Até aí, tudo bem. Mas as coisas mudaram muito.

Nabucodonosor, o grande soberano da Babilônia, rei dos reis e senhor dos senhores, governante do mundo e de tudo o que havia nele, estava aflito. Boa parte dos que comandavam seu império eram estrangeiros, homens que tinham sido deportados para a Babilônia, como Daniel, Sidrac, Misac e Abdênago. Será que permaneceriam fiéis a ele? Fariam as coisas do jeito que ele queria, ou tentariam enganá-lo? Por via das dúvidas, queria testá-los.

Ele ordenou que uma estátua fosse feita. Era imensa, com 30 metros de altura, e erguia-se sobre a planície poeirenta, sua cabeça dourada reluzindo sob a luz do sol. A cabeça era bem parecida com a de Nabucodonosor.

Então o rei convocou seus oficiais – todos os seus governantes, conselheiros, tesoureiros, juízes e comandantes – a se reunirem aos pés da estátua. Daniel não estava presente, mas Sidrac, Misac e Abdênago, sim. Em um dos lados, via-se uma orquestra composta pelos músicos do rei. Havia trombetas, flautas, liras, trígonos (um tipo especial de lira), harpas e tambores, e ainda outros instrumentos.

Um dos arautos do rei gritou bem alto:

– Atenção todos vocês aqui reunidos! Quando escutarem o som de uma trombeta, flauta, lira, trígono, harpa, tambor e da orquestra completa deverão, por ordem do rei, se prostrar e adorar esta estátua magnífica que Sua Majestade Nabucodonosor, o rei dos reis, senhor dos senhores, governante do mundo e de tudo o que há nele, construiu. Se não obedecerem às ordens do seu soberano, se não se prostrarem e adorarem a estátua, enfrentarão graves problemas. Na verdade, serão atirados em uma fornalha em chamas que Sua Majestade já acendeu e morrerão no meio das labaredas!

O arauto virou-se para a orquestra e acenou com a cabeça. Os músicos começaram a tocar. A música era solene, majestosa e imponente – feita para obrigar joelhos a se dobrarem, costas a se curvarem e testas a tocarem o chão. No mesmo instante, todas as pessoas se prostraram diante da estátua. Todas, menos Sidrac, Misac e Abdênago. Eles continuaram de pé. Como poderiam se curvar diante da estátua de Nabucodonosor e continuarem sendo judeus? Como poderiam fazer isso e continuarem leais a seu Deus? O Deus deles era maior do que qualquer estátua. Era muito maior do que Nabucodonosor. Quem o rei pensava que era? Eles permanecerem da maneira que estavam, com as cabeças erguidas.

Os babilônios os notaram na mesma hora. Eles odiavam aqueles judeus arrogantes. Afinal, eram estrangeiros, e de uma região minúscula e insignificante chamada Judá. Não mereciam o poder que o rei havia lhes concedido. Aquele tipo de poder dava a eles o direito de mandar nos babilônios, e isso não estava certo. Agora era a sua chance de se livrarem deles! Foram até Nabucodonosor, que estava sentado em seu trono, e se prostraram diante do rei.

– Vossa Mais Elevada e Altíssima Majestade – disseram –, que o senhor viva eternamente! O senhor ordenou, ó rei, que quando a orquestra começasse a tocar todos deveriam se prostrar e adorar sua estátua. E como disse Sua Majestade, aquele que não o fizesse seria atirado em uma fornalha em chamas. Bem, senhor, aqueles judeus que deixou encarregados da grande província da Babilônia, Sidrac, Misac e Abdênago, não se prostraram. Em vez disso, continuaram de pé, com as costas muito eretas. Eles estão ignorando suas palavras, senhor. Recusam-se a servir a seus deuses ou a adorar sua estátua.

Nabucodonosor ficou furioso. Ordenou que Sidrac, Misac e Abdênago fossem trazidos à sua presença imediatamente.

– Isso é verdade? – exigiu ele. – Vou lhes dar uma última chance. Se estiverem dispostos a se prostrar e adorar minha estátua assim que a orquestra começar a tocar, ótimo. Eu os deixarei livres, pois sou um homem bom e generoso. Porém, se não se prostrarem, serão jogados na mesma hora dentro da fornalha em chamas. E, quando isso acontecer, que deus poderá salvá-los do meu poder?

Os três amigos fitaram o rei bem nos olhos.

– Majestade – disseram –, nós não vamos nos defender. Sabemos muito bem que desobedecemos às suas ordens. Estamos preparados para enfrentar as consequências. Se nosso Deus, aquele a que servimos, puder nos salvar das chamas e nos livrar de seu jugo, ó rei, é isso que Ele fará. Porém, mesmo que Ele não possa vir em nosso socorro, ainda assim nos recusamos a servir aos seus deuses e a adorar a estátua que o senhor fez.

O rosto de Nabucodonosor ficou contorcido de raiva.

– Aticem o fogo da fornalha! – gritou ele. – Quero que ela fique sete vezes mais quente do que o normal.

Quando o fogo estava pronto, ele olhou na direção de um grupo de soldados, os mais fortes dentre os seus homens.

– Ei, vocês! – exclamou. – Amarrem esses judeus e atirem-nos na fornalha!

Os soldados obedeceram. A fornalha estava tão quente que, ao abrirem sua porta e levantarem os três judeus para jogá-los lá dentro, eles foram alcançados pelas chamas e morreram. Sidrac, Misac e Abdênago, com seus corpos bem amarrados, caíram no meio do fogo.

Todos ficaram calados. O único som que se ouvia era o rugido da fornalha.

Então Nabucodonosor olhou para dentro das labaredas. Sua expressão se modificou. Estupefato com o que via, levantou-se do trono com um salto.

– Nós não jogamos três homens bem amarrados no fogo? – perguntou.

– Sim, Majestade – responderam seus conselheiros.

– Mas estou vendo *quatro* vultos lá dentro – exclamou ele –, e estão andando de um lado para o outro em meio às chamas, livres e ilesos! E o quarto vulto se parece com um deus!

Ele tinha razão. Deus havia se juntado a seus amigos no fogo.

Com cautela, o rei se aproximou da entrada da fornalha e gritou em direção às labaredas:

– Sidrac, Misac e Abdênago, servos do Deus Altíssimo, aproximem-se.

Os três homens obedeceram e saíram do fogo. Todos se juntaram em volta deles, maravilhados. Estavam totalmente intocados pelas chamas! Seus cabelos não estavam sequer chamuscados, e suas roupas, intactas. Nem mesmo cheiravam a fogo.

– Abençoado seja o Deus de Sidrac, Misac e Abdênago! – declarou o rei. – Eles arriscaram suas vidas para permanecer leais a seu Deus, e Ele os salvou. Assim sendo, eu baixo o seguinte decreto solene: qualquer pessoa que se pronunciar contra o Deus de Sidrac, Misac e Abdênago será esquartejada e terá sua casa demolida. Não há nenhum outro deus que venha em socorro de seus filhos como o Deus deles.

Era um decreto aterrorizante. Nabucodonosor continuava sendo um tirano. Ainda achava que podia dizer ao seu povo o que ele deveria pensar, no que deveria crer e que divindade adorar. Ainda pretendia punir da forma mais terrível qualquer um que o desobedecesse. Não tinha aprendido muito ao ver Deus em meio às chamas.

De qualquer forma, Sidrac, Misac e Abdênago ainda eram judeus e amigos do Senhor. Em Sua companhia, haviam sido atirados ao fogo e sobrevivido. Tinham aprendido muito sobre seu próprio Deus.

DANIEL NA COVA DOS LEÕES

Um novo imperador chegou ao poder, um homem chamado Dario. Daniel, o judeu, fazia parte de sua corte. Dario não era como Nabucodonosor. Era um homem justo, de modo que ele e Daniel se davam muito bem. Dario possuía um império gigantesco, muito maior do que o de Nabucodonosor. Tinha a sensação de governar o mundo.

Ele dividiu seu império em 120 províncias e nomeou governadores para que o representassem em cada uma delas. Acima destes, colocou três supervisores, entre os quais, Daniel. Daniel era tão competente no que fazia, que Dario começou a pensar em torná-lo comandante de todo o seu império. Os governadores repudiaram a ideia, pois queriam ser deixados em paz para continuarem governando suas províncias como bem entendessem. Não queriam ninguém lhes dizendo o que fazer ou mandando relatórios a seu respeito para o rei. E não apenas isso: Daniel era judeu, o que para eles tornava tudo muito pior. Para completar, os outros dois supervisores também não gostavam de Daniel. O rei estava ameaçando colocá-lo em uma posição mais alta do que a deles, mas eles não queriam ser subordinados a ninguém, muito menos a um judeu. Como poderiam se livrar dele? Daniel era muito popular aos olhos de Dario. Eles teriam que encontrar uma maneira de enganar os dois.

Os governadores e os dois supervisores se juntaram para planejar como eliminar Daniel. O problema era que Daniel era excelente em seu trabalho e realizava tudo o que o rei pedia. Além disso, tratava a todos de forma justa: não aceitava subornos, não usava o poder para enriquecer-se e protegia os pobres. Todos o consideravam um homem sábio e bom. Se fossem ao rei com alguma acusação forjada contra ele, Dario simplesmente não acreditaria. Eles seriam despachados com uma repreensão severa, ou, pior ainda, tachados de mentirosos. Qual a outra saída? Eles debateram o assunto por horas a fio. Nenhuma ideia lhes ocorria, até que por fim um deles exclamou:

– Já sei! Esse Daniel é judeu, não é? E reza três vezes ao dia para o Deus dos judeus, não é verdade? Bem, se conseguirmos fazer o rei aprovar uma lei que diz ser ilegal rezar para qualquer um a não ser para ele próprio, só por algum tempo, digamos, 30 dias, nós poderemos pegar Daniel. Ele jamais obedecerá a uma lei como essa e será flagrado rezando para o seu Deus. Nós o denunciaremos ao rei, que será obrigado a decapitá-lo.

– Ou então jogá-lo em uma cova de leões – disse outro.

– Perfeito! – exclamaram todos. – Ele não escapará de uma cova de leões! Vamos falar com o rei agora mesmo.

– Ó, rei Dario – disseram eles. – Grande governante de toda a terra, que o senhor viva eternamente! Nós fizemos uma assembleia, Majestade, e chegamos a um acordo. Gostaríamos de sugerir humildemente, Alteza, que o senhor baixe um decreto solene dizendo que, ao longo dos próximos 30 dias, se alguém rezar para qualquer deus ou homem que não seja Vossa Majestade, essa pessoa será jogada em uma cova de leões. Podemos redigir o decreto para o senhor, se assim preferir, Alteza, e trazê-lo para Sua assinatura, de modo que ele não possa ser modificado.

Os governadores e os dois supervisores retornaram em dois minutos com o decreto redigido da forma que o rei havia concebido.

– Assine aqui, Majestade – disseram.

Dario o assinou. Seria ótimo, pensou ele, que todos rezem para mim por um tempo. Que mal pode haver nisso?

Daniel, assim como todos, ficou sabendo do decreto assinado pelo rei. No entanto, não lhe deu importância. Três vezes ao dia, como sempre, ele subia até o segundo andar de sua casa e entrava em um quarto cuja janela dava vista para o oeste, em direção a Jerusalém. Três vezes ao dia, ele abria a janela, se ajoelhava diante dela, e rezava para Deus.

Os governadores e os dois supervisores já o vinham observando há algum tempo. Sabiam exatamente onde, quando e para quem ele rezava. No dia seguinte à assinatura do decreto, levantaram-se bem cedo e foram sorrateiramente até a casa de Daniel. Sem fazer barulho, rodearam a casa até o lado que dava para o oeste. Dali, conseguiam ouvi-lo rezando. Olharam pela janela aberta. Sim! Lá estava Daniel, ajoelhado, rezando para o seu Deus. Eles o haviam pegado! Daniel caíra na armadilha. O grupo saiu dali na ponta dos pés e correu o mais rápido possível até o rei.

– Vossa Majestade! – exclamaram eles, ofegantes. – Vossa Majestade! Sabe o decreto que o senhor baixou?

– É claro – respondeu Dario.

– O senhor o assinou, não é verdade, Alteza?

– Sim.

– E qualquer decreto que o senhor assine não pode ser modificado, certo?

– Exatamente.

– E Vossa Majestade disse que qualquer pessoa que rezasse para qualquer deus ou homem que não fosse o senhor, durante os próximos 30 dias, seria jogado em uma cova de leões.

– Isso mesmo.

– Bem, Alteza, Daniel, aquele judeu de Jerusalém, não está lhe dando ouvidos, ou ao seu decreto solene. Ele continua rezando para o Deus dele três vezes ao dia! Nós vimos com nossos próprios olhos. E o ouvimos também.

Dario ficou arrasado.

– Saiam daqui! – gritou.

Os governadores e supervisores ficaram perplexos. Achavam que o rei ordenaria imediatamente que Daniel fosse preso e jogado aos leões. Eles ficaram pelo palácio, esperando com impaciência que Dario agisse.

O rei passou o dia inteiro tentando encontrar uma maneira de salvar Daniel, mas não conseguiu pensar em nada. Estava de mãos atadas pelo seu próprio decreto, encurralado por seu próprio poder!

Ao fim do dia, depois do pôr do sol, os governadores e os dois supervisores retornaram.

– O senhor não pode mudar a lei, Majestade – disseram em voz baixa. – Baixou um decreto. Não pode voltar atrás.

Dario colocou a cabeça entre as mãos.

– Prendam Daniel – murmurou – e joguem-no aos leões.

Logo em seguida, o rei foi até a cova dos leões e presenciou Daniel ser atirado dentro dela.

– Que o seu Deus o proteja – sussurrou ele, mais para si mesmo do que para Daniel.

A cova era um poço profundo. Os homens de Dario arrastaram uma pedra grande para tapar sua entrada, excluindo qualquer possibilidade de fuga. O próprio Dario aplicou seu selo real e os selos de seus oficiais à beirada da pedra. Qualquer um que rompesse os selos para movê-la seria condenado à morte.

O rei retornou ao palácio com o coração pesado. Seus servos lhe trouxeram o jantar, mas ele não conseguiu comer nada. Tampouco dormiu naquela noite.

Assim que o dia raiou, ele seguiu às pressas até a cova.

– Daniel, Daniel – exclamou –, o seu Deus foi capaz de salvá-lo?

Enterrou o rosto nas mãos, sem esperanças de ouvir nada além do ronronar dos leões satisfeitos.

– Ó, rei, que o senhor viva eternamente! – veio uma voz de debaixo da pedra.

Era Daniel! O rei não conseguia acreditar em seus próprios ouvidos.

– Deus enviou um anjo para me fazer companhia na cova e manteve as bocas dos leões fechadas – gritou Daniel.

Era ele *mesmo!* O rei ficou eufórico.

– Rápido – ordenou. – Afastem esta pedra. Tirem-no dali.

Os homens empurraram a pedra e içaram Daniel para a luz do sol. Ele estava ileso. Ele e o rei se abraçaram.

Dario, no entanto, não estava apenas cheio de alegria. Estava também furioso. Os governadores e os dois supervisores o haviam enganado. Não iria tolerar uma coisa dessas. Deu outra ordem aos homens:

– Prendam aqueles patifes, os que acusaram Daniel, e aproveitem para prender suas esposas e filhos também. Depois joguem todos na cova.

Os homens obedeceram, e antes mesmo de os governadores, os supervisores e suas esposas e filhos chegarem ao fundo do poço, os leões os fizeram em pedaços.

Dario publicou outro decreto dirigido a todas as pessoas de seu grande império:

"Todos devem tremer de medo
perante o Deus de Daniel.

Pois ele é o Deus vivo
que salva, liberta,
dá sinais e opera milagres
tanto no céu quanto na terra."

O que ele queria dizer, na verdade, era: "Todos devem tremer de medo perante Daniel e perante a mim. Pois Daniel e eu, o grande rei de todo o mundo, posso salvar e libertar, é verdade, mas também posso prender e condenar à morte. Se não fizerem o que mandamos, nós iremos destruí-los!" Como Nabucodonosor antes dele, Dario não tinha aprendido nada sobre Deus e Seus desígnios.

6

Belas histórias, belos poemas

Este capítulo é diferente dos anteriores. As histórias e poemas que lemos até aqui faziam parte de uma história maior, ou tratavam de um tema específico. Agora, o que temos é uma pequena antologia, uma pequena coleção de relatos que não possuem muita relação entre si. Decidimos incluí-los neste Livro dos Livros *pelo simples fato de eles serem excelentes.*

A história de Rute, que dá início a este capítulo, é uma das mais belas da Bíblia, enquanto a história de Jonas, que vem em seguida, é uma das mais engraçadas, mas também uma das mais profundas.

Depois de Jonas, temos o livro de Jó, escrito por um poeta anônimo e que talvez seja o melhor de toda a Bíblia. Jó tem algo muito importante a dizer sobre o mundo em que vivemos, sobre a mágoa e a dor das pessoas e sobre o tipo de Deus que existe por trás de tudo isso.

Por fim, apresentamos dois salmos, ou cânticos sagrados. Para muitos judeus e cristãos ao longo dos séculos o livro dos Salmos tem sido o mais precioso de todos os livros da Bíblia. O capítulo 5 contou com alguns salmos, porém não incluía o mais famoso deles, o Salmo 23. Esse salmo e um segundo, que também é muito bonito, oferecerão um desfecho apropriado para este capítulo e para a nossa viagem por esta parte da Bíblia (o Antigo Testamento, como os cristãos a chamam, ou o Tanakh, *como a chamam os judeus).*

Rute, Noemi e Booz: o amor salva o dia

O livro de Rute é uma história curta (os relatos são chamados de "livros" na Bíblia, mesmo quanto têm apenas algumas páginas) e independente. Não faz parte de uma história maior.

Ela se passa na cidade de Belém, onde Jesus nasceu. Mas, na época, Belém não era uma cidade famosa.

Esta é a história de um amor que vence todos os obstáculos. É também uma história com um final muito feliz. Ela conta como Rute, uma estrangeira da região de Moabe, conhece em Belém um homem chamado Booz e se casa com ele. No entanto, o tema central da história é a amizade extraordinária entre Rute e uma mulher de Belém chamada Noemi. Além de serem as protagonistas, quase todos os coadjuvantes também são mulheres. Esse é um fato incomum nas histórias da Bíblia, o que nos faz imaginar que talvez o autor original tenha sido uma mulher. Apesar de não sabermos quando a história foi criada, o que importa é o fato de ela ser tão bonita.

Nos primórdios, antes de os israelitas terem qualquer rei, uma família vivia em uma cidade chamada Belém. O pai se chamava Elimelec, a mãe, Noemi, e seus dois filhos eram Malom e Queliom.

Todos os ancestrais de Elimelec tinham sempre vivido em Belém, mas chegou uma época em que eles ficaram impossibilitados de continuar ali. As chuvas pararam de cair e as plantações não vingaram. A fome assolou a cidade, a região inteira, todo o país.

A maioria das pessoas de Belém tinha o suficiente para sobreviver, mas não Elimelec e Noemi. O nome Belém significava "Casa do Pão", mas, para eles e seus dois filhos, significava "Casa da Morte". Eles não tinham escolha: teriam que seguir a pé para um país estrangeiro. Quando lá chegassem, não poderiam comprar seu próprio terreno, mas talvez alguém lhes oferecesse trabalho, ou pudessem ajudar na semeadura e na colheita nos campos de outra pessoa. Talvez pudessem viver, e não morrer, em seu novo destino.

Assim, com um peso no coração, eles partiram de Belém e seguiram para Moabe, uma região do outro lado do mar Morto. Os moabitas falavam uma língua diferente. Possuíam também outros costumes, contavam outras histórias e adoravam outros deuses. Mas pelo menos havia comida em Moabe. A família se estabeleceu da melhor forma que pôde.

Não foi fácil, e logo a situação piorou: Elimelec morreu.

Noemi, pelo menos, ainda tinha seus dois filhos. Os dois se casaram com mulheres da região. Quiliom esposou uma mulher chamada Orfa, enquanto Malom se casou com Rute. Viveram juntos em Moabe por cerca de 10 anos. Nenhuma das duas mulheres teve filhos.

Então, Malom e Quiliom morreram.

Noemi se viu em uma terra estrangeira sem nenhum homem para protegê-la ou cuidar dela e sem meios de sobrevivência. Teria de voltar para Belém. A fome já havia acabado em sua cidade natal. Deus abençoara Seu povo com boas colheitas. Foi essa a notícia que chegou a Noemi em Moabe, e ela não conseguia pensar em outra coisa.

Assim, Noemi começou sua viagem contornando a margem norte do mar Morto, passando pelo local que antes abrigava a cidade de Jericó, até Belém. Orfa e Rute decidiram acompanhá-la. As três caminharam por vários quilômetros em silêncio. De repente, Noemi parou.

– Vocês não podem mais me acompanhar – disse. – Voltem para suas mães em Moabe. Vocês foram boas esposas para os meus filhos e têm sido muito boas comigo. Espero que o Senhor

Deus lhes retribua essa bondade. Espero que as ajudem a encontrar novos maridos que sejam bons moabitas.

Quando deu um beijo de despedida em cada uma das mulheres, Orfa e Rute começaram a chorar.

– Nós queremos acompanhá-la – disseram.

– Não podem fazer isso – insistiu Noemi. Sua voz, seu rosto, seu corpo e espírito estavam tomados pela amargura. – Por que me acompanhariam? – exclamou. – Não tenho nada a lhes oferecer. Voltem para o seu povo. Tornem a se casar. Vocês ainda são jovens. Eu, não. Já não há esperança para mim. O Senhor me deu as costas. Ele fez o doce néctar da vida ficar amargo em minha boca.

Orfa e Rute também tinham perdido seus maridos, mas Noemi só conseguia pensar em si mesma. Estava imersa demais em seu próprio desespero.

– É muito pior para mim do que para vocês – concluiu. – Voltem e deixem-me seguir sozinha.

Orfa e Rute desataram a chorar novamente. Contudo, por trás de suas lágrimas, Orfa percebia que Noemi tinha razão. Não tenho chance de me casar em Belém, pensou ela. E Rute tampouco. Elas ainda tinham menos de 30 anos, porém a maioria dos homens se casava com mulheres muito mais jovens do que elas. Em Belém, elas também seriam estrangeiras. Quem iria querê-las? Como sobreviveriam sem homens para cuidar delas? Noemi estava certa. Era muito mais sensato voltar, para ver se suas mães conseguiriam arranjar-lhes novos maridos.

Assim, Orfa beijou sua sogra e deu meia-volta, virando-se na direção de Moabe. Pensou que Rute fosse fazer o mesmo.

Rute, no entanto, não tomou a decisão que parecia mais sensata. Agarrou-se a Noemi, recusando-se a abandoná-la.

– Veja! – disse-lhe Noemi. – A sua cunhada está voltando para o seu próprio povo e para o seu próprio deus. Vá com ela.

"Não insista comigo para que te deixe!", exclamou Rute.
"Pois para onde você for, irei também.
Onde for a sua moradia, será também a minha.
O seu povo será o meu povo,
e seu Deus será o meu Deus.
Onde você morrer, quero morrer
e ser sepultada.
Que Deus me mande esse castigo
e acrescente mais esse,
se outra coisa a não ser a morte
me separar de ti!"

Noemi ficou calada. Era um dos mais belos discursos de todos os tempos, um discurso que transbordava lealdade e amor. Ainda assim, ele não foi forte o suficiente para tirar Noemi de seu desespero. Mas vendo que Rute estava firmemente decidida a acompanhá-la, não insistiu mais com ela. As duas mulheres caminharam em silêncio. Levaram dois dias para chegar a Belém. Durante todo esse tempo Noemi permaneceu calada. Somente ao chegar à cidade ela tornou a falar.

As mulheres de Belém vieram ao encontro delas. Todas encaravam Noemi. Será que era ela mesmo? Seu nome significava "adorável", e de fato ela era adorável quando partira para Moabe com a família. Mas agora estava ríspida e amarga. Sequer parecia feliz em voltar para casa. Não veio correndo em direção às outras mulheres para se jogar em seus braços. Nem mesmo olhou para elas. Apenas seguiu andando, olhando direto para a frente, sua boca retesada descrevendo uma linha desgostosa em seu rosto.

– Você é mesmo Noemi? – perguntaram as mulheres.

– Não me chamem de Noemi – gritou ela. – Não sou mais "adorável". Quero ser chamada de Mara. Significa "amarga", e é esse o nome que me convém. Deus me encheu de amargura. Quando saí daqui, tinha tudo: um marido e dois bons filhos. Agora voltei vazia. Não tenho ninguém. Vejam o que Deus fez comigo!

– Voltei vazia – repetiu ela. – Não tenho ninguém.

No entanto, Noemi tinha Rute.

De volta a Belém, Noemi não tinha energia para fazer nada. Rute, no entanto, recusava-se a ficar sentada esperando que as duas morressem de fome. Como não tinham o que comer, Rute decidiu sair em busca de algum alimento.

– Estão colhendo a cevada – disse ela para Noemi. – Vou até as plantações para tentar conseguir alguma coisa e catar o que os ceifeiros tiverem deixado para trás.

Rute atravessou o portão da cidade e seguiu a trilha em direção às plantações. Era bem cedo, mas os homens já trabalhavam ceifando a cevada madura. Atrás deles vinham as mulheres juntando os talos em feixes. Rute chegou à beira de uma plantação e notou um homem que estava claramente encarregado do serviço. Aproximou-se dele.

– Posso catar um pouco dos restos da colheita? – disse com seu sotaque moabita carregado.

O homem reconheceu-a imediatamente. Era a moabita que tinha voltado com Noemi.

– A senhora precisa de uma permissão especial. Vou ter que pedir ao dono da plantação quando ele chegar aqui. Espere, enquanto isso.

A plantação pertencia a um homem chamado Booz, que era um parente distante de Noemi. Rute ignorava isso.

Ela teve que esperar por várias horas. Quando Booz chegou, o sol estava alto no céu e o ar já esquentara.

Booz cumprimentou os trabalhadores.

– Deus esteja com vocês! – exclamou.

– Deus o abençoe! – responderam eles.

Então Booz viu Rute. Não a conhecia. Era claramente uma estrangeira. O que estaria fazendo ali?, perguntou-se Booz.

Voltou-se para o capataz.

– Quem é essa jovem? – quis saber.

– É a moabita que voltou com Noemi – respondeu o capataz. – Ela veio perguntar se poderia catar os restos da colheita. Eu lhe disse que precisava pedir permissão ao senhor antes. Desde então, ela está esperando.

Booz olhou para Rute. Já ouvira falar nela. Era surpreendente que tivesse deixado sua região por causa de uma velha cansada e amarga. Aproximou-se dela com um sorriso.

– Cate o quanto quiser. Mas cuidado com os homens. Alguns podem ser grosseiros com as mulheres. Procure ficar perto das que estão juntando os feixes. Siga-as e cate o que elas deixarem para trás. E, se ficar com sede, vá até um daqueles jarros e beba um pouco de água. Os homens os encheram bastante. Faz muito calor aqui.

Rute ficou surpresa.

– Por que está sendo tão gentil comigo, senhor? – perguntou. – Não sou nada especial. Não tenho direitos aqui. Sou uma estranha, uma estrangeira.

– Ah, não – respondeu Booz. – Você é muito especial. Todos estão falando a seu respeito, sobre o que você fez por Noemi depois da morte do marido e dos filhos dela. Sobre como deixou sua mãe e seu pai para trás e também a região em que nasceu. E sobre como veio até Belém juntar-se a um povo desconhecido. Acredite, você é realmente especial! Veio até aqui para buscar refúgio sob as asas do Senhor Deus de Israel. Bem, espero que Ele a recompense regiamente.

– E eu espero continuar a agradá-lo, senhor – respondeu Rute. – Não sabia o que esperar, mas agora não tenho mais medo.

Ela trabalhou todo o resto da manhã perto das mulheres. Chegando a hora do almoço, Booz a chamou.

– Venha se sentar conosco – disse ele. – Sirva-se de um pouco de pão molhado no vinho.

Rute foi até onde eles estavam, levando o pequeno saco de grãos que havia catado.

– Tome, coma um pouco de grão de cevada torrado.

Grão de cevada torrado! Aquilo era uma verdadeira regalia! Ela pegou mais do que conseguiria comer, e pão também. Assim, teria o suficiente para Noemi. Embrulhou a comida em um pano e guardou o pacote na bolsa.

Quando se levantou para voltar a catar os restos, Booz gritou para os seus homens:

– Deixem-na catar bem no meio da plantação. Arranquem alguns punhados dos feixes e larguem no chão para ela levar. E não se atrevam a enxotá-la daí.

Rute continuou catando até o fim da tarde. Era um trabalho árduo, mas, graças às ordens que Booz dera aos seus homens, ela pôde juntar muitos, muitos grãos. Ao final do dia, já estava com um cesto grande cheio. Noemi surpreendeu-se ao ver o que sua amiga trouxera para casa. Então Rute abriu o embrulho e retirou as sobras do pão e dos grãos torrados. Os olhos de Noemi se arregalaram.

– Onde você foi trabalhar hoje? – perguntou. – Alguém foi muito bondoso com você. Deus o abençoe, seja ele quem for!

– Foi Booz – disse Rute.

– Booz! – exclamou Noemi. – Deus abençoe esse homem! Ele é a solução para todos os nossos problemas. – Fez uma pausa. – Ouça, Rute – disse baixinho –, esse Booz é parente nosso, do mesmo clã que Elimelec e Malom. Ele é um dos que pode nos redimir.

– O que você quer dizer com isso? – perguntou Rute.

– Quando alguém do seu clã está enfrentando problemas, você deve ajudar essa pessoa, garantir que ela fique bem. Ora, nós estamos com problemas, sem nenhum homem para cuidar de nós, eu muito velha para casar, e você é uma estrangeira. Mas Booz talvez possa...

– "Você pode catar grãos nas minhas plantações enquanto durar a colheita, não só de cevada, mas também de trigo" – interrompeu Rute. – Foi isso que Booz me disse.

Nesse momento, Rute percebeu que Noemi estava começando a sair de seu desespero. Porém, o que sua sogra quisera dizer ao mencionar que Booz era a solução para todos os seus problemas?

Rute não tardou a descobrir.

A CEVADA E O TRIGO JÁ HAVIAM SIDO COLHIDOS. Os feixes tinham sido levados para o galpão de debulha, onde os grãos eram separados do joio, um trabalho duro, mas que representava o fim do processo de colheita. Nos galpões de debulha havia grande quantidade de alimentos e bebidas, especialmente quando a safra era boa. Naquele ano, a safra tinha sido excelente. As pilhas de grãos estavam muito mais altas do que de costume. Até a debulha terminar, os homens dormiriam ao lado dos grãos, para garantir que não fossem roubados à noite. Booz sempre dormia no galpão para proteger sua safra.

Sabendo disso, Noemi teve uma ideia. Era uma medida desesperada, mas a única em que conseguia pensar. Rute voltava para casa todos os dias com um monte de grãos e comida do almoço. Mas isso não duraria para sempre. Elas precisavam de um homem na casa. Ou melhor, precisavam de um homem que se casasse com Rute e a colocasse, juntamente com Noemi, sob sua proteção. Só assim elas ficariam seguras. Rute então poderia ter um filho – um filho homem, capaz de assumir as terras que há muito tempo pertenciam à família de Noemi. Dessa forma, os nomes de Elimelec e Malom, e o de Queliom também, não seriam esquecidos. A família continuaria a existir.

O plano era muito arriscado, porém Noemi e Rute eram duas mulheres desamparadas – ou assim seriam se não fizessem nada a respeito.

Um belo fim de tarde, logo antes de escurecer, Noemi foi falar com Rute.

– Minha filha – disse ela. – Eu tive uma ideia. Você sabe que quero o melhor para você. Bem, acho que sei como pode conseguir isso. Booz é parente nosso, como eu já disse, membro do clã de Elimelec. Ele estará no galpão de debulha, cuidando da cevada, e vai dormir lá a noite inteira. Agora ouça o que você deve fazer. Tome um banho, vista-se com suas melhores roupas, coloque um pouco de perfume e, quando estiver escurecendo, vá até o galpão. Não deixe ninguém vê-la. Espere até todos terem acabado de comer e beber e observe onde Booz vai se deitar. Então aguarde um pouco até ele cair no sono e depois vá até onde ele estiver deitado, tire suas roupas e deite-se aos seus pés. Ele vai lhe dizer o que fazer quando acordar.

Rute entendeu a ideia de Noemi. A única maneira de ela e sua sogra sobreviverem em Belém era Booz pedi-la em casamento. O problema era o fato de ela ser uma estrangeira. Rute suspeitava que Booz estivesse apaixonado por ela, mas era um homem respeitável, uma das figuras mais ilustres da cidade. Jamais se casaria com uma moabita... a não ser, é claro, que fosse induzido a isso. Talvez o plano de Noemi desse certo.

– Vou fazer o que a senhora mandou – disse para Noemi.

Ninguém a viu no caminho até o galpão de debulha. Ela ficou observando Booz terminar sua refeição com os outros homens e ir se deitar ao lado de seus grãos. Quando ouviu seus roncos, Rute aproximou-se dele na ponta dos pés, despiu-se e deitou-se aos seus pés.

Então olhou para estrelas e aguardou. Estava frio, e ela começou a tremer. Ao sentir um calafrio especialmente forte, tocou sem querer o pé de Booz. Ele se sentou, arregalando os olhos. Pensou que alguém estivesse roubando seus grãos. Então olhou para os próprios pés. Havia uma mulher ali! No escuro, não conseguia ver quem era.

– Quem está aí? – perguntou.

– Sou eu, Rute, senhor – respondeu ela. – E estou com frio. Cubra-me com a sua manta, senhor. Assim, poderá ser o nosso redentor, a solução para todos os nossos problemas.

Booz ficou estupefato. Aquilo era um pedido de casamento! Naquela época, se um homem cobrisse uma mulher com sua manta como Rute estava pedindo, ele estaria fazendo dela sua esposa. Esse era um sinal de que ele a protegeria como marido. Booz entendeu perfeitamente o que Rute queria dizer e ficou ao mesmo tempo pasmo, lisonjeado e eufórico.

– Deus a abençoe! – exclamou. – Esta é a melhor coisa que você já fez na vida. Melhor até do que toda sua bondade para com Noemi. Você me escolheu como marido. A mim! Eu estou longe de ser jovem, mas você me escolheu! Nós somos perfeitos um para o outro, Rute. Todos os homens da cidade a admiram, assim como também me admiram. Temos muito em comum.

"No entanto", prosseguiu ele, "temo que não seja tão simples. Existe outro homem na cidade, outro membro do clã de Elimelec, que é um parente mais próximo do que eu. Ele tem prioridade sobre mim e o direito de escolher primeiro. Mas não se preocupe. Acho que posso resolver essa situação assim que o dia raiar. Enquanto isso, vista suas roupas e fique aqui até o amanhecer. Se o outro homem não desposá-la, prometo-lhe que eu o farei. Eu juro."

Então Rute vestiu-se e deitou-se para dormir. Pouco antes da alvorada, quando ainda estava escuro, Booz a chamou.

– Rápido! – disse ele. – O sol está para nascer. Você precisa voltar para casa antes que alguém a veja aqui. Estenda seu véu.

Booz despejou grãos nele, tantos que ela mal conseguia carregá-los sozinha. Os dois amarraram o véu e ele o colocou sobre a cabeça de Rute.

Noemi estava acordada quando Rute chegou em casa. Não tinha conseguido pregar os olhos naquela noite.

– Deu certo? – perguntou ela, ansiosa. – Você está bem? Já é esposa de Booz?

Rute lhe contou o ocorrido e o que Booz lhe dissera sobre o outro parente.

– E ele me entregou este presente para a senhora – disse, largando no chão o véu cheio de grãos. – Não quis que eu voltasse de mãos vazias.

Noemi bateu palmas e olhou para o enorme monte de grãos.

– Espere – disse ela. – Booz resolverá tudo. E vai ser hoje de manhã mesmo. – Então tomou as mãos de Rute e dançou pela sala enquanto o sol nascia, tingindo os campos de dourado.

BOOZ DEIXOU O GALPÃO DE DEBULHA e subiu a trilha rumo ao portão da cidade. Ainda lhe custava crer que Rute quisesse se casar com ele. Depois do portão havia uma praça. Os homens da cidade tinham que atravessá-la a caminho das plantações. Era o lugar em que se encontravam, trocavam notícias e faziam negócios. Era também o local em que reuniam os anciãos da cidade quando precisavam decidir assuntos importantes.

Booz atravessou o portão, sentou-se na praça e esperou. Ainda era muito cedo, mas logo os homens começariam a passar por ali. Um dos primeiros a aparecer foi o outro parente de Noemi e Rute que ele mencionara.

Booz o chamou.

– Venha cá! – disse ele. – Tenho um assunto importante para tratar com o senhor.

O homem foi em sua direção. Booz convidou dez dos anciãos da cidade. Eles também se sentaram. Esse número de anciãos era suficiente para decidir a questão a ser levantada por Booz. Vários passantes pararam para ouvir, sentando-se atrás do círculo de anciãos.

Booz falou:

– Elimelec possuía um terreno no qual plantava antes de partir para Moabe. Ele é de propriedade de sua família desde tempos imemoriais, porém há anos permanece intocado. Noemi não tem condições de cuidar dele sozinha, então pretende vendê-lo. Mas não é justo que ele seja vendido para alguém de fora do clã, vocês não acham? Devemos mantê-lo dentro do clã, para preservarmos a memória de Elimelec e dos seus filhos. O senhor pertence ao clã, e eu também. Mas o senhor tem precedência sobre mim. Então, se estiver disposto a comprar o terreno de Noemi, pronuncie-se diante desses anciãos e de todas as demais testemunhas. Se não quiser comprá-lo, eu mesmo o farei.

O parente pensou no assunto por um tempo e respondeu.

– Está bem. Comprarei a terra para mantê-la na família.

Booz, no entanto, tinha uma surpresa para todos.

– O senhor está ciente – disse ao parente – de que no dia em que comprar o terreno estará levando também Rute, a moabita, viúva de Malom. Malom era o filho mais velho de Elimelec e, em circunstâncias normais, teria herdado o terreno quando seu pai morresse. Porém, Malom também está morto, e se o senhor comprar o terreno terá que se casar com a viúva de Malom.

"Assim não!", pensou o parente. "Eu achei que teria que me casar com Noemi, que é velha e não pode ter filhos. Mas Rute é jovem. Se tiver um filho, ele herdará as terras, e não meus filhos. Todo o dinheiro que eu tivesse gastado no terreno seria em vão. E ainda teria Rute e Noemi para sustentar. Não, isso é demais. E também não seria justo com os meus filhos. Além disso, Rute é moabita, uma estrangeira. Ela é diferente. Não é uma de nós."

Ele pigarreou.

– Mudei de ideia – disse bem alto. – Sinto muito, mas não posso comprar o terreno e me casar com Rute. Isso arruinaria a herança dos meus filhos. – Voltou-se para Booz. – Compre você o terreno – disse. – Case-se você com Rute. – Em seguida tirou sua sandália e a entregou para Booz, sinal de que o acordo estava selado.

Booz apanhou a sandália e voltou-se para os anciãos e para os demais homens sentados na praça:

– Vocês hoje são testemunhas – disse solenemente – de que estou comprando o terreno de Noemi e me casando com Rute.

Dessa forma, preservarei o nome de Elimelec, assim como os nomes de Malom e Queliom.

– Nós somos testemunhas – disseram os homens. – Que Deus abençoe você e Rute! Que Ele lhes dê muitos filhos!

A reunião estava encerrada. Todos foram para seus respectivos trabalhos. Assim que partiram, Booz correu ao encontro de Rute e Noemi.

– Eu serei o seu redentor! – exclamou. – Vou poder manter as terras na sua família, Noemi. E eu e você, Rute, vamos poder nos casar.

Os três dançaram juntos de alegria. Seus problemas finalmente tinham acabado. Noemi não seria mais pobre e teria um homem para cuidar dela em sua velhice. Rute voltaria a ter um marido e deixaria de ser uma estrangeira em Belém. E Booz teria uma esposa – uma esposa que amava e que retribuía seu amor.

ASSIM, BOOZ E RUTE SE CASARAM, e Deus lhes deu um filho. As mulheres de Belém dançaram e cantaram quando a criança nasceu. Elas se lembraram de como Noemi havia voltado de Moabe, amarga e sentindo-se vazia. Agora sua velhice seria plena, transbordante. Ela cuidaria do bebê, e quando ele se tornasse um homem seria seu protetor na velhice. A criança era de fato a solução para todos os problemas de Noemi. Assim como Booz, que viera em seu socorro. E sobretudo Rute, que abandonara tudo para acompanhá-la até Belém. Sem Rute, Noemi provavelmente teria morrido. O amor de sua amiga a salvara.

– Essa sua Rute – disseram as mulheres para Noemi – é uma bênção maior para a senhora do que sete filhos!

Naquela época não existia elogio melhor do que esse.

As mulheres batizaram o filho de Rute de Obed. Quando ele cresceu, teve um filho chamado Jessé, que, por sua vez, teve oito filhos. O caçula de Jessé se chamava Davi, o homem que se tornaria rei de Israel. Portanto, Rute, a moabita, foi bisavó do rei Davi.

JONAS, UM PEIXE GIGANTE, UMA CIDADE MAGNÍFICA E O PERDÃO DE DEUS

A HISTÓRIA DE JONAS fala de um profeta, um navio, alguns marinheiros estrangeiros, uma tempestade violenta, um peixe gigantesco, uma cidade grande, seu povo, seu rei e seus animais, um vendaval assustador, uma praga terrível... e Deus. Mas é essencialmente uma história sobre um profeta e sobre o Senhor.

Ela não tem igual em toda a Bíblia. As demais histórias sobre profetas, como a de Elias, que vimos no capítulo quatro, ou as de Amós e Jeremias, que recontamos no capítulo cinco, tendem a retratá-los como grandes heróis. Tratam de homens e mulheres corajosos – pessoas que veem as coisas através dos olhos de Deus e que dizem a verdade mesmo quando isso coloca suas próprias vidas em risco. A tarefa delas é desafiar o povo de Deus a viver como o povo escolhido, a ser leal ao Senhor, além de seus integrantes serem justos e bondosos uns com os outros.

Jonas, no entanto, é diferente. O Senhor ordena que ele se dirija não ao povo de Israel ou de Judá, como seria de esperar, mas aos habitantes da cidade estrangeira de Nínive. Jonas faz tudo o que pode para se livrar da incumbência. E, quando finalmente chega a Nínive, fala muito pouco e não deixa claro se o que diz é o que Deus desejava que ele dissesse. Nas histórias sobre grandes profetas, como Elias, Amós e Jeremias, as pessoas geralmente dão pouca atenção ao que eles falam. O povo de Nínive, no entanto, logo dá ouvidos às poucas palavras de Jonas e age de acordo com elas. E quando Deus o perdoa, Jonas fica furioso!

Não sabemos nada sobre o autor da história e tampouco quando ela foi escrita. À primeira vista, é uma história divertida, repleta de todo o tipo de coisas maravilhosas e impossíveis. Mas o que ela pretende transmitir é até onde vai o alcance da clemência de Deus. Apesar de curta, é uma das histórias mais profundas e instigantes da Bíblia.

UM DIA, UM PROFETA CHAMADO Jonas estava rezando. Enquanto orava, Deus lhe falou.

– Levante-se – disse Deus. – Quero que vá até a grande cidade de Nínive e pregue o mais alto que puder nas ruas para alertar as pessoas. Cansei-me da maldade delas.

Talvez Jonas pudesse ter respondido:

"Nínive? Não posso ir para lá. É o pior lugar da terra! É a capital dos temíveis assírios, o povo mais aterrorizante do mundo! Veja o que eles fizeram com o reino de Israel! Eles o arrasaram e deportaram vários de seus habitantes para outras partes do império. E o Senhor sabe o que eles fizeram com o pequeno reino de Judá? Eles o invadiram e capturaram 46 cidades e inúmeros vilarejos, além de sitiarem Jerusalém. O rei foi obrigado a se render a eles, que voltaram com carroças cheias de tesouros para Nínive. São implacáveis e arrogantes. Pisam em qualquer um que se coloque no caminho deles. Se eu for para Nínive, não sobreviverei mais do que cinco minutos. Mande-me para qualquer lugar, Deus, menos Nínive, não para Nínive."

Se Jonas tivesse dito isso, Deus talvez tivesse procurado acalmar seus medos. Mas Jonas não disse nada, apenas dirigiu-se ao litoral do Grande Mar, o Mediterrâneo, rumo a um porto chamado Jope, e embarcou em um navio com destino a Társis. Deus mandara Jonas ir para Nínive, mas Jonas decidiu ir para o lado oposto, até a cidade de Társis, que ficava o mais distante possível de Nínive.

Jonas estava fugindo de Nínive e, sobretudo, estava fugindo de Deus. O problema é que fugir de Deus é bastante difícil. Quando o navio zarpou, Jonas imaginou que estivesse deixando o Senhor para trás, mas estava enganado. Ao tentar escapar, topou com Deus sob a forma de uma terrível tempestade.

Os marinheiros estrangeiros do navio ficaram apavorados. A embarcação rangia, parecendo que ia se partir. Eles clamaram aos seus deuses, atiraram suas cargas ao mar para deixar o navio mais leve, porém foi tudo em vão.

Jonas olhou para as ondas que arrebentavam sobre a embarcação e para os marinheiros que corriam de um lado para o outro e rezavam para seus deuses. Então deu as costas a tudo aquilo, desceu até o canto mais profundo do porão, deitou-se e mergulhou em um sono pesado.

– O que você pensa que está fazendo? Levante-se, seu idiota! – Era o capitão do navio, gritando e sacudindo Jonas para acordá--lo. – Levante-se e reze para o seu Deus! Talvez ele nos perceba e venha nos salvar para que não morramos todos.

Jonas virou-se e escondeu o rosto.

Os marinheiros não sabiam mais o que fazer. Aquela não era uma tempestade comum. Havia sido enviada pelos deuses, eles tinham certeza. Seus deuses eram capazes de punir os iníquos, submetendo-os a tormentas como aquela. Alguém na embarcação devia ter feito algo terrível para deixar os deuses tão furiosos. Então tiraram a sorte para descobrir quem era o responsável. Era Jonas, o passageiro no porão de carga! Os marinheiros foram pegá-lo.

– Muito bem – disseram. – Conte-nos o que está acontecendo aqui! Foi você quem nos causou todo esse problema. Para quem você está trabalhando e de onde vem? Qual é o seu povo?

Jonas levantou-se, subiu em um rolo de corda e olhou para os marinheiros de cima para baixo.

– Sou um hebreu, como vocês estrangeiros nos chamam – disse com uma voz suave e orgulhosa. – Trabalho para o verdadeiro Deus, que é Senhor dos mares e da terra.

– Você está fugindo Dele, não está? – exclamaram os marinheiros. – Seu perfeito idiota! É impossível fugir de Deus. O que pretende fazer agora? Diga-nos!

– Joguem-me ao mar – pediu Jonas. – Isso vai fazer com que ele se acalme.

Jonas deu um profundo suspiro. "Se eu me afogar, conseguirei fugir de Deus e não terei que ir a Nínive", pensou.

Os marinheiros eram homens bons. Não queriam que Jonas se afogasse, de modo que empunharam seus remos e tentaram remar até o litoral. Porém, não tiveram sucesso – a tempestade só fazia piorar. Em poucos minutos ela emborcaria o navio e todos morreriam afogados. Não havia mais remédio senão atirar Jonas ao mar.

– Deus, ó querido Deus – rezaram –, não se ressinta de nós por isso! Nós não queremos matá-lo. Mas esta é a Sua tempestade e o Senhor não nos deixa outra opção. – Com essas palavras, atiraram Jonas ao mar.

O vendaval cessou no mesmo instante, as ondas se acalmaram e uma brisa agradável fez a embarcação retomar seu caminho. Os marinheiros ficaram admirados. Voltaram-se imediatamente para Deus e ofereceram sacrifícios para agradecer.

– Quando voltarmos da viagem, prometemos ir ao seu templo em Jerusalém e oferecer mais sacrifícios ao Senhor, Deus. Obrigado, Deus. Obrigado!

JONAS FOI AFUNDANDO CADA VEZ MAIS.

– Adeus, Senhor, adeus, Nínive – disse ele por entre bolhas de ar.

Mas Deus ainda tinha planos para Jonas e enviou um peixe gigantesco para engoli-lo. Ele permaneceu no estômago do peixe por três dias e três noites.

Para passar o tempo, Jonas compôs um salmo. Os salmos deveriam versar principalmente sobre Deus, porém o salmo de Jonas era sobre ele próprio. Era assim:

"Isso é tudo culpa Sua, Deus!
O Senhor me lançou às profundezas,

rumo ao coração do mar,
com as ondas arrebentando por toda a minha volta.
Cada vez mais fundo eu mergulhei,
e depois mais fundo ainda,
as algas me envolvendo
como se fossem uma mortalha.
Eu desci tão fundo
que consegui ver as raízes das montanhas sobre a minha cabeça.
Então, quando os portões da morte estavam prestes a se fechar
atrás de mim,
o Senhor enviou este peixe para me abocanhar.
Enquanto minha vida se esvaía,
eu me lembrei do Senhor, meu Deus.
Eu rezei,
e minha oração O alcançou
sentado em Seu trono, no conforto de Seu templo sagrado.
Povos que adoram outros deuses
deram as costas ao Senhor,
mas eu, eu não farei isso.
Irei até o Seu templo
para Lhe oferecer sacrifícios.
Pagarei toda a minha dívida para com o Senhor.
O Senhor é o único Deus que vem em socorro de Seus fiéis."

Deus ficou enojado com esse salmo, que era de um egoísmo atroz. O peixe sentiu-se da mesma forma. Deus o fez vomitar Jonas no litoral.

Quer dizer então, pensou o Senhor, que Jonas vai a Jerusalém para oferecer sacrifícios em meu templo? Ah, não, mas não vai mesmo! Ele vai para Nínive. Ele tornou a falar com Jonas:

– Levante-se – disse Deus. – Quero que você vá à grande cidade de Nínive e pregue em alto e bom som em suas ruas. Pregue as palavras que eu lhe darei.

Então Jonas se levantou e desta vez foi de fato para Nínive. Não adiantava mais fugir.

Era uma longa jornada, de centenas de quilômetros, mas finalmente ele chegou à cidade. Nínive era imensa. Seria preciso três dias para contorná-la a pé. Jonas andou um dia inteiro.

– Daqui a 40 dias – exclamou – Nínive será destruída!

Isso foi tudo. Nada de "Assim diz o Senhor Deus", como geralmente começavam os profetas. Nada de "Ouçam todos, eu sou Jonas, profeta de Deus, que é Senhor dos mares e da terra". Nada de "Deus está farto da maldade de vocês". Nenhuma exigência de que as pessoas mudassem de conduta. Nenhum sinal da misericórdia de Deus, nenhuma menção à clemência e piedade Dele, apenas "Daqui a 40 dias Nínive será destruída". Era isso mesmo que o Senhor queria que ele dissesse?

Mesmo que não fosse, certamente fez efeito! Os perversos habitantes de Nínive se voltaram na mesma hora para Deus. O grande rei abdicou de seu trono, livrou-se de suas vestes reais, vestiu uma túnica de aniagem e foi se sentar no depósito de lixo da cidade. Mandou seus arautos fazerem um pronunciamento solene em todas as partes de Nínive.

"Por decreto do grande rei e dos seus conselheiros", começava o pronunciamento. "Ó homens, mulheres e crianças; ó vacas, jumentos, ovelhas e cabras, ouçam essas palavras! Nós iremos fazer um jejum solene. Nenhum de nós deverá comer ou beber nada, nem mesmo mordiscar uma folha ou beber um gole de água sequer. Todos devem vestir uma túnica de aniagem e clamar a Deus com toda a sua força. Vocês precisam deixar para trás o caminho do mal e abandonar a violência. Assim, quem sabe Deus possa mudar de ideia e abandonar a raiva que sente de nós, para que não morramos todos."

As pessoas e os animais fizeram exatamente o que o rei mandou. E Deus de fato mudou de ideia. Já não sentia mais raiva deles. Na verdade, perdoou a todos, sem exceções.

E isso deixou Jonas furioso!

– EU SABIA QUE O SENHOR IRIA FAZER ISSO – Jonas exclamou. – Quando me mandou ir até Nínive, eu sabia que iria perdoá-los. Foi por isso que tentei fugir. O Senhor tem o coração mole, é misericordioso demais. Demora muito a se irritar. É excessivamente bondoso e sempre disposto a perdoar as pessoas. O Senhor se esqueceu do que esse povo fez? Eles merecem ser destruídos! Então, já que não vai destruí-los, destrua-me no lugar deles! Prefiro morrer a viver neste Seu mundo tolerante e complacente, onde as pessoas não têm o castigo que merecem.

– Que reação a sua, Jonas! – Deus respondeu. – Como você está indignado! Acha que tem o direito de sentir tanta raiva?

Jonas não disse mais nada. Em vez disso, virou as costas para Deus, foi andando rumo ao leste até sair da cidade e acampou do lado de fora das muralhas. Estava decidido a ficar ali até os 40 dias passarem. "Daqui a 40 dias Nínive será destruída", foi o que ele anunciara. E era um profeta, convocado a transmitir a palavra de Deus. "Bem", pensou, "vamos ver se Deus cumpre sua promessa!"

O abrigo que ele construiu não era muito bom, e fazia um calor terrível lá fora. Jonas não sabia se suportaria 40 dias de tanto calor. Então Deus fez uma planta crescer da noite para o dia. Quando Jonas acordou pela manhã, viu-se debaixo de uma abóbada de folhas gordas e verdejantes. A sombra era deliciosa! Apesar de o sol estar alto no céu, Jonas se sentia confortável. Ficou exultante! Era maravilhoso, perfeito, como se estivesse no Jardim do Éden. Porém, quando o dia seguinte raiou, Deus enviou uma praga terrível para atacar a planta. As folhas murcharam e caíram sobre a cabeça de Jonas. Em seguida, Deus fez soprar um vento quente do deserto que levou as folhas embora, fazendo o sol castigar a cabeça de Jonas a tal ponto, que o profeta achou que ela fosse explodir.

– Prefiro morrer a viver assim – lamentou-se.

– Jonas – disse Deus –, como você está contrariado! Acha que tem o direito de sentir tanta raiva por causa da planta?

– Sim, tenho – disse Jonas em tom de lamúria. – Estou com tanta raiva, que poderia morrer!

– Jonas, meu amigo – Deus voltou a falar. – Você tem pena daquela planta, embora não a tenha plantado ou regado para que ela crescesse. Ela cresceu em uma noite e morreu em um dia, mas, ainda assim, você se compadece imensamente dela. E eu, que fiz este mundo, que fiz os animais e as pessoas que o povoam, por que não me compadeceria de Nínive? Não devo ter compaixão das pessoas que vivem atrás de suas muralhas, de todos os seus habitantes? Olhe para eles. São o meu povo e parecem crianças desamparadas que não sabem diferenciar a mão direita da esquerda. E quanto aos seus animais, suas vacas e jumentos, suas ovelhas e cabras? Também são meus animais. Fui eu quem os criou. Por que não deveria me compadecer deles?

E Deus acrescentou:

– Você está tentando impor limites ao meu amor, Jonas. Mas não pode fazer isso. Não pode me impedir. Não pode impedir a clemência que brota do meu coração. Não pode impedir minha piedade, minha misericórdia, meu perdão. Eles irão a toda parte, até mesmo aos recônditos mais sombrios do mundo.

O LIVRO DE JÓ: BRANDINDO O PUNHO CONTRA O CÉU

Nós queremos que a vida seja justa. Queremos que ela faça sentido. No entanto, às vezes acontecem coisas que fogem à nossa compreensão. Às vezes recebemos bênçãos que sabemos não merecer. Em outras sofremos desgostos que também sabemos ser injustos, e isso pode nos deixar indignados e tristes.

Este livro da Bíblia é sobre coisas terríveis que acontecem com um homem chamado Jó. Ele não as merece e sabe disso. Por acreditar que tudo vem de Deus, ele acredita que o seu sofrimento também deve vir Dele, mas não consegue entender a razão. Jó é um homem bom. Em seu vilarejo, ele é como os olhos para um cego, um pé para um manco, um pai para os necessitados. Sempre que seus próprios escravos vinham reclamar de algo com ele, Jó defendia a causa deles. Ele se assegurava de que estranhos e estrangeiros fossem tratados com justiça. Tinha dado fim às perseguições e ameaças, salvado os pobres e cuidado das crianças desamparadas. Ele diz ter sido como uma chuva refrescante, como o sol que afugenta o frio. Havia sido como um rei, como o mais sábio e o mais amoroso dos reis.

Então, qual seria a intenção de Deus ao tornar sua vida tão terrível? Não é justo. Não é certo. Não faz o menor sentido. Para Jó, o mundo parece estar invertido. Se esse é o tipo de atitude de Deus, então Ele só pode ser um tirano. É isso que o seu sofrimento o faz pensar e dizer.

Três amigos vêm de muito longe para passar algum tempo com ele. A princípio, não dizem nada, mas, quando Jó começa a injuriar Deus, ficam muito contrariados e partem em defesa do Senhor. Deus é sempre justo, afirmam, de modo que Jó deve ter feito algo terrível para merecer o que está lhe acontecendo. Seus amigos tentam convencê-lo incansavelmente, mas Jó sabe que estão enganados e vai ficando cada vez mais furioso, tanto com eles quanto com Deus.

Por fim, depois de uma espera longa e angustiante, o Senhor surge para Jó e lhe mostra como é um Deus bondoso. Essa visão majestosa transforma Jó e lhe devolve a dignidade. Deus diz aos seus amigos que eles estavam falando bobagens e fica muito irritado com os três.

O livro de Jó se passa em tempos remotos, durante a época de pessoas como Abraão e Sara, os ancestrais dos judeus, ou até mesmo antes dela. Isso não significa que seja uma das obras mais antigas da Bíblia. Os autores muitas vezes situavam suas histórias ou poemas no passado. Ela é, na verdade, uma das obras mais complexas das Escrituras e pode muito bem ter sido criada em praticamente qualquer período entre o século VII e o século II a.C. É quase certo que tenha sido escrita por um homem, provavelmente rico e poderoso, mas não sabemos seu nome, embora ele tenha sido um dos maiores poetas que os judeus anteriores a Jesus produziram.

O livro começa com uma história folclórica, que serve de introdução para a poesia que vem em seguida. É na poesia que o autor revela o que de fato pretende transmitir.

Era uma vez um homem bom chamado Jó. Ele não era judeu. Não vinha da terra de Israel, mas de uma terra chamada Uz. Era o homem mais rico do mundo: não lhe faltava nada. Mas, de repente, foi acometido por uma série interminável de desgraças. Primeiro, invasores roubaram todos os seus bois e jumentos e mataram os escravos que estavam cuidando deles. No mesmo dia, todas as suas ovelhas e pastores morreram atingidos por um raio em uma tempestade terrível. Então mais invasores chegaram e roubaram todos os seus camelos e massacraram os escravos que estavam em sua companhia. Finalmente, o pior de tudo aconteceu: um tornado atingiu a casa em que seus 10 filhos estavam comendo e bebendo, matando todos.

Antes, Jó tinha tudo; agora não lhe restava quase nada. Para piorar ainda mais a situação, ele foi acometido por uma doença grave. Seu corpo ficou todo coberto de feridas ardentes. A coceira que causavam era insuportável, a ponto de mantê-lo acordado a noite inteira e fazê-lo chorar de dor. Ninguém conseguia encontrar a cura.

Ele havia perdido tudo, exceto a esposa, porém não conseguia mais aceitar nenhum consolo vindo dela. A vida já não valia a pena ser vivida. Seus animais tinham desaparecido. Seus escravos estavam mortos. Seus filhos também, todos eles. Já não lhe restava nem mesmo dignidade. Ele costumava ser o líder do seu vilarejo, admirado e respeitado por todos. Agora tudo isso tinha acabado. Ele se afastou do povoado e foi sentar-se em um grande monturo, onde todos jogavam seus lixos e restos. Ficou ali, coçando suas feridas com um caco de cerâmica.

Três de seus amigos vieram vê-lo. Chegaram de bem longe para dizer o quanto sentiam por ele e para fazer-lhe companhia durante algum tempo antes de sua morte. Quando o viram sentado no monte de lixo, não o reconheceram. Então, olhando com mais atenção, perceberam que se tratava do amigo. Os três gritaram de agonia, rasgaram suas belas roupas, cobriram as próprias cabeças de terra e se sentaram no chão ao lado de Jó e do monte de lixo, e ali ficaram por sete dias e sete noites, sem dizer uma só palavra.

Então Jó abriu a boca e gritou:

"Maldito seja o dia em que nasci!
Maldita seja a noite em que fui concebido!
Ao criar o mundo, Deus disse:
'Que haja luz.'
Eu digo: 'Antes tivesse havido escuridão!'
Antes a escuridão tivesse engolido o dia do meu nascimento!
Antes aquela escuridão profunda,
o negrume do sofrimento vazio e da morte,
tivesse levado embora a noite em que fui concebido!
Antes magos tivessem lançado um feitiço sobre ela,
para que tivesse sido uma noite estéril e triste,
sem que nenhuma gravidez houvesse nela se iniciado!

Por que não morri ao nascer
logo que deixei o ventre de minha mãe?
Assim, teria dormido em paz na terra dos mortos;

assim, teria ido descansar na companhia de reis e príncipes;
assim, teria alcançado a serenidade,
lá onde os escravos já não ouvem os gritos dos feitores,
onde todos são iguais, sejam eles grandes ou pequenos,
onde todos são livres."

Os três amigos ficaram chocados ao ouvir tanta raiva vinda de Jó, e a dor em suas palavras lhes pareceu insuportável. Ficaram mais contrariados ainda quando o amigo começou a culpar Deus.

O que ele fizera para merecer todas aquelas tragédias que havia sofrido? O que fizera para merecer que todos os seus animais e escravos, que todos os seus filhos lhe fossem tomados? O que fizera para merecer a coceira pavorosa causada por aquelas feridas? Jó tinha a impressão de que jamais se recuperaria, de que morreria no monturo imundo do vilarejo. O que Deus estaria tramando?

"Jó brandiu o punho e gritou:
'Deus me fez em pedaços!
Como um leão, ele arrancou meus membros um a um.
Todos riem de mim,
batem em meu rosto e me insultam.
Deus me abandonou,
deixou-me à mercê da zombaria cruel e incessante dos que me cercam.

Houve um tempo em que eu vivi em paz.
Então Deus veio e me destruiu,
agarrou-me pelo pescoço e me esmigalhou.
Ele me atacou com Seu exército,
imprensou-me contra a parede
e ordenou que Seus arqueiros me alvejassem com Suas flechas.
Mandou que não tivessem piedade,
mas que continuassem atirando até eu ficar cheio de buracos.
Ele me sitiou como a uma cidade
e lançou Seus aríetes contra mim,

até finalmente abrir uma brecha em meus muros
e derrubar minhas defesas.
Então atravessou a brecha com um salto
para me aniquilar e me esmagar de vez.

Mal consigo enxergar em meio às lágrimas.
Estou reduzido a uma mera sombra.'

'Que coisa terrível falar sobre Deus dessa forma!',
exclamaram seus amigos.
'Você não pode culpar Deus.
Somos nós humanos os culpados.
Deus recompensa os bons
e castiga os maus.
Somos nós que trazemos essas calamidades para nós mesmos.'

'Deus está tentando lhe ensinar algo',
disse o primeiro.
'Tudo isso é a boa disciplina do Senhor.
Ele é como um pai para você,
e você, o Seu filho.
Ele o disciplina
para que sua bondade possa crescer e se tornar forte como ferro.'

'Seus filhos devem ter pecado',
disse o segundo.
'É por isso que eles morreram.
É a única razão possível.'

'Como você se atreve a falar com tanta certeza sobre o mistério de Deus!',
exclamou o terceiro.
'Por acaso acha que sabe todos os segredos do céu?
Você é um tolo, e mau também.
Volte-se para Deus,
confesse seu pecado

e então nada terá a temer.
Seu sofrimento será como a água que
corre para longe
e desaparece.'

Tudo isso serviu apenas para enfurecer ainda mais Jó.

'Até quando vocês irão me atormentar?',
foi sua resposta.
'Até quando tentarão me esmagar com suas palavras?'"

Os amigos já não estavam mais preocupados com ele. Sua única preocupação deles era com o que acreditavam. Já não notavam Jó ou percebiam a sua dor. Erguiam seus livros sagrados diante dos olhos e viam apenas as palavras ali escritas. Os livros diziam que tudo vinha de Deus; portanto, o sofrimento de Jó também devia vir Dele. Era nisso que o próprio Jó acreditava, naturalmente. Seus livros diziam que Deus era justo e bom. Jó também pensava o mesmo quando tudo estava bem. Seus livros diziam que Deus recompensava os bons e punia os maus, e Jó também costumava crer que isso era verdade. Como estava sendo punido, Jó só podia ser mau, concluíram seus amigos. E era nesse ponto que Jó discordava. Ele sabia que era inocente. Sabia que não merecia tudo o que lhe acontecera, tudo pelo que estava passando. Não merecia nada daquilo, nem de longe!

Seus amigos continuaram agarrados aos seus livros, enquanto Jó continuava preso à sua raiva e às suas acusações contra Deus. Seus amigos foram ficando cada vez mais alterados. Novamente, o primeiro falou:

"Quer dizer que você era muito bom, não é?",
gritou ele.
"Vou lhe dizer quem você era.
Você acreditava na lei do mais forte.

Não tinha a menor piedade para com os pobres.
Você os deixava nus,
tremendo na noite fria.
Quando mulheres desamparadas
pediam sua ajuda,
você as enxotava de mãos vazias.
E, quanto aos órfãos,
as crianças que não tinham nada,
você quebrava seus braços.
Tamanha era a sua brutalidade!"

Nada disso era verdade, porém o amigo achava que a única maneira de defender Deus era atacar Jó e inventar mentiras a seu respeito. Ele mesmo acreditava nas mentiras que estava inventando. Mas Jó, não, nem por um instante.

"Não olhem apenas para mim!",
exclamou Jó.
"Olhem à sua volta!
Vejam quanto sofrimento,
quanta injustiça há no mundo.
Deus anda por ele como um monstro enlouquecido,
como um tirano cruel sem piedade no coração.
Ele traz secas e enchentes,
terremotos que arrasam cidades inteiras,
nos torna prisioneiros do desespero.
Quando uma praga nos assola, causando milhares de mortes,
Deus gargalha de alegria!
Quando um homem cruel toma o poder em uma região,
Deus venda os olhos dos juízes
para que eles não vejam como os pobres são roubados
ou os corpos que jazem pelas ruas!

Se não acreditam em mim,
então perguntem aos animais e aos pássaros,

falem com os peixes do mar,
questionem a própria terra.
Eles conhecem muito bem a crueldade de Deus.
Sabem o que espreita em cada campo,
em cada onda,
em cada centímetro de chão,
em cada lufada de ar."

Se ao menos Deus respondesse!, pensou Jó. Contudo, além de suas acusações e das palavras cruéis de seus amigos, havia apenas o silêncio. Era como se o Senhor não estivesse ouvindo, como se Ele não se importasse. Se ao menos Deus aparecesse para responder às acusações que Jó fizera contra ele! Mas o tribunal de Jó estava vazio, exceto por ele mesmo e os seus três amigos que haviam se tornado delatores. Bem, refletiu ele, vou ter que continuar o julgamento sem Ele.

Jó fez um longo juramento de inocência e apresentou um testemunho formal por escrito e assinado de próprio punho. Ele o colocou ao lado da pilha de acusações contra Deus. Nós, seres humanos, nos sairíamos muito melhor cuidando do mundo do que o Senhor Deus, disse ele para si mesmo. Então aguardou. Será que Deus iria aparecer? Provavelmente não, pensou ele. Talvez eu acabe morrendo antes. E, mesmo que Ele apareça, que esperança me resta? Ele vai distorcer tudo a Seu favor. Como posso esperar por justiça, quando o réu que acuso é também o juiz?

De repente, quando havia abandonado todas as esperanças, Jó sentiu um som poderoso de ventania encher seus ouvidos. O barulho foi chegando cada vez mais perto. Era como um redemoinho atravessando o deserto. Parecia prestes a arrancá-lo do chão e erguê-lo nas alturas.

"Prepare-se, Jó",
falou uma voz.

"Volte a ser um herói.
Quero lhe mostrar o mundo em que você vive,
o mundo em que realizo meu trabalho.
Venha, meu amigo, me dê sua mão."

Jó reconheceu de imediato aquela voz. Era a voz de Deus, a voz que ele vinha esperando ouvir havia muito tempo. Porém, aquela não era a voz de um tirano implacável. Era suave e curiosa – cheia de alegria e bom humor.

Aquele Deus indomável e serpeante levou Jó por todo o mundo: rumo aos pilares da terra e à nascente dos oceanos; rumo às moradas da luz e da escuridão; rumo aos depósitos de neve e aos portões da morte. Deus o levou de volta ao tempo em que o mundo foi criado.

– Veja! – exclamou Deus. – Veja!

Jó viu Deus assentando os pilares da Terra,
estendendo uma linha acima deles
para se certificar de que estavam nivelados
e de que tudo estava em ordem.
Ouviu as estrelas da manhã gritando de alegria
e todos os filhos de Deus vibrando, triunfantes.

Viu as águas do mar ancestral
brotarem do ventre do Senhor.
E observou enquanto Ele as envolvia com as nuvens
e as colocava para dormir.
Viu o mar crescer e virar uma criança,
escutou quando Deus disse às ondas
onde elas podiam brincar,
e onde não podiam.
Viu o Senhor dar ordens à alvorada,
como se ela fosse Sua serva.
"Pegue os cantos da terra, como se fosse um tapete", falou Deus,
"e sacuda os iníquos de cima dela.

Nós daremos fim à noite maligna que eles trouxeram,
Eu e você!"

Jó VIU, DURANTE UM TEMPO de guerra, em que homens lutavam uns contra os outros e cobriam a terra com seus mortos, Deus ir até os depósitos de neve. Ele viu o Senhor tirar lá de dentro grandes montes de neve e jogá-los sobre os exércitos em conflito.

"Isso deve fazê-los parar de lutar um pouco", disse Deus.

Das alturas do redemoinho, Jó viu Deus cavar canais a partir dos rios do céu para levar água ao deserto e flores para o chão seco. Ele viu Deus soltar os arreios das estrelas e deixá-las pastar nos campos da noite. Viu Deus contar as nuvens, virando os odres de água do céu para fazer chover. Viu filhotes de leão agachados em seus esconderijos, aninhados na vegetação cerrada, esperando por comida.

E lá estava Deus caçando, apanhando as presas que forrariam seus estômagos e espantariam sua fome. Lá estava Deus dando de comer aos filhotes de corvos, enfiando seu bico pelas suas goelas barulhentas abaixo.

Lá estava Deus, tomando conta das cabras nos penhascos incultos e da corça prenhe que vaga pelas colinas do deserto.

Veja como o Senhor as ajudou a dar à luz, ficou ao lado delas durante o parto, como uma parteira, nos recônditos do deserto, longe dos olhos dos homens, longe dos cuidados dos homens.

Veja como Deus libertou o jumento selvagem para que ele galopasse pelo deserto a seu bel-prazer!

Veja como Deus riu ao ver o avestruz correr mais rápido do que o cavalo e o cavaleiro.

Veja como Deus ficou orgulhoso do cavalo de guerra que se lançou à batalha a toda velocidade, a lança reluzente e a aljava cheia de flechas chacoalhando contra o seu flanco.

Jó viu a águia migratória alçar voo e planar em direção ao sul com suas grandes asas, guiada por Deus a cada curva. Ele viu Deus tomando conta do abutre, oferecendo abrigo para seu ninho no penhasco íngreme que nenhum homem conseguiria escalar.

"Está vendo?", falou Deus. "Está vendo? Como vocês homens poderiam cuidar de tudo isso? Como poderiam tomar conta de toda a Terra? Eu não sou o monstro que você pensa, meu amigo Jó. Eu não saio como um louco espalhando o caos por toda a parte.

Pergunte aos animais e aos pássaros, fale com os peixes do mar, questione a própria terra. Eles conhecem bem minha compaixão e alegria que permeiam cada campo, cada onda, cada centímetro de chão, cada lufada de ar."

Jó ESTAVA ESTUPEFATO. Deus tinha razão, é claro. Os seres humanos não poderiam cuidar do mundo como Ele o fazia. Eram pequenos demais para tanto. Não tinham imaginação, criatividade e compaixão suficientes. E Deus não era um monstro – muito pelo contrário. Mas, ainda assim, Ele lhe mostrara um outro mundo. O monturo do vilarejo era bem diferente. Onde estavam o cuidado, a alegria e as risadas de Deus ali? Era isso que Jó queria perguntar, na verdade; porém, em vez disso, respondeu ao Senhor dizendo:

"Como sou pequeno!
Como posso responder ao Senhor?
Eu tapo minha boca.
Por mais que tenha falado antes,

agora não consigo dar resposta alguma.
Já me pronunciei duas vezes,
porém agora não tenho mais nada a acrescentar."

Deus olhou para Jó. Viu a expressão em seus olhos e soube a pergunta que ele queria fazer. Novamente o Senhor tomou sua mão e o arrebatou, carregando-o em Seu redemoinho.

– Tenho mais uma coisa para lhe mostrar, Jó – disse Ele. – É algo aterrorizante, mas que irá protegê-lo. Segure firme.

O redemoinho levou os dois rapidamente através do deserto e os fez aterrissar às margens de um rio imenso. Deus ainda não largara a mão de Jó. De repente, apertou-a com mais força.

– Ali! – disse o Senhor. – Veja!

Jó olhou para a direção que Deus apontava. O que a princípio lhe parecera um hipopótamo gigante chafurdava na parte rasa do rio, e algo que lembrava um enorme crocodilo dormia na margem lamacenta. No entanto, aqueles não eram animais comuns. Não temiam nada e ninguém. Até Deus mal se atrevia a chegar perto deles. O crocodilo respirava fogo; fumaça saía de suas narinas. Eles pareciam invencíveis, indomáveis.

– Esta é a Grande Besta e o Dragão – disse Deus. – Eles são as Forças Sinistras que ameaçam a boa ordem do meu mundo e me atrapalham no meu cuidado por ele. Quando se revoltam, os deuses ficam aterrorizados, e até Eu mesmo tenho dificuldade para subjugá-los. São eles que causam todo o sofrimento, todo o caos e toda a injustiça do mundo. Há muito tempo que você vive debaixo da sombra deles, meu amigo.

– Tire-me daqui – respondeu Jó. – Já vi o suficiente.

O redemoinho o ergueu no ar pela última vez, devolvendo-o ao seu vilarejo.

Jó tinha visto a verdade. Ele ouvira as estrelas da manhã gritarem de alegria. Sentira o hálito do Dragão. E, acima de tudo, tinha visto Deus – e ouvido Suas palavras!

"Antes de o Seu redemoinho vir
eu estava dizendo tolices",
Jó se dirigiu a Deus,
"falando de coisas muito além
da minha compreensão.
Tantas acusações!
Tantas palavras de ódio!
Eu renego todas elas,
retiro tudo o que disse.
Eu o escutei, meu Senhor,
com meus próprios ouvidos.
Agora que meus olhos O viram,
eu deixo para trás esse pó e essas cinzas."

Com essas palavras, Jó se levantou do monte de lixo. Sua pele já não coçava mais. Ele sacudiu a poeira do corpo e se empertigou. Havia descoberto uma nova forma de humildade. E uma nova forma de dignidade também. Deus lhe concedera uma grande honra. Ele o fizera renascer. Estava na hora de retomar seu posto no vilarejo.

– Estou muito irritado com vocês – disse Deus para os três amigos de Jó. – Onde estavam com a cabeça para dizer todas aquelas temeridades a Jó? Quando Jó estava com raiva de mim, ele falou com sinceridade. Veio a Mim sem disfarces, sem dissimulações. Vocês falaram o que leram nos livros. Tentaram fazer Jó se curvar ao modo de pensar, à maneira de falar e às crenças de vocês. Tentaram dobrá-lo. Mas não conseguiram. Ele possui mais bondade e sabedoria do que vocês jamais imaginaram. Vão oferecer sacrifícios e peçam para Jó rezar por vocês.

Os amigos de Jó fizeram o que Deus mandou. E Jó de fato rezou por eles, apesar de todas as crueldades que tinha ouvido de suas bocas.

Então ele foi para casa.

CANÇÕES ILUMINADAS

O Antigo Testamento, ou *Tanakh*, possui uma coletânea de poemas chamada livro dos Salmos. Os poemas são canções sagradas compostas ao longo de muitos, muitos séculos, desde a época dos reis em Jerusalém, passando pelo exílio na Babilônia, e até bem depois dele.

Alguns foram escritos para ocasiões nacionais importantes, como a coroação ou o casamento de um rei, os festivais de peregrinação anuais ou após um desastre se abater sobre a região. Outros parecem ter sido originalmente compostos para que famílias ou indivíduos os utilizassem em suas próprias orações.

Os salmos se dirigem de forma muito sincera a Deus, assim como as demais orações no Antigo Testamento. Alguns são alegres, verdadeiros hinos de louvor. Outros, repletos de agonia e perplexidade, possuem um tom raivoso e acusam Deus de nada fazer para ajudar os homens. Seja qual for o seu sentimento, você irá encontrá-lo em algum lugar no livro dos Salmos. Não é de espantar que ele tenha desempenhado um papel tão importante no culto dos judeus e dos cristãos ao longo dos séculos.

Alguns dos salmos são precedidos por introduções, como: "Para o mestre de música: de acordo com a melodia *A Corça da Manhã*", ou, "Para o mestre de música: de acordo com a melodia *Os Lírios*". Supõe-se que, nesse caso, o mestre era a pessoa que conduzia a música durante o culto, e que "A Corça da Manhã" e "Os Lírios" eram as canções executadas. Infelizmente, as músicas se perderam no tempo, de modo que jamais saberemos como eram.

Os títulos de muitos dos salmos também fazem referência a pessoas específicas. Um deles diz ser a "Oração de Moisés", e muitos são precedidos pelas palavras "Salmo davídico".

Isso levou muitos a crerem que o próprio rei Davi teria escrito a maioria deles. Contudo, os títulos foram acrescentados depois de os salmos terem sido compostos, e nem sempre são confiáveis. Às vezes não combinam com o conteúdo. É possível que Davi, ou poetas da sua corte, tenha escrito alguns dos salmos, mas não podemos afirmar ao certo.

Mas saber quem escreveu qualquer um dos salmos e para que ocasião não é tão importante. O que importa é que, por séculos a fio, eles ajudaram inúmeras pessoas, em qualquer tipo de situação, a serem mais sinceras com Deus e a se sentirem mais próximas Dele.

O mais famoso de todos é o Salmo 23. Ele foi escrito para aqueles que sofreram nas mãos de opressores que os intimidaram, que abusaram deles, que os atacaram ou que contaram mentiras a seu respeito. Isso fica claro na menção aos "inimigos" próxima do final. O poema também esclarece que os autores não foram derrotados por esses inimigos que, embora ainda estejam por perto, já não causam medo. Isso porque Deus está protegendo Seus filhos, como um pastor protege seu rebanho, e porque, dentro do templo, onde eles vão buscar ajuda, é como se o Senhor os estivesse recebendo como convidados de honra, ou mesmo pondo a mesa para eles como um servo. Ele os trata como reis e rainhas. No meio do salmo, os autores falam diretamente com Deus. Vamos ao texto:

"O Senhor é meu pastor, nada me falta,
em verdes pastagens me faz repousar.

Para águas tranquilas me conduz
e restaura minhas forças.
Ele me guia por caminhos justos
por causa do Seu nome.

Ainda que eu ande pelo vale sombrio da morte,
não temerei perigo algum, pois está junto a mim.
Seu bastão e seu cajado
me fazem sentir seguro, protegido,
a salvo de qualquer risco.

Diante de mim prepara a mesa
à frente dos meus opressores,
unge minha cabeça com óleo,
e minha taça transborda.

Sim, felicidade e amor me seguirão
todos os dias da minha vida.
Minha morada é a casa de Deus por dias sem fim."

O Salmo 121 é uma canção de peregrinação entoada por e para peregrinos que foram a pé até Jerusalém para participar de algum dos festivais no templo. Talvez os peregrinos o cantassem enquanto se preparavam para começar sua viagem de volta para casa. Eles olhavam para as colinas do deserto que cercavam a cidade e pensavam em todos os lugares que teriam de cruzar no caminho. A viagem seria perigosa e longa. "Será que chegaremos em segurança?", perguntam eles no começo do salmo. Então lembram-se da proteção que Deus lhes deu. "Sim, chegaremos", dizem, "pois Deus nos protegerá." A essa altura, um dos sacerdotes do templo acrescenta suas palavras ao poema. Os demais versos são ditados por ele, uma bênção de despedida para os peregrinos levarem para casa, uma lembrança do tempo que passaram em Jerusalém.

"Eu ergo meus olhos para as montanhas
e penso nos perigos que elas ocultam.
De onde virá minha ajuda?

Minha ajuda vem do Senhor Deus,
que criou o céu e a Terra.

As montanhas e todos os seus caminhos estão nas mãos do Senhor.
Ele não deixará que vocês tropecem ou caiam.
Ele é o seu protetor
e jamais dorme ou cochila.
O Deus que protege o povo de Israel
está sempre alerta, sempre vigilante.
Dia e noite, ele zela por você,
para salvá-lo do perigo.
O Senhor Deus é o seu defensor;
ele é sua sombra contra o sol escaldante
e sempre estará ao seu lado para protegê-lo.
O sol forte não o castigará durante o dia,
e tampouco as forças sinistras da noite o atacarão.
O Senhor Deus o guardará de toda e qualquer desgraça
e protegerá a sua vida.
O Senhor Deus zelará pela sua partida
e pela sua chegada
onde quer que você vá
e o que quer que faça,
agora e para sempre."

Introdução ao Novo Testamento

Até aqui, O Livro dos Livros *trouxe histórias e poemas do que os judeus chamam de* Tanakh, *e os cristãos, de Antigo Testamento. Para os judeus, as Escrituras Sagradas são compostas apenas pelos livros do* Tanakh. *Para os cristãos, o Antigo Testamento compõe a maior parte da Bíblia, mas existe uma segunda parte, chamada Novo Testamento. Os capítulos restantes deste livro tratarão dele.*

Os livros do Novo Testamento são sobre Jesus, que os cristãos chamam de Cristo. Jesus era judeu, assim como seus primeiros seguidores. Nada do que ele fez sugere que tivesse o desejo de fundar uma nova religião; Jesus nasceu e morreu como judeu. Inicialmente, seus discípulos se mantiveram dentro dos limites da fé judaica, embora não judeus logo tenham começado a se unir a eles.

Jesus foi tão importante para seus discípulos, que eles decidiram escrever sua história. Sentiam que ela dava continuidade ao Antigo Testamento, ou Tanakh. *Eles passaram a ler o* Tanakh *com novos olhos. Quando pensavam em Jesus, tudo fazia sentido, como se estivessem lendo o* Tanakh *da forma correta pela primeira vez. Era como se Jesus tivesse cumprido todas as boas promessas que havia ali.*

O que os discípulos contam sobre Jesus não é uma biografia ou uma história minuciosa de toda a sua vida. Eles sequer o descrevem fisicamente. Os relatos dos discípulos se limitam praticamente ao último ano da vida de Jesus e especialmente à sua morte e ao que aconteceu depois dela. O desejo deles era mostrar o significado da vida de Jesus, afirmar sua importância e incentivar seus seguidores a permanecerem fiéis a ele, ainda que muitos fossem contra.

Essa é a história do Novo Testamento. Ele é contado no que chamamos de quatro evangelhos: o de Mateus, o de Marcos, o de Lucas e o de João. Os cristãos consideram os evangelhos os livros mais importantes de toda a Bíblia, e dedicaremos nossos próximos quatro capítulos a eles. Às vezes precisamos interpretar o que Mateus, Marcos e Lucas querem dizer sobre Jesus. Este livro acrescenta seu próprio ponto de vista na tentativa de facilitar a compreensão. João, no entanto, tende a contar de forma direta o que pretende que entendamos.

Lucas escreveu um adendo ao seu evangelho, chamado livro dos Atos dos Apóstolos. Ele dá prosseguimento à história contando o que aconteceu após a morte de Jesus, como o número de seus seguidores foi crescendo e como comunidades cristãs foram fundadas nas cidades ao leste do Mediterrâneo. O livro dos Atos fala basicamente de dois discípulos: Pedro, que conviveu com Jesus, e Paulo, que teve uma visão de Jesus poucos anos após a sua morte. O capítulo 11 tratará do livro dos Atos.

Até o final do livro dos Atos, a Bíblia é quase toda composta de histórias ou poesias. Mas grande parte do restante do Novo Testamento está na forma de uma coletânea de cartas. As mais antigas foram escritas por Paulo – não para membros de sua família ou amigos pessoais, mas para igrejas. Naquela época, essas novas comunidades cristãs se esforçavam para compreender qual era o verdadeiro significado da fé cristã, no que deveriam acreditar e o que deveriam fazer. Nosso último capítulo trará uma pequena coleção de algumas das mais belas passagens das cartas de Paulo, assim como dois trechos do último livro da Bíblia, o Apocalipse, que contém visões do momento em que o reino de Deus estará completo e tudo ficará bem.

7

O novo começo: nasce Jesus

Cada um dos evangelhos do Novo Testamento é diferente dos outros. O evangelho segundo São Marcos foi escrito primeiro, provavelmente no final dos anos 60 d.C. Mateus e Lucas usaram o evangelho de Marcos como fonte principal, de modo que há muitas semelhanças entre os três. Porém, Mateus e Lucas modificaram um pouco o relato de Marcos e contam histórias que não constam de seu evangelho, além de muitos outros ensinamentos de Jesus que Marcos desconhecia, ou que não quis incluir em seu relato. O último evangelho a ser escrito foi o de João, provavelmente no final do primeiro século d.C. ou logo no início do segundo, e tudo indica que ele não conhecia os outros três. Em alguns aspectos, o evangelho segundo São João é muito diferente dos outros. Por exemplo, ele achava que a parte verdadeiramente importante da vida de Jesus se passara em seus últimos três anos, e não apenas no último. Em seu evangelho, a maneira de Jesus transmitir seus ensinamentos também difere dos outros relatos. Por outro lado, ele se concentra muito no final da vida de Jesus e dedica um bom tempo a contar a história da sua morte e o que aconteceu em seguida. E, como os demais, tenta responder às seguintes perguntas: "Quem foi Jesus?"; "Quem é Jesus?"; "Qual o significado da vida dele?"; "Qual a sua importância?".

Se tivéssemos espaço, seria melhor contar a história relatada por Marcos sobre Jesus, depois a de Mateus, em seguida a de Lucas e, por fim, a de João, mas isso deixaria este livro longo demais. Então ire-

mos contar a história uma só vez, selecionando trechos dos quatro evangelhos.

Vamos começar com o relato de Mateus sobre o nascimento de Jesus e então contar também a versão de Lucas. Como você verá adiante, uma é bem diferente da outra. Os evangelhos de Marcos e João sequer possuem histórias sobre o nascimento de Jesus. Eles começam com Jesus já adulto e próximo do fim de sua vida.

As histórias do nascimento de Jesus de Marcos e Lucas estão entre as mais famosas da Bíblia, e os cristãos as relembram todos os anos no Natal.

UMA DESGRAÇA QUE SE TORNA UMA VERDADEIRA BÊNÇÃO

Mateus

Um jovem casal chamado Maria e José vivia na cidade de Belém, a alguns quilômetros de Jerusalém. Embora fosse apenas uma cidade pequena, Belém era famosa entre os judeus, pois lá Rute, Noemi e Booz tinham vivido, e lá também o rei Davi nascera. Por acaso do destino, José descendia do próprio Davi.

Maria e José estavam noivos. Naquela época, quando as pessoas se casavam, elas passavam por duas etapas e duas cerimônias, sendo o noivado a primeira delas. Maria tinha 12 anos quando foi prometida – o que significava que ela era esposa de José, e ele era seu marido, embora ela ainda morasse com os pais. Em breve seria realizada a segunda cerimônia de casamento e ela iria viver com José.

Porém, antes de isso acontecer, Maria ficou grávida. A criança não era de José, e ele sabia disso. Ela também sabia.

José ficou desolado. Era uma desgraça – uma desgraça terrível para Maria, para seus pais, para o restante da sua família, assim como para ele e sua família. José e Maria não poderiam mais consumar seu casamento. Ele poderia acusá-la publicamente de adultério. Assim, talvez conseguisse livrar-se.

Mas José era um homem bom e amava Maria. Jamais poderia expô-la a uma desonra como essa. Decidiu que se separaria dela, devolveria o dote que recebera de seu pai e os dois não consumariam o matrimônio. Tudo isso da maneira mais discreta possível.

José foi para a cama e chorou até dormir.

Na hora mais escura da noite, o Anjo do Senhor apareceu a ele em sonho, dizendo: "José, filho de Davi, não tenhas medo! O Espírito Santo do Senhor transformou essa desgraça em uma verdadeira bênção. Não temas receber Maria como tua mulher, pois o que nela foi gerado vem do Espírito Santo. Ela dará à luz um filho, e tu o chamarás de Jesus, pois ele salvará o seu povo dos seus pecados. Não temas! Não há motivo para medo."

José obedeceu às ordens do enviado de Deus. Consumou seu casamento com Maria, e os dois foram morar juntos na casa dele em Belém.

Maria teve um menino, como o anjo havia dito. José lhe deu o nome de Jesus.

Presentes dignos de um rei

Mateus

Na época de Jesus, o país dos judeus era um território ocupado. Ele fazia parte do império romano. O principal governante da região se chamava Herodes e era amigo dos romanos que o chamavam de "Rei dos Judeus". Muitos judeus ansiavam por alguém que devolvesse a liberdade à Terra Sagrada, alguém que não fosse amigo dos romanos, mas de Deus. Alguns esperavam por um homem que fosse um rei como Davi. Chamavam essa pessoa tão aguardada de "o Messias". Messias significa "Ungido" ou "Rei".

Quando Jesus cresceu, seus discípulos afirmaram que ele era o Messias. Mas, no relato de Mateus, além de Maria e José, algumas outras pessoas reconheceram quem era Jesus assim que ele veio ao mundo. Essas pessoas não eram judias, não adoravam o Deus dos judeus e não seguiam os ensinamentos ou costumes judaicos. Elas viviam a centenas de quilômetros de Belém, em um país muito ao leste chamado Pérsia. Ainda assim, viajaram até a cidade de Maria e José só para verem Jesus, para lhe prestar homenagem e lhe trazer presentes.

Mateus os chama de "magos". Magos eram homens muito inteligentes, que sabiam ler as estrelas, sábios capazes de interpretar sonhos e prever o futuro. Muitos acreditavam que eles possuíam poderes mágicos.

UM DIA, HERODES ESTAVA em seu palácio em Jerusalém, quando um escravo chegou com uma mensagem. O escravo fez uma mesura e anunciou:

– Vossa Majestade, dois dos seus enviados especiais estão lá fora. Eles têm algo muito importante para relatar ao senhor.

O restante de Jerusalém já sabia do que se tratava. Os magos tinham andado pelas ruas fazendo a mesma pergunta para todos os que encontravam: "Onde está a criança que nasceu, o rei dos judeus?" As pessoas os encaravam, estupefatas. "Nós vimos a estrela dele se erguer no céu noturno lá na Pérsia", explicavam os magos. "Viajamos esse tempo todo guiados pela sua luz da sua estrela", disse um deles. E o outro acrescentou: "Ela nos trouxe até Jerusalém, mas não sabemos para onde ir daqui em diante."

As palavras deles aterrorizavam o povo de Jerusalém. "Rei dos judeus!", exclamavam. "Uma criança, nascida rei dos judeus? Herodes não vai gostar disso, pois ele é o rei dos judeus. Se os magos estiverem certos, haverá um grande conflito."

Herodes enviou seus agentes secretos para as ruas da cidade em busca dos magos. Depois de conversar com as pessoas, eles voltaram correndo para o palácio e contaram a Herodes tudo o que tinham ouvido. O rei ficou assustado, pois os magos deviam ser levados a sério. Então havia outro rei dos judeus em algum lugar por ali?, pensou Herodes. O Messias devia ter nascido!

Imediatamente Herodes despachou mais escravos para as ruas da cidade para convocar os principais sacerdotes e os especialistas em religião, chamados escribas, para virem a seu palácio. Pouco depois, estavam todos reunidos diante dele.

Herodes foi direto ao ponto.

– Quando o Messias chegar – perguntou-lhes –, onde ele irá nascer?

Não era uma pergunta difícil. Um profeta chamado Mica já havia dado a resposta séculos atrás.

– Em Belém – responderam.

Depois de dispensá-los, Herodes convocou seus agentes.

– Vão buscar aqueles magos – ordenou – e tragam-nos para cá o mais rápido possível! Andem!

Ele não precisou aguardar muito.

– Ah, que gentileza virem de tão longe para me ver – disse Herodes quando os magos chegaram.

– Nós não viemos ver o senhor – responderam eles –, mas sim a criança que nasceu rei dos judeus. Estamos seguindo a estrela dela.

Herodes sorriu.

– Claro, claro – disse em seu tom mais suave. – Contem-me sobre essa estrela.

Os magos contaram o que sabiam. Então Herodes lhes disse:

– Quando encontrarem o menino, me avisem, porque eu também quero homenageá-lo.

Os magos partiram, e eis que a estrela voltou a surgir à sua frente, indo parar sobre o lugar onde se encontrava o menino.

Eles se alegraram imensamente. Entrando na casa, viram o menino com Maria, sua mãe, e, prostrando-se, o homenagearam. Em seguida, abriram seus cofres e lhe ofereceram presentes: ouro, incenso e mirra. Eram dádivas raras e valiosas, dignas de um rei.

Mais tarde naquela noite eles tiveram um sonho. Era um aviso, um alerta de que não deveriam voltar a Herodes. O sonho lhes mostrou que tipo de homem era o rei. Assim, eles retornaram para a Pérsia por outro caminho, evitando passar por Jerusalém.

DEPOIS QUE ELES PARTIRAM, José também teve um sonho. O anjo que havia surgido antes, quando Maria estava grávida, tornou a aparecer.

– Rápido! – disse o anjo. – Não há tempo a perder. Pegue Jesus e Maria e fuja para o Egito. Ande! Herodes está procurando o menino para matá-lo. Fique no Egito até eu lhe dizer que é seguro voltar.

Assim, Maria, José e Jesus seguiram rumo ao sul, até chegarem ao Egito. Foi uma viagem árdua, cansativa e assustadora. Ficaram lá até a morte de Herodes.

Mas o que aconteceu em Belém foi terrível.

Quando os magos não voltaram a Herodes, o rei ficou possesso. Não sabia ao certo a quem matar para livrar-se da ameaça que representava aquele menino. Por isso, decidiu mandar matar todos os meninos com menos de dois anos.

Então enviou seus soldados para o vilarejo, onde houve um massacre terrível. Ouviam-se em toda a parte os lamentos das mães e dos pais. Herodes sentiu-se seguro. No entanto, não tardou a morrer.

Pela terceira vez o anjo surgiu para José, agora no Egito, e lhe disse que podia voltar para casa. Aliviado, ele iniciou a viagem novamente, porém, quando chegou às fronteiras de seu país, descobriu que Arquelau, filho de Herodes, era o atual governador. O povo dizia que Arquelau era tão perverso quanto o pai, ou até pior. Por isso, em vez de voltar para Belém, a família seguiu muitos quilômetros para o norte, para além do mar da Galileia, até um vilarejo chamado Nazaré. Nazaré era muito pequena – apenas algumas centenas de pessoas viviam ali. Tampouco era famosa, poucos a conheciam. Naquele lugar, Arquelau jamais os encontraria. Assim, foi na região chamada Galileia, no pequeno e desconhecido vilarejo de Nazaré, que Jesus cresceu. José não possuía terras para cultivar, então ganhava a vida como carpinteiro, uma profissão muito humilde.

Maria é visitada por um anjo

Lucas

Lucas também nos conta que Jesus nasceu em Belém, mas em sua versão Maria e José vêm de Nazaré e retornam para lá depois do nascimento de Jesus. No evangelho de Lucas, o anjo não surge para José, mas sim para Maria, e as primeiras pessoas a visitarem o recém-nascido não são magos estrangeiros, mas pastores judeus que viviam nas colinas ao redor de Belém. Herodes também não está presente no relato de Lucas. Nele não existem soldados ou bebês mortos, e Maria, José e Jesus não precisam fugir para o Egito. O relato de Mateus é bastante sombrio. Sim, Jesus traz a luz de Deus para a Terra, porém, seu nascimento é cercado de medo, desgraça iminente, massacres e fuga. Lucas não se concentra tanto na perversidade do mundo, mas na dificuldade das circunstâncias do nascimento de Jesus. Ele nasce em uma estrebaria e é adorado pelos pastores que montavam guarda a seus rebanhos. Lucas prefere dar ênfase à grande alegria que a vinda de Jesus traz.

O evangelho de São Lucas conta também uma história de algo que Jesus fez quando tinha 12 anos de idade. É a única história em todos os evangelhos sobre a infância de Jesus, por isso decidimos incluí-la aqui.

UM DIA, DEUS ENVIOU um anjo a Nazaré. O anjo se chamava Gabriel e sabia exatamente para qual casa deveria ir.

Maria estava sozinha na casa dos pais. Embora estivesse prometida a José, o casamento dos dois ainda não havia sido consumado. Sua família estava feliz com o casamento, pois José era descendente do rei Davi.

De repente, a casa se tornou um local sagrado. O céu havia descido à Terra! A presença de um anjo encheu o recinto.

– Alegre-se cheia de graça! – disse Gabriel para Maria. – Você é uma pessoa muito especial para Deus e está coberta por suas bênçãos.

Maria ficou surpresa, sem entender o sentido daquilo.

O anjo notou seu medo.

– Não tema, Maria. Deus lhe reservou uma função muito especial. Em breve você conceberá uma criança em seu ventre. Terá um filho e lhe dará o nome de Jesus. Ele será um grande homem. Será chamado de Filho do Altíssimo, e Deus reserva para ele o trono de Davi. Ele será o rei dos judeus para sempre. Seu reino jamais terá fim.

Maria ficou cada vez mais perplexa.

– Como pode ser uma coisa dessas? – exclamou.

– Eu sou virgem, e José e eu ainda nem estamos vivendo juntos!

– O Espírito Santo virá sobre você e o poder de Deus vai envolvê-la – respondeu o anjo. – Por isso, o santo que nascer será chamado Filho de Deus. Também Isabel, sua parente que não tem filhos, concebeu uma criança na velhice, porque para Deus nada é impossível.

Disse então Maria: – Eu sou a serva do Senhor, faça-se em mim segundo Sua palavra.

Serva de Deus, foi o que Maria disse! Abraão era chamado de servo de Deus, assim como Moisés, o rei Davi e os profetas. E também Ana, a mãe de Samuel. Abraão, Moisés, Ana, Davi, os profetas – e agora Maria de Nazaré! Ela se sentiu a mulher mais orgulhosa do mundo. Fazia parte da família do Senhor. Onde quer que Deus fosse, ela o acompanharia.

A CANÇÃO DE MARIA

Lucas

Logo após a visita de Gabriel, Maria viajou rumo ao sul, até a cidade nas colinas da Judeia em que sua prima Isabel vivia. A essa altura, ela também estava grávida.

As duas mulheres se abraçaram, e a criança no ventre de Isabel pareceu dar pulos de alegria. Com um grande grito, Isabel exclamou:

– Bendita é você entre as mulheres e bendito é o fruto do seu ventre. Pois quando ouvi sua saudação, a criança que espero estremeceu de alegria em meu ventre. E eu já sei quem será sua criança. O Espírito de Deus me revelou. Todos o chamarão de Senhor.

Maria então disse:

"Minha alma engrandece o Senhor
e meu espírito exulta em Deus, meu Salvador,
porque olhou para a humildade de Sua serva.
Sim! Doravante as gerações me chamarão de bem-aventurada,
pois o Senhor fez em mim maravilhas.

Seu nome é santo.
É assim que age o Senhor.
Depõe os poderosos de seus tronos
e exalta os humildes.

Cumulou de bens os famintos
e despediu os ricos de mãos vazias.

É assim que nosso Deus sempre foi
desde os tempos de Abraão
e das promessas que lhe foram feitas
em favor de sua descendência para sempre."

Maria ficou com Isabel cerca de três meses, e então voltou para sua casa em Nazaré. Logo em seguida, Isabel teve seu filho, um menino. Ela o chamou de João. Seu marido concordou com o nome, pois um anjo do Senhor lhe dissera como ele deveria se chamar antes mesmo de o bebê ser concebido.

Um dia, Jesus e João se encontrariam às margens do rio Jordão.

NASCE JESUS

Lucas

Muito longe de Nazaré, para além do mar Mediterrâneo, na grande cidade de Roma, o imperador Augusto decidiu fazer um recenseamento que abrangeria todo o império. Isso significava que todos deveriam ir se apresentar às autoridades romanas e ter seus nomes colocados em uma lista oficial.

– Para onde devemos ir? – perguntou Maria a José.

– Para Belém – respondeu ele. – É de lá que vem minha família, antes de ter se mudado para a Galileia. Os romanos dizem que todos precisam voltar a seus lugares de origem.

– Mas Belém fica a quilômetros daqui! – observou Maria. O bebê pode nascer a qualquer momento. E se ele nascer no caminho? – Ela desatou a chorar.

Não havia nada que José pudesse dizer ou fazer, exceto consolá-la.

Assim, eles partiram, cruzando a pé os quase 150 quilômetros até Belém. Quando chegaram, não tinham onde ficar. As estalagens já estavam cheias. Não havia lugar para eles, e Maria entrou em trabalho de parto.

Eles fizeram o melhor que podiam. Maria embrulhou o bebê com tiras de pano para protegê-lo do frio da noite. Colocou-o para dormir em uma manjedoura, pois era o único lugar que havia para acomodá-lo.

Nos campos, um grupo de pastores estava reunido em volta de uma fogueira, tomando conta de seus rebanhos. Conversavam e riam quando de repente a luz da fogueira tornou-se parte de uma luz mais intensa que subia da terra até o céu, uma luz que brilhava com a glória de Deus. Um anjo estava parado no meio da luz. Os pastores ficaram estupefatos.

– Não tenham medo – disse o anjo. – Trago boas novas que encherão todo o seu povo de alegria. Um Salvador nasceu hoje à noite, o Messias, o Cristo-Senhor! Se vocês forem até Belém, poderão vê-lo. Irão encontrá-lo envolto em faixas e dormindo em uma manjedoura.

Assim que o anjo terminou de falar, juntou-se a ele uma multidão do exército celeste louvando a Deus e cantando:

"Glória a Deus nas alturas
e paz na terra aos homens que ele ama!"

– Vamos para Belém! – gritaram os pastores.

Puseram-se a correr colina acima e não tardaram a encontrar Maria, José e o recém-nascido dormindo em uma manjedoura!

Em seguida saíram para contar o que havia acontecido. Todos ficaram maravilhados com as notícias. Então os pastores retornaram para seus rebanhos, entoando as canções dos anjos por todo o caminho.

Maria guardava cuidadosamente todos esses acontecimentos em seu coração.

O VERDADEIRO LAR DE JESUS

Lucas

Maria e José eram judeus devotos. Quando Jesus ainda era criança, antes de voltarem para Nazaré, eles o levaram ao templo em Jerusalém, que ficava a poucos quilômetros de Belém.

Doze anos depois, Jesus retornou a Jerusalém com seus pais.

Todos os anos, Maria e José viajavam como peregrinos de Nazaré até Jerusalém para o grande festival da Páscoa. Quando Jesus completou 12 anos, eles o levaram junto.

A cidade estava apinhada de peregrinos. Muitos tinham vindo de longe para se reunirem ali. No festival, eles olhavam para suas origens como povo e comemoravam a época em que Deus os salvara das garras de um terrível faraó no Egito, fazendo-os atravessar em segurança o mar Vermelho. Foi nessa época que eles deixaram de ser escravos e seguiram em direção à liberdade, à dignidade e a uma terra só sua.

Maria já havia ensinado a Jesus a história da libertação do Egito. Agora ele se via entre milhares e milhares de pessoas, todas relembrando aquela história, todas tornando a ouvi-la, todas compartilhando os mesmos sonhos de liberdade e debatendo como poderiam viver como verdadeiros amigos de Deus naquela terra.

Jesus ficou fascinado com tudo aquilo; queria aprender mais. Tinha muitas perguntas a fazer, e havia sábios no templo que queria escutar. Eles saberiam esclarecer suas dúvidas.

Assim, quando o festival terminou e Maria e José começaram sua viagem de volta para a Galileia, Jesus resolveu continuar lá.

Maria e José pensaram que seu filho devia estar voltando com alguns de seus parentes e amigos. Somente após um dia inteiro de viagem é que perceberam que Jesus não estava ali. Passaram a noite em claro. Na manhã seguinte, ao raiar do dia, partiram de volta para Jerusalém. Quando chegaram à cidade, já havia escurecido e dificilmente conseguiriam encontrá-lo. Outra noite insone. Então, no dia seguinte, finalmente o encontraram dentro do templo. Ele estava sentado, ouvindo calmamente os professores judeus. Eles falavam sobre Deus, sobre como as pessoas deveriam viver e sobre detalhes da grande história do Seu povo. Todos estavam maravilhados com as perguntas que Jesus fazia e com as respostas que dava quando o questionavam.

Assim que o viram, Maria e José correram na direção dele.

– Jesus, o que você está fazendo? – perguntou Maria. – Quase morremos de preocupação, seu pai e eu! Como pôde fazer uma coisa dessas conosco?

Jesus voltou-se para eles e respondeu:

– Mas por que vocês vieram à minha procura? Não sabem que aqui é o meu lugar? Esta é a casa de Deus. Deus é meu Pai e eu sou Seu Filho. É aqui que eu devo estar.

Maria e José não entenderam o que ele estava dizendo. Achavam que o lugar de Jesus era com eles, na Galileia.

Jesus obedeceu a seus pais e voltou com eles para Nazaré.

Maria tinha outra lembrança para guardar no fundo do coração. Um dia ela entenderia.

8

Quem foi Jesus?

Se quisermos compreender a maneira como a história de Jesus é contada nos evangelhos, precisamos avançar para o período após a sua morte. Logo depois de Jesus morrer, seus amigos tiveram algumas experiências extraordinárias. Em uma série de ocasiões, sentiram que ele estava tão próximo deles quanto em vida. Era como se Jesus estivesse no mesmo recinto, como se pudessem ouvir sua voz, tocá-lo, dividir uma refeição com ele, conforme haviam feito tantas vezes. Eles diziam que Jesus tinha renascido dos mortos. Porém, havia outra coisa que tornava suas experiências muito mais singulares. Não era como se Jesus fosse uma espécie de fantasma, ou tivesse simplesmente voltado à vida. Estar em sua presença agora era como estar na presença de Deus. Quando sentiam que Jesus se encontrava no mesmo recinto, ou sentado com eles às margens do lago da Galileia, era como se Deus estivesse ali, em sua companhia.

Essas experiências os transformaram e conduziram suas vidas em uma nova direção. Eles começaram a pensar em Deus de uma maneira diferente, e sua compreensão de Jesus também foi radicalmente alterada. Reavaliaram a vida dele e a contemplaram sob uma nova perspectiva. De repente compreenderam o significado por trás de tudo aquilo. Perceberam que Jesus não era um camponês de Nazaré que tinha contado histórias maravilhosas, feito milagres e solucionado os problemas de tantos. Agora entendiam que Jesus havia feito Deus descer à Terra. O próprio Jesus falara bastante sobre o reino de Deus. Os discípulos tomaram consciência de que ele havia estabelecido esse reino na Terra. Por onde Jesus andara, as forças sinistras do mal haviam sido derrotadas e a luz e o amor de Deus ganhado a possibilidade de reinar.

É quase certo que nenhum dos autores dos quatro evangelhos tenha conhecido Jesus enquanto ele era vivo. Mas o conheceram depois que ele renasceu dos mortos. Também souberam como era estar perto dele e sentiam que ele lhes revelava o Senhor. Todos pertenciam às comunidades cristãs, nas quais muitas histórias sobre Jesus eram sempre repetidas. Em seus evangelhos, eles recontaram algumas dessas histórias ou criaram outras feitas para expressar as verdades incríveis que tinham descoberto. Embora cada um dos quatro evangelhos seja diferente dos outros, o propósito de todos era o mesmo.

O capítulo anterior deste livro tratou do nascimento e da infância de Jesus. Ele abarcou apenas os evangelhos de Mateus e Lucas, pois são os únicos a conterem relatos sobre o início da vida dele. O presente capítulo segue em direção à última parte da vida de Jesus, o período em que ele sai do anonimato em Nazaré e começa a viajar pelos vilarejos da Galileia, conquistando seguidores. Os quatro evangelhos lidam com esse período, e este capítulo irá recontar histórias de todos eles. Algumas vezes tratará de histórias presentes em três dos evangelhos, ou em todos os quatro; outras, a história contada estará em apenas um deles. Deixaremos claro logo no início de cada história a qual evangelho ou evangelhos ela pertence e indicaremos, nas referências ao final do livro, qual deles foi a fonte principal usada para recontá-la.

JOÃO BATIZA JESUS
Mateus, Marcos e Lucas

Em meio à natureza selvagem, bem no fundo do vale do Jordão, longe de Jerusalém e do templo, longe dos centros de poder, João, filho de Isabel, apareceu. Àquela altura, já era um homem adulto, e as pessoas o chamavam de João Batista. Multidões acorriam para ouvir o que ele tinha a dizer e para serem batizadas por ele no rio Jordão.

– É chegada a hora de o povo de Deus recomeçar – dizia-lhes João. – É chegada a hora de um novo começo, de aqueles entre vocês que deram as costas a Deus tornarem a se virar e a olharem em Seu rosto. Assim, vocês poderão ver a misericórdia Dele. É chegada a hora de uma nova Israel: um povo que deixará de seguir seu próprio caminho para seguir o caminho do Senhor.

As pessoas vinham de Jerusalém e de todas as cidades e vilarejos da Judeia para ouvir João. Ele vestia uma túnica de pele de camelo, com um cinto de couro em volta da cintura. Era assim que costumavam se vestir os profetas. João comia gafanhotos e mel silvestre, o alimento que o deserto tinha a oferecer, para lembrar da época em que seus ancestrais haviam fugido do Egito e encontrado Deus no meio do deserto do Sinai. João queria que eles se lembrassem de como seus ancestrais tinham atravessado as águas do mar Vermelho ao fugirem do faraó cruel e de seus soldados, e de como mais tarde haviam cruzado o rio Jordão para entrarem na terra que lhes fora prometida pelo Senhor. Assim, ele as batizava no Jordão, mergulhando suas cabeças bem fundo na água. Então, quando as levantava, elas estavam prontas para clamar pela nova libertação do povo de Deus.

Mas quem iria liderá-las?

– Você será nosso líder? – perguntavam.

– Não eu – dizia João. – Um homem mais poderoso do que eu está por vir. Não sou digno sequer de me ajoelhar aos seus pés para desatar suas sandálias. Eu despejei a água do Jordão sobre vocês; ele despejará o Espírito de Deus! Vocês todos serão reis e rainhas na bela Terra do Senhor.

Um dia, Jesus foi até onde João realizava os batismos. Ele tinha vindo desde Nazaré, na Galileia, e entrou na fila de pessoas que aguardavam na margem do rio. Depois de um tempo, chegou sua vez. João mergulhou sua cabeça na água. Por um instante, todo o universo prendeu a respiração. Então a cabeça de Jesus voltou à tona e tudo se transformou.

Quando Jesus retornou à margem do rio, foi como se os céus tivessem se partido em dois. O Espírito de Deus voou até Jesus na forma de um pássaro, e uma voz veio do céu, dizendo: "Você é meu filho, aquele que Eu amo. Você é minha alegria e me enche de satisfação." Era a voz do Senhor.

UMA LEITURA NA SINAGOGA

Mateus, Marcos e Lucas

O sábado era o dia sagrado dos judeus, e, sempre que estava em Nazaré, Jesus ia à sinagoga com os demais aldeões.

Em um sábado, o líder da sinagoga lhe pediu para ler uma passagem de um dos livros dos profetas judeus da antiguidade e comentá-la.

A cerimônia começou. Todos cantaram um salmo e recitaram palavras sagradas que suas mães haviam lhes ensinado quando eram crianças: "Ame a Deus com todo o seu coração, com toda a sua alma e com todas as suas forças." Depois vieram orações e leituras dos livros sobre Abraão e Moisés. Então, quando chegou a hora da leitura de um dos profetas, Jesus levantou-se e subiu no tablado que havia no meio do salão. O pergaminho já estava no pedestal – era o livro de Isaías. Jesus o desenrolou até chegar ao trecho que desejava. Leu então:

> "O Espírito do Senhor está sobre mim.
> Ele me ungiu para trazer boas novas aos pobres,
> para proclamar a libertação aos encarcerados,
> e aos cegos a recuperação da vista,
> para restituir a liberdade aos oprimidos
> e para proclamar um ano da graça do Senhor."

Ele enrolou o pergaminho de volta, entregou-o para o assistente e sentou-se. O silêncio tomou conta da sinagoga. A maneira como ele tinha lido aquelas palavras impressionara a todos. Eles já as haviam ouvido antes, mas não lidas daquela forma. Todos os olhares estavam cravados em Jesus.

– Hoje – disse Jesus –, neste exato lugar, nesta pobre sinagoga, essas palavras de Isaías ganharam significado. Elas se tornaram realidade neste pequeno vilarejo de vocês. Eu sou aquele de quem Isaías falou.

– Mas não pode ser! – exclamaram os presentes. – Você é filho de José. Nós o conhecemos. Nada de importante jamais acontece em Nazaré. Nunca tivemos um morador ilustre sequer. Não seja ridículo.

Jesus balançou a cabeça com tristeza.

– Nenhum profeta é aceito em sua pátria. Não poderei fazer nada aqui. Suas mentes estão fechadas; terei de ir ao encontro dos pobres em outra parte. Muitos de vocês são pobres. Muitos foram assolados pela calamidade e pela opressão. Eu sei o que tiveram de suportar. Mas vocês não me deixarão ajudá-los. Precisarei ir para outro lugar.

A sinagoga ficou em polvorosa. As pessoas berravam e gritavam.

– Então quer dizer que não somos bons o suficiente para você, hein, Jesus? Está se achando um profeta, é? Pense melhor, filho de José. Lembre-se de qual é o seu lugar!

Logo o grupo se tornou uma turba violenta que expulsou Jesus da sinagoga e do vilarejo. Quase o empurraram da beira de um precipício.

A cerimônia deveria ter acabado com uma antiga bênção sagrada, que dizia o seguinte:

"Que o Senhor o abençoe e proteja.
Que o rosto de Deus brilhe sobre você

e lhe seja gentil.
Que o Senhor erga o rosto em sua direção
e lhe traga a paz."

As pessoas deveriam ter voltado para casa com essas palavras ecoando em seus ouvidos. Mas era tarde demais. A cerimônia terminara. Confusão, violência e medo a haviam encerrado antes do tempo. A bênção nunca chegou a ser proferida.

PEDRO, TIAGO E JOÃO

todos os quatro evangelhos

EM TODOS OS EVANGELHOS, Pedro desempenha o importante papel de um dos melhores amigos de Jesus, e nos evangelhos de Marcos, Mateus e Lucas, dois irmãos, Tiago e João, formam com Pedro um núcleo entre os discípulos de Jesus. Eles compartilham com Jesus uma série de experiências que são vedadas aos demais e têm várias chances de enxergar a verdade mais profunda sobre o Filho de Deus e sobre quem ele é.

Cada um dos evangelhos traz uma história sobre como Pedro, Tiago e João começaram a seguir Jesus. A de Lucas é diferente das outras e também a mais expressiva das quatro. É ela que iremos contar aqui.

O POVO DE NAZARÉ expulsou Jesus do vilarejo, mas isso não aconteceu em toda a parte. Em outros lugares, as pessoas se reuniam para vê-lo e ouvi-lo.

Um dia, ele estava à beira do lago de Genesaré contando algumas de suas histórias. Havia alguns pescadores por ali. Em pé sobre a água rasa, lavavam suas redes. Jesus já conhecia um deles. Seu nome era Pedro, e ele morava em Cafarnaum, uma aldeia de pescadores bem ao norte do mar da Galileia. Agora Pedro limpava suas redes e ouvia as palavras de Jesus enquanto trabalhava. Dois dos amigos de Pedro também o ouviam. Eles se chamavam Tiago e João. Também eram pescadores e, como Pedro, estavam ocupados lavando suas redes.

Enquanto Jesus seguia contando suas histórias, cada vez mais pessoas acorriam para ouvi-lo. Os que estavam mais distantes mal conseguiam escutar suas palavras e empurravam os da frente, na esperança de conseguirem chegar mais perto. Em determinado momento, Jesus parou de falar e olhou ao seu redor. Viu os barcos e os pescadores e na mesma hora reconheceu Pedro.

– Pedro, posso usar seu barco? – gritou na direção do amigo.

– Claro – respondeu Pedro.

Jesus subiu no barco, e Pedro, Tiago e João jogaram suas redes dentro dele e empurraram um pouco a embarcação mar adentro. A voz de Jesus ricocheteava na superfície da água, e até os que estavam bem distantes conseguiam ouvir seus ensinamentos.

Passado algum tempo, ele terminou de falar e as pessoas se foram.

Jesus se sentou no barco.

– Vão para águas mais profundas – disse a Pedro – e joguem suas redes.

– Mestre, trabalhamos a noite inteira sem nada apanhar. Mas, porque mandas, lançarei as redes – respondeu Pedro.

Fizeram isso e apanharam tamanha quantidade de peixes que suas redes se rompiam. Pedro acenou, chamando outros amigos pescadores para ajudá-los. Eles vieram e encheram dois barcos, a ponto de quase afundarem.

Pedro ficou estupefato e se ajoelhou diante de Jesus, dizendo:

– Afasta-te de mim, Senhor, porque sou pecador.

O espanto havia se apoderado de todos, e também de Tiago e João, os companheiros de Pedro. Jesus porém disse a Pedro:

– Não há motivo para medo. Daqui por diante você será pescador de homens.

Pedro, Tiago e João tinham pescado naquele mar desde sempre, seguindo a tradição de seus pais, avôs e bisavôs. A pescaria era seu ganha-pão, seu ofício. Jesus estava lhes pedindo para deixarem tudo para trás, para abandonarem seus barcos, suas redes, seus amigos, seu vilarejo, suas famílias – todo o seu modo de vida. Estava lhes pedindo para trocarem o mundo que conheciam por outro que era um total mistério. O que aconteceria se decidissem seguir Jesus? Não faziam ideia.

E ainda assim eles o seguiram. Não conseguiam esquecer dos sentimentos que os invadiram quando estavam no mar, depois de apanharem todos aqueles peixes. Aquele homem poderia lhes revelar Deus. Já havia feito isso. Eles o acompanhariam para o que desse e viesse.

– Sim, Jesus – disseram eles. – Nós o seguiremos.

FOTINA: A MULHER DO POÇO

João

NESTA HISTÓRIA, JESUS e alguns de seus amigos mais próximos estão viajando rumo ao norte, da Judeia até a Galileia, atravessando uma região chamada Samaria. (A Judeia antigamente se chamava Judá e era a região em que ficavam as cidades de Jerusalém e Belém.)

Geralmente os judeus evitavam passar por Samaria, pois não se entendiam bem com os samaritanos. A rivalidade entre os dois povos remontava a mais de 700 anos, quando os assírios tornaram Samaria parte de seu império. Eles haviam deportado vários dos nativos da região e trazido uma série de estrangeiros para comandar o país e trabalhar nas fazendas locais. Esses estrangeiros trouxeram seus próprios costumes e crenças, assim como seus deuses. Depois disso, muito dos judeus do sul passaram a achar que os samaritanos não eram verdadeiros judeus. Então, para piorar a situação, 250 anos mais tarde, quando Jerusalém foi destruída pelos babilônios e Neemias veio para reconstruir seus muros, os samaritanos quiseram impedi-lo. Na época de Jesus, os dois povos se odiavam mais ainda. Os samaritanos haviam construído seu próprio templo em um lugar chamado monte Gerizim para competir com o templo de Jerusalém, e pouco mais de 100 anos antes de Jesus nascer soldados judeus o atacaram e o destruíram. Desde então, uma série de incidentes terríveis vinha ocorrendo, resultando em mortes de ambos os lados.

Assim sendo, é surpreendente que, nesta história do evangelho segundo São João, Jesus e seus amigos estejam atravessando Samaria para chegarem à Galileia, mais ao norte. Eles haviam alcançado uma cidadezinha próxima ao monte Gerezim. O poço de Jacó ficava ali – ou, pelo menos, era assim que todos o chamavam. De acordo com uma velha história, o próprio Jacó o cavara. As mulheres de Samaria tiravam água dele todos os dias. A história contada por João é sobre uma mulher que Jesus conhece quando ela vai usar o poço. João não diz qual é seu nome, chamando-a simplesmente de "uma mulher samaritana". Posteriormente, alguns cristãos passariam a chamá-la de Fotina. É bom que os personagens de uma história tenham nome, por isso também a chamaremos dessa forma.

ERA POR VOLTA DO MEIO-DIA e fazia muito calor. Os amigos de Jesus tinham ido até a cidade para comprar comida e ele ficara sentado perto do poço de Jacó, de frente para o portão da cidade. Àquela hora não havia muita gente por ali, mas Jesus notou uma mulher que atravessava o portão carregando um grande jarro de água na cabeça e um balde na mão. Obviamente, estava a caminho do poço para buscar água.

A mulher se chamava Fotina. Enquanto se aproximava, pôde ver um homem sentado à beira do poço. O que ele quereria?

Melhor ficar quieta, ela pensou. Não era certo uma mulher falar com um estranho.

– Pode me dar um pouco de água, por favor? – disse Jesus assim que Fotina baixou seu balde até o fundo do poço.

Esse homem é judeu!, pensou Fotina. Dá para notar pela maneira como fala. Eu sei o que os judeus acham de nós, samaritanos, especialmente das mulheres. Ralé imunda, é como nos chamam. Como ele se atreve a me pedir água? Por que não me deixa em paz?

Jesus a encarava. Ela era obrigada a lhe dar alguma resposta.

– O senhor é judeu – ela disse bem alto. – Como se atreve a pedir água para mim, uma samaritana?

– Se você soubesse como Deus é generoso e quem eu sou – respondeu Jesus –, estaria pedindo água para mim, e eu lhe daria água viva que você não precisaria buscar e carregar duas vezes ao dia.

– Não seja tolo! – disse Fotina, começando a puxar o balde de volta. – Como o senhor poderia me dar essa água? Não tem um balde, e este poço é muito fundo. E onde iria arranjar essa água viva de que está falando? Por acaso é mais poderoso do que nosso ancestral Jacó, que cavou este poço?

O balde já havia chegado em cima transbordando de água.

– Aqueles que beberem dessa água – respondeu Jesus – terão sede novamente. Mas os que beberem da água que eu lhes der jamais voltarão a sentir sede. Pois a água que eu lhes der vai se tornar neles uma fonte de água jorrando para a vida eterna.

Pela primeira vez, Fotina olhou diretamente para Jesus. Aquele homem estava falando sério. Não entendera o que ele tinha dito, mas parecia maravilhoso.

– Por favor, meu senhor, dê-me um pouco dessa água – ela pediu –, para que eu não precise me cansar todos os dias buscando-a e carregando-a daqui.

Jesus a encarou bem dentro dos olhos.

– Vá buscar seu marido – disse com brandura.

– Não tenho marido – respondeu Fotina.

– Exatamente – acrescentou Jesus. – Você teve cinco maridos, e o homem com quem vive agora não a desposou. Você disse a verdade.

Fotina ficou pasma. Aquele homem parecia saber tudo a seu respeito!

– Meu senhor – ela exclamou – vejo que é um homem santo, um verdadeiro profeta. Diga-me, quero saber uma coisa. É importante. Nós samaritanos adoramos a Deus na montanha sagrada que temos aqui, o monte Gerizim, mas vocês judeus dizem que o Senhor deve ser adorado em Jerusalém. O que o senhor acha disso?

– Está para chegar o dia – respondeu Jesus – em que vocês adorarão nosso Pai, o Senhor, não nesta montanha ou em Jerusalém, mas sim banhados em Seu Espírito e em Sua Verdade.

– O senhor diz coisas profundas – disse Fotina. – Sei que um Messias está por vir. Quando ele chegar, nos falará sobre coisas como essas.

– Eu sou o Messias – afirmou Jesus. – O Messias está falando com você agora.

Nesse momento, os amigos de Jesus atravessaram o portão da cidade e o viram sentado à beira do poço. Havia uma mulher ao seu lado, e os dois conversavam! Ficaram surpresos, pois sabiam que não se devia falar com mulheres em público – pelo menos, não com desconhecidas.

Enquanto eles se aproximavam do poço, a mulher levantou-se de repente e passou correndo por eles, deixando o jarro de água para trás. O que estava acontecendo? Eles se entreolharam, mas não falaram nada com Jesus.

Fotina entrou às pressas na cidade.

– Venham ver! – gritou ela. – Venham ver! Tem um homem no poço que me disse tudo o que já fiz na vida. Acho que pode ser o Messias!

O Messias? Mas agora? Na entrada da cidade deles? Junto ao poço? Todos saíram correndo pelo portão da cidade atrás de Fotina. Muitos começaram a acreditar que Jesus era o Messias, por causa do que ela havia dito e da maneira como o dissera. Então viram com seus próprios olhos. Fotina tinha razão. Os samaritanos imploraram para que Jesus permanecesse ali, e ele ficou por dois dias inteiros. Muitos passaram a acreditar nele.

Quando Jesus finalmente foi embora com seus amigos, os samaritanos disseram para Fotina:

– Você estava certa. Aquele homem é o Salvador de todo o mundo. Que honra ele ter se hospedado em nossa pequena cidade aqui em Samaria!

Assim, Fotina, uma mulher samaritana, foi a primeira a levar várias pessoas de uma só vez a crer em Jesus.

Domador das Forças Sinistras

Mateus, Marcos e Lucas

Para compreender bem esta história, é necessário retornarmos ao Antigo Testamento, ou *Tanakh*, ou para histórias e poemas ainda mais antigos que os judeus escutaram quando se assentaram na Terra Sagrada. Essas histórias e poemas falam de uma batalha travada entre os deuses e o mar. O mar era feroz e perigoso. Podia ficar furioso e lançar ondas imensas contra o litoral, virando pequenas embarcações e afogando todos os tripulantes. Ele era como um grande monstro, como as Forças Sinistras do mal e do caos que ameaçavam subverter a criação. As histórias e poemas da Antiguidade contavam como os deuses derrotaram essas forças malignas e aplacaram sua fúria. Os próprios judeus, no *Tanakh*, falam de um Deus que esmaga as ondas do mar e é capaz de controlar sua maré violenta.

Marcos, Mateus e Lucas tinham tudo isso em mente quando escreveram a história sobre Jesus e seus amigos cruzando o mar da Galileia. O mar da Galileia não é muito grande. Geralmente é um lugar pacífico e belo, com aves voando baixo acima dele e martins-pescadores mergulhando em suas águas para apanhar peixes. Mas às vezes tempestades surgem de repente, deixando-o ameaçador e perigoso. A história contada por Marcos, Mateus e Lucas é sobre uma dessas ocasiões – porém a tempestade de que falam não era uma tempestade comum.

Jesus estava parado à beira do mar da Galileia com seus amigos. O dia parecia tranquilo. Logo o sol iria se levantar por trás das colinas banhando tudo com sua luz dourada. Alguns de seus amigos, como Pedro, Tiago e João, eram pescadores e se encontravam ali com seus barcos.

– Vamos atravessar até o outro lado em um de nossos barcos – disse Jesus.

Todos embarcaram, e Pedro, Tiago e João içaram a vela. A outra margem ficava a apenas alguns quilômetros de distância, mas o barco parecia minúsculo no meio de toda aquela água.

De repente, as Forças Sinistras se lançaram colinas abaixo e atingiram o mar por todos os lados, de uma só vez, com uma poderosa tempestade. Fizeram as águas se erguerem em ondas imensas e arrebentarem sobre o barco. Os amigos de Jesus já haviam passado por muitas tempestades naquele mar, mas nenhuma tinha sido tão aterrorizante. Começaram freneticamente a tirar água da embarcação, mas era inútil. Estavam prestes a afundar – e Jesus dormia! Como era possível continuar dormindo no meio daquilo tudo? Os ventos uivavam, as águas faziam tudo em pedaços e o barco pinoteava como um cavalo enlouquecido. Parecia que o mundo inteiro iria desabar ao redor deles, e lá estava Jesus, dormindo placidamente!

– Acorde, Jesus! – gritaram eles. – Acorde! Estamos afundando! Nós vamos nos afogar! Você não se importa conosco? Acorde!

Jesus abriu os olhos e lhes disse:

– Por que têm medo, homens de pouca fé?

Nesse momento, uma onda tão alta quanto um penhasco vinha em direção ao barco, prestes a arrebentar em cima deles e a partir a embarcação ao meio. Jesus então se levantou com um salto.

– Pare! – gritou. – Acalme-se! Fique quieta!

Imediatamente, a onda desapareceu, os ventos cessaram e o mar baixou, retornando à calmaria de antes. O barco estremeceu um pouco, aprumou-se e retomou seu curso.

As Forças Sinistras haviam sido derrotadas! Voltaram para o seu covil e se esconderam no canto mais escuro dele. Um dia, elas ainda pegariam Jesus. Um dia.

Jesus se voltou para os seus amigos.

– Por que ficaram tão assustados? – perguntou. – Ainda não sabem quem eu sou?

De repente, seus amigos ficaram perplexos. Entreolharam-se. Quem era Jesus? Quem era aquele homem a quem até mesmo os ventos e as águas obedeciam?

UM LOUCO ENTRE AS TUMBAS

Mateus, Marcos e Lucas

EM CADA UM DESSES três evangelhos, a história que vamos contar vem logo após o episódio em que Jesus acalma a tempestade.

QUANDO JESUS E SEUS AMIGOS finalmente chegaram à outra margem do mar da Galileia, já era quase noite. Estavam em território gentio. Haviam deixado os judeus para trás por um instante. No entanto, o domínio romano nessa região da Palestina era igualmente forte. De tempos em tempos, o povo de algum vilarejo tentava se libertar, porém os romanos eram poderosos demais, e o povo então era massacrado, suas casas saqueadas e queimadas, suas plantações destruídas. Parecia não haver escapatória.

Alguns se refugiavam na loucura.

Havia um cemitério próximo ao local em que Jesus e seus amigos atracaram. Assim que Jesus desceu do barco, foi abordado por um homem possuído pelos demônios. O pobre-diabo vivia entre as tumbas e vagava pelas colinas que encimavam o mar. Noite e dia uivava como um lobo e se flagelava com pedras. Os habitantes da região morriam de medo dele. Haviam tentado contê-lo, e até acorrentá-lo. Porém, sua insanidade o tornava forte demais para eles. O louco partia as correntes e as algemas como se fossem feitas de palha.

Ele tinha visto Jesus se aproximando. Dançara e gritara durante a terrível tempestade e observara com um medo estranho Jesus ficar de pé no barco, encarar a onda e privá-la de toda a sua força. Então correu até o cais para recebê-lo.

Jesus ficou parado onde estava e o chamou.

O homem se prostrou no chão, como se estivesse a adorá-lo.

– Vá para longe de mim! – gritou. – O que você quer comigo? Eu sei quem você é. Você é o Filho do Altíssimo! Eu o conheço. Deixe-me em paz. Deixe-me em paz!

– Qual é o seu nome? – quis saber Jesus.

– Legião! – respondeu, porque muitos demônios haviam entrado nele e rogavam-lhe que não os mandasse ir para o abismo.

Ora, havia ali pastando na montanha numerosa manada de porcos. Os demônios rogavam para que Jesus lhes permitisse entrar nos porcos. E ele o permitiu. Os demônios então saíram do homem, entraram nos porcos e a manada se arrojou pelo precipício dentro do mar e se afogou.

A loucura abandonou o homem.

Os habitantes daquela região, no entanto, ficaram aterrorizados e pediram que Jesus se retirasse. Ele se virou e começou a subir no barco. O homem que ele havia curado se aproximou correndo.

– Deixe-me acompanhá-lo – pediu.

– Não, meu amigo – respondeu Jesus. – Você deve ir para casa agora. Deve tornar a viver entre os seus. Aqui é o seu lugar. Você precisa dizer aos seus amigos o que aconteceu hoje. Diga-lhes que encontrou a liberdade e a misericórdia de Deus.

O barco começou a se afastar do cais.

– Adeus, meu amigo – gritou Jesus.

O homem deu meia-volta e foi para casa.

Os famintos são saciados

Todos os quatro evangelhos

O menino desta história aparece somente no evangelho de João.

Uma grande multidão seguia Jesus porque tinha visto seus milagres. Ele possuía alguns discípulos – amigos íntimos, tanto do sexo masculino quanto do feminino – que o acompanhavam sempre, mas também havia inúmeras pessoas que viajavam por quilômetros para ouvir seus ensinamentos, trazer-lhe seus problemas, ou na esperança de que ele fosse expulsar os romanos ou libertá-los de sua pobreza.

Um dia, quando Jesus e seus discípulos estavam à beira do mar da Galileia, mais de cinco mil pessoas o cercavam.

Jesus começou a pregar. Muitas das histórias que contava eram parábolas criadas por ele mesmo para explicar melhor seus ensinamentos. Mas ele também lhes contava algumas das histórias antigas, como a do Jardim do Éden, a fuga do Egito, a travessia do deserto, a libertação do povo judeu.

Em determinado momento Jesus olhou para a multidão. Viu seus rostos macilentos e cansados, o medo e o anseio em seus olhos. Eram como ovelhas sem um pastor, pensou ele, deixadas à própria sorte.

Chamou então seu amigo Filipe e perguntou:

– Onde arranjaremos pão para eles comerem?

Filipe respondeu:

– Duzentos denários de pão não seriam suficientes para que cada um recebesse um pedaço.

André, irmão de Pedro, disse:

– Há aqui um menino que tem cinco pães de cevada e dois peixinhos, mas o que é isso para tanta gente?

Jesus ordenou:

– Façam todos se sentarem. – Tomou então os pães e os dois peixes e, depois de dar graças, distribuiu-os aos presentes. Ninguém ficou com fome; todos foram saciados. No final, os amigos de Jesus encheram 12 cestos com o que restou.

Estar na presença de Jesus era como voltar ao deserto com Moisés, quando Deus alimentou Seu povo e o manteve vivo. Era como viver no Jardim do Éden. Era como ver suas maiores esperanças e seus sonhos mais ambiciosos se realizarem.

Aquelas pessoas dos vilarejos da Galileia estavam acostumadas a entregar o melhor de suas colheitas para os latifundiários nas vilas e cidades. Não estavam habituadas a receber comida, não daquela forma. Já não eram mais ovelhas sem um pastor. Agora, tinham um líder. Um líder que cuidaria delas.

Mas para onde Jesus as guiaria?

Um homem enxerga pela primeira vez

João

Nesta história, Jesus cura um homem cego. João não lhe dá nome, mas nós o chamamos de Jônatas.

Jesus estava com seus amigos em Jerusalém, onde tinham ido a uma das festas no templo. Em determinado momento, Jesus começou a ensinar:

"Vós me conheceis e sabeis de onde sou;
no entanto, não vim por vontade própria,
mas é verdadeiro aquele que me enviou e que não conheceis.
Eu, porém, o conheço, porque venho de junto dele,
e foi ele quem me enviou."

Jesus continuou sua pregação, despertando admiração em muitos e revolta em outros. Ele prosseguiu:

"Eu sou a luz do mundo.
Quem me segue não andará nas trevas,
mas terá a luz da vida."

Ao final, os judeus apanharam pedras para atirar em Jesus. Ele, porém, escondeu-se e saiu do templo com seus discípulos.

Enquanto seguiam caminho, viram um homem mendigando. Era cego de nascença. Apesar de ter algum conhecimento, ninguém lhe dava emprego porque não conseguia enxergar.

Para as pessoas que cruzavam o seu caminho, ele não tinha nome. Nós o chamaremos de Jônatas.

Os amigos de Jesus olharam na direção dele.

– O que este homem fez para merecer ser cego? – perguntaram. – Será que ele ou seus pais fizeram algo errado?

– Ninguém tem culpa – afirmou Jesus com firmeza. – Ninguém. Ele não merece sua cegueira, nem seus pais. Mas agora a obra luminosa de Deus pode ser realizada! Eu sou a luz do mundo, meus amigos. Onde quer que eu vá, a escuridão é banida. Vocês verão.

Jesus andou até Jônatas e se ajoelhou diante dele. Cuspiu no chão de terra, fez lama com a saliva, aplicou-a sobre os olhos do cego e lhe disse:

– Agora vá lavar seus olhos na piscina de Siloé.

Jônatas foi até a piscina, lavou-se e viu seu reflexo na água! Nunca tinha visto o próprio rosto. Agora conseguia vê-lo. Estava enxergando!

Quando voltou para casa, seus vizinhos e as pessoas que costumavam vê-lo mendigar não conseguiam acreditar no que viam.

– É Jônatas! – exclamaram alguns.

– Não é possível – disseram outros. – Jônatas é cego. Este homem enxerga. Deve ser alguém parecido.

– Sou eu mesmo! – disse Jônatas. – Um homem chamado Jesus fez um punhado de lama, esfregou nos meus olhos e me mandou lavá-los na piscina de Siloé. Fiz o que ele disse e aqui estou, curado da cegueira.

– Quem é esse Jesus? – perguntaram.

– Não sei.

Como não conseguiam entender, levaram Jônatas até os fariseus, que eram especialistas em religião. Saberiam explicar aquilo.

Eles contaram tudo aos fariseus, mas os fariseus quiseram ouvir a história da boca do próprio Jônatas. Quando ele lhes relatou o que tinha acontecido, eles reagiram:

– Mas hoje é sábado – exclamaram. – Esse mendigo não estava à beira da morte. O homem que o curou deveria ter esperando até amanhã. É contra a lei trabalhar no sábado, e mesmo assim ele fez a lama, colocou-a sobre os olhos do mendigo e o curou. Esse homem não guardou o sábado, e por isso é um pecador. Ele não tem o menor respeito pelos ensinamentos de Deus.

– Esperem um instante! – disseram outros. – Vocês não podem chamar de pecador um homem que acabou de devolver a visão a alguém.

– O que você acha do homem que o curou? – perguntaram a Jônatas.

– Ele é um profeta – respondeu o mendigo. – Só pode ser!

Os fariseus ainda não estavam satisfeitos. Para certificar-se de que o mendigo falava a verdade, pediram para falar com seus pais.

Quando eles chegaram, os fariseus apontaram para Jônatas e perguntaram:

– Este é o filho de vocês?

– Sim – responderam eles.

– Ele é cego de nascença?

– Sem dúvida. – Lágrimas escorriam por seus rostos, de tanta felicidade.

– Nesse caso, como é que ele pode estar enxergando agora?

– Não sabemos – responderam seus pais. – Não sabemos. Perguntem a ele. – Eles reagiram assim por medo dos judeus, que ameaçavam expulsar da sinagoga quem reconhecesse Jesus como Cristo.

Os fariseus chamaram Jônatas uma segunda vez e exigiram que dissesse a verdade.

– Isso é sério – insistiram. – Queremos a verdade, mais nada. O homem que você diz que o curou é um pecador. Você precisa entender isso.

– Não sei se ele é ou não um pecador – disse Jônatas. – Mas sei de uma coisa: eu era cego e agora consigo ver.

Os fariseus pediram que ele voltasse a contar a história.

– Mas eu já contei! – exclamou Jônatas. – Por que querem ouvir de novo? Por acaso querem se tornar seguidores de Jesus?

– É você quem está seguindo aquele pecador! – vociferaram eles, furiosos. – Quanto a nós, seguimos Moisés e seus ensinamentos. Deus falou com Moisés face a face. Disso nós sabemos. Quanto ao sujeito que colocou lama sobre os seus olhos, sequer fazemos idéia de onde ele vem.

– É estranho – retrucou Jônatas. – Alguém abre os olhos de um cego de nascença e vocês não sabem de onde ele vem! É claro que ele vem de Deus. Se não fosse assim, jamais conseguiria ter feito o que fez.

– Como se atreve! – exclamaram eles. – Você também é um pecador. E como ousa vir até aqui nos ensinar o que pensar! Vá embora!

Um dos vizinhos de Jônatas encontrou Jesus e lhe contou o ocorrido. Jesus foi então ao encontro de Jônatas.

– Você acredita no Filho de Deus?

Jônatas achou a voz familiar, mas, como não tinha conseguido vê-lo antes, não sabia ao certo quem era aquele homem.

– Quem é o Filho de Deus? – perguntou Jônatas. – Eu gostaria de acreditar nele, senhor.

– Você está olhando para ele com seus próprios olhos! – afirmou Jesus. – Ele está falando com você.

Ao ouvir essas palavras, Jônatas teve certeza de quem era Jesus.

– Eu acredito no senhor! – exclamou, ajoelhando-se diante dele.

– Eu posso fazer os cegos verem – disse Jesus aos seus amigos –, enquanto que aqueles que acreditam ver tudo com clareza, como os fariseus, ficam cegos para a verdade quando estou por perto.

UMA MULHER E UMA MENINA SÃO RESSUSCITADAS

Mateus, Marcos e Lucas

ALÉM DE JESUS, EXISTEM TRÊS personagens importantes nesta história: um homem chamado Jairo, sua jovem filha e uma mulher em meio à multidão. A mulher e a filha de Jairo não têm nome em nenhum dos três evangelhos em que a história aparece. Decidimos chamar a mulher de Miriam e a filha de Jairo de Raquel.

UM DIA, JESUS E SEUS AMIGOS cruzaram o mar da Galileia rumo a uma vila de pescadores. O povo da vila viu que eles se aproximavam, e assim que o barco atracou, uma grande multidão se reuniu em volta de Jesus. Em meio às pessoas havia um homem chamado Jairo. Ele era um dos líderes da sinagoga local. Ajudava a tomar conta do prédio e a preparar as cerimônias religiosas.

Naquele momento, porém, Jairo estava quase enlouquecendo de tanta preocupação. Sua única filha, Raquel, se encontrava gravemente enferma, quase morrendo. Não havia nada que pudesse ser feito. Quando Jairo ficou sabendo que Jesus estava a caminho da vila, foi correndo até o cais para encontrá-lo. Não havia tempo a perder.

Jairo se acotovelou para atravessar a multidão e chegar até Jesus. Jogou-se aos seus pés e suplicou que ele fosse até sua casa para ver Raquel.

– Por favor – disse. – Ela tem apenas 12 anos e está morrendo. Por favor, toque-a com suas mãos para que ela possa melhorar e viver.

Jesus na mesma hora virou-se e partiu com Jairo em meio à multidão que os imprensava de todos os lados.

Também naquela multidão se encontrava outra pessoa tão desesperada quanto Jairo: uma mulher chamada Míriam.

Havia 12 anos que Míriam sofria de um fluxo de sangue incessante. Vivia sozinha, sem ninguém que cuidasse dela, e já tinha procurado diversos médicos, viajando longas distâncias, sem nenhum resultado.

Quando lhe disseram que Jesus estava a caminho dali, ela também foi até o cais. Reuniu a pouca energia que lhe restava e abriu caminho pela multidão. Estava desesperada, e Jesus era sua última e única esperança. Ela avançaria por aquela multidão até alcançá-lo e então apenas tocaria a bainha de sua túnica. Jesus não perceberia, mas ela, sim. Ele era um profeta, um homem santo, um homem de Deus. O simples fato de tocar sua túnica a curaria, e Míriam poderia recomeçar a viver.

Não foi fácil chegar até Jesus. Durante um momento terrível de desespero, Míriam achou que não iria conseguir. Mas então Jesus deu meia-volta e andou em sua direção. Ele estava com Jairo, o líder da sinagoga, cuja filha, Raquel, se encontrava muito doente.

Agora Jesus estava a poucos metros de distância. Míriam esperou o momento em que ele passou na sua frente, foi por trás dele e tocou sua túnica. Todo o seu corpo foi inundado por uma nova energia. Ela percebeu na mesma hora que o sangramento havia estancado.

Então começou a afastar-se, mas Jesus tinha parado. Ele percebeu que alguém o tocara. Teve consciência da força que saíra dele. Voltou-se para a multidão e perguntou:

– Quem tocou minha túnica?

– Como saber quem o tocou? – disseram os amigos de Jesus. – Olhe quanta gente está ao seu redor, empurrando-o e imprensando-o. Como poderiam deixar de tocá-lo?

Jesus, no entanto, continuava procurando a pessoa que o tinha tocado. Então Miriam, amedrontada e trêmula, caiu-lhe aos pés e contou-lhe toda a verdade.

Jesus estendeu sua mão e ajudou-a a se levantar.

– Minha filha – disse ele –, sua fé a salvou e curou seu mal. Vá em paz e fique livre de sua doença terrível.

Com essas palavras ecoando nos ouvidos, Míriam partiu dançando e cantando. Agora poderia viver plenamente.

Nesse exato momento um homem veio correndo e aproximou-se de Jairo.

– Acabo de vir da sua casa, senhor – disse baixinho. – Sinto muito, mas trago más notícias. Sua filha está morta. O senhor não precisa mais incomodar Jesus.

Jesus entreouviu o recado do mensageiro.

– Não tenha medo – Jesus consolou Jairo. – Apenas acredite, como Míriam acreditou.

Jesus dispersou a multidão e encaminhou-se para a casa de Jairo levando apenas Pedro, Tiago e João.

Quando chegaram, havia apenas choro e lamentação no interior da moradia. A mãe de Raquel e as mulheres da vizinhança pranteavam a morte da criança.

– Por que tanto alarde? – perguntou Jesus às mulheres que choravam. – A menina não está morta, mas apenas dormindo.

Zombaram dele. Jesus ordenou que todos saíssem, ficando apenas os pais da menina e seus três amigos. Dirigiram-se então ao quarto onde se encontrava a morta.

Tomando a mão de Raquel, Jesus falou: "Menina, eu lhe digo, levante-se."

O silêncio no quarto foi total. Então ouviu-se o som da respiração de Raquel. Lentamente, ela se levantou. Saltou para o chão, espreguiçou-se e começou a andar pelo quarto.

Todos ficaram extremamente espantados. Jesus recomendou que não contassem a ninguém o que tinham visto. E pediu aos pais:

– Acho melhor vocês darem alguma coisa para Raquel comer. Ela deve estar faminta.

Pedro entende; Pedro não entende

Mateus, Marcos e Lucas

Esta história se passa bem ao norte da Palestina, na região em que Jesus viveu, perto de uma cidadezinha chamada Cesareia de Filipe. Durante séculos, as pessoas consideravam esse local sagrado. Havia uma caverna ali e, próximo dela, uma fonte que era uma das nascentes do rio Jordão. As pessoas costumavam ir adorar um de seus deuses nessa caverna. Pouco antes de Jesus nascer, o rei Herodes havia construído um templo em frente à caverna em homenagem ao imperador romano Augusto. Suas paredes externas eram feitas de pedras calcárias quadradas, cortadas à perfeição, e seu interior era revestido de um belo mármore. Era como se Herodes tratasse o imperador como um deus. Na verdade, muitos no império romano diziam que Augusto era filho de um deus e afirmavam sua divindade.

Alguns anos mais tarde, Filipe, filho de Herodes, construiu uma cidade no local, com mais templos suntuosos. Ele lhe deu o nome de Cesareia, pois Augusto era conhecido como César Augusto. Mas, como Herodes já havia construído antes sua própria Cesareia, um grande porto na costa da Palestina, Filipe chamou sua cidade de Cesareia de Filipe, para que as pessoas não a confundissem com a do porto.

O pequeno vilarejo de Nazaré, onde Jesus havia sido criado, era muito diferente de Cesareia de Filipe. Lá não havia templos suntuosos. As casas eram feitas de pedras apanhadas nos campos, colocadas umas sobre as outras e rejuntadas com argila ou lama. O chão das casas era de terra batida, e os telhados, de palha. Não havia ricos em Nazaré, e a família de Jesus era mais pobre do que a maioria. Jesus era muito diferente de César Augusto. Pedro percebia isso, é claro, mas não conseguia deixar de sonhar que um dia...

Jesus e seus amigos estavam no norte da Palestina, nas encostas de uma grande montanha chamada monte Hermon. Andavam por uma trilha, conversando, e quando chegaram a um cume Jesus parou de repente. Ele apontou em direção ao sopé da montanha.

– Vejam – disse ele –, ali está Cesareia de Filipe.

Os templos e os grandes edifícios públicos da cidade reluziam, brancos, sob o sol da manhã. Jesus e seus amigos conseguiam distinguir o templo a Augusto, construído por Herodes. "Olhem para mim", parecia dizer a cidade, "não sou um lugar grandioso?! E Herodes é um rei tão excelente, e seu filho Filipe, um governante tão bom! Quanto ao imperador Augusto, ele é filho de um deus. Na verdade, ele é um deus. Venham adorá-lo!"

Jesus ficou parado ali, com suas roupas de camponês, olhando para a cidade. Voltou-se para seus amigos.

– Quem as pessoas acham que eu sou? – perguntou.

– Alguns dizem que você é João Batista – eles responderam.

– Outros, que é Elias, ou algum dos profetas.

– E vocês? – perguntou Jesus. – Quem vocês acham que eu sou?

Pedro olhou para a cidade mais abaixo e para o templo de Augusto. Então ergueu a cabeça e olhou bem nos olhos de Jesus.

– Você – afirmou solenemente – é o Messias, o Filho do Deus vivo.

– Vocês estão proibidos de falar sobre isso com alguém – reagiu Jesus. – Precisam entender uma coisa muito importante. Eu sei que muitos dos meus irmãos judeus estão em busca de um Messias que virá com grande alarde, alguém que surgirá cheio de força e poder, jogará os romanos no mar e se sentará em um grande trono em Jerusalém. Mas eu não vim fazer grande alarde, não sou imbuído desse tipo de força e poder, nem tenho a intenção de massacrar romanos, sentar em tronos e controlar as vidas das pessoas. Não é assim que eu sou. E não é assim que Deus é.

"Eu de fato vim lutar contra a tirania. Mas não a enfrentarei com a força. Eu a enfrentarei com o sofrimento. Assim que chegarmos a Jerusalém, serei julgado pelos líderes religiosos, serei condenado e executado. Serei rejeitado pelos anciãos, pelos chefes dos sacerdotes e pelos escribas. Porém, três dias depois da minha morte eu ressuscitarei."

Pedro não suportava ouvir tudo aquilo. Não era essa a ideia que ele fazia de um Messias! Chamando Jesus de lado, começou a recriminá-lo.

Jesus, porém, voltou-se para ele, dizendo:

– Afaste-se de mim, satanás, porque você não pensa nas coisas de Deus, mas nas dos homens que só querem poder para si!

A LUZ DE DEUS

Mateus, Marcos e Lucas

Pedro ainda era um dos amigos mais próximos de Jesus. Ouvi-lo falar que seria julgado, condenado e executado causava muita dor. Um dia, com Tiago e João, Pedro viu como Jesus era de verdade.

Jesus levou os três sozinhos até o cume de uma montanha bem alta. A subida era árdua. Por que estavam indo até lá em cima? Os amigos não sabiam. Às vezes Jesus subia uma montanha para rezar. Talvez fosse isso.

Chegaram ao alto. Não estavam preparados para o que aconteceu em seguida.

Jesus se transfigurou diante deles. Seu rosto brilhava como o sol, e suas roupas eram de um branco ofuscante.

Aquela era a verdadeira aparência de Jesus – coberto com toda a glória de Deus! Era como estar no topo do monte Sinai: o lugar em que Deus fora ao encontro de Seu povo após libertá-lo do Egito. O local onde havia surgido diante dos israelitas na forma de uma estranha e sobrenatural profusão de relâmpagos e trovões, fogo brilhante e fumaça, ao som demorado e contínuo de uma trombeta de chifre de carneiro. Aquele era o lugar em que Deus havia falado com Moisés face a face; o lugar em que o havia escondido na fenda de uma rocha e passado por ele em todo o esplendor de Sua bondade. Era o lugar em que Deus havia se manifestado em meio a uma névoa espessa. E era também o lugar em que Ele tinha sido terrivelmente magoado pela deslealdade de Seu povo.

E Moisés estava lá. Os amigos de Jesus conseguiam vê-lo com toda a clareza. E Elias também. Elias também encontrara Deus no Sinai. Estavam os dois ali, compartilhando aquele novo momento de estranha glória. Era como um vislumbre do paraíso! O rosto de Moisés havia brilhado com a luz ofuscante de Deus, contavam as histórias antigas. A luz do rosto de Jesus parecia vir de dentro dele próprio.

Pedro queria que aquela visão durasse para sempre. Mas não conseguia pensar em nada para dizer.

– Meu Senhor, é bom ficarmos aqui – finalmente disse. – Se quiser, levantarei três tendas: uma para o Senhor, uma para Moisés e outra para Elias.

Pedro ainda falava quando uma nuvem luminosa os cobriu com sua sombra e uma voz saiu de dentro dela, dizendo:

– Este é o meu Filho amado que é minha alegria. Ouçam o que ele diz!

Quando ouviram a voz de Deus, os três amigos ficaram assustados e caíram com o rosto no chão.

Jesus andou até eles e tocou de leve o ombro de cada um.

– Levantem-se – disse. – Não tenham medo.

Pedro, Tiago e João olharam à sua volta. Apenas Jesus estava ali com a mesma aparência de sempre.

9

JESUS, O CONTADOR DE HISTÓRIAS E O POETA

Jesus passou boa parte do tempo do fim de sua curta vida ensinando sobre os caminhos de Deus a seus amigos, a seus seguidores e às pessoas que vinham ouvi-lo. Na maioria das vezes, ele ensinava contando histórias chamadas de parábolas. Jesus era um excelente contador de histórias e um poeta brilhante.

As parábolas são feitas para oferecer às pessoas visões de um mundo diferente – o reino de Deus. Elas também servem para ajudar as pessoas a olharem para si mesmas e para o mundo em que vivem e verem as coisas através dos olhos de Deus.

Neste capítulo nos basearemos em grande parte nos evangelhos de Lucas e Mateus, mas, em alguns momentos, recorreremos também a Marcos e João. Muitas das histórias ou parábolas mais belas da Bíblia se encontram no evangelho segundo São Lucas. Começaremos com quatro delas.

UMA OVELHA PERDIDA, UMA MOEDA PERDIDA E UM FILHO PERDIDO

Lucas

MUITAS VEZES, NÃO ERAM os religiosos ou as pessoas boas e respeitáveis que se sentiam mais atraídas por Jesus, mas sim as que eram ignoradas ou desprezadas por serem pobres ou impuras aos olhos da lei religiosa judaica, ou por coletarem impostos para os romanos. Jesus não só recebia de braços abertos essas pessoas, como também as chamava para comer em sua companhia. Ele sentava-se na companhia delas e dividia sua comida com elas. Isso era algo sem precedentes. Jesus tratava aquelas pessoas como suas amigas – como suas iguais! Os líderes religiosos revoltavam-se com isso. Um homem rico poderia oferecer um banquete para os pobres, mas jamais se sentaria para comer com eles. O comportamento de Jesus ia contra todas as regras. Como ele poderia ser um bom judeu e se comportar daquela forma?

Um dia, alguns desses líderes estavam murmurando entre si sobre como ficavam chocados com muitas das pessoas que vinham escutar as palavras de Jesus.

– Ele as convida para as refeições – disse um deles –, senta-se ao lado delas, e todos comem juntos.

Jesus ouviu o que os líderes diziam e percebeu a expressão de repúdio em seus rostos. Então contou-lhes as três seguintes parábolas:

– Imaginem – disse Jesus – um pastor que está cuidando de 100 ovelhas. Ele as conduz a lugares em que possam encontrar pasto e água para beber. No fim do dia, chega a hora de levar as ovelhas de volta ao vilarejo. Então o pastor começa a contá-las para se certificar de que estão todas ali e se dá conta de que falta uma. O que ele irá fazer? Partirá em busca da ovelha perdida. Subirá as colinas e descerá até os leitos secos dos rios. Irá olhar atrás de cada rocha e inspecionará as beiras dos precipícios. Durante todo esse tempo o pastor estará chamando a ovelha perdida e tentando ouvir seu balido. E, quando a encontrar, a colocará sobre os ombros e muito alegre convocará amigos e vizinhos para comemorar, dizendo: 'Alegrai-vos comigo, porque encontrei a minha ovelha perdida.' Eu vos digo que, do mesmo modo, haverá mais alegria no céu por um só pecador que se arrepende do que por 99 justos que não precisam de arrependimento.

– IMAGINEM – CONTINUOU JESUS – uma mulher que tenha 10 moedas de prata que para ela são muito valiosas. Então, um belo dia, ao contar as moedas, percebe que uma desapareceu. O que ela fará? – perguntou ele. – Acenderá uma lamparina para olhar em todos os cantos da casa. Varrerá o chão e tentará ouvir o retinir da moeda contra as cerdas da vassoura. Se ainda assim não a encontrar, irá examinar o monte de sujeira que varreu para se certificar de que ela não está lá. E, quando a achar, convocará amigas e vizinhas para comemorar, dizendo: "Alegrai-vos comigo, porque encontrei a moeda perdida." Eu vos digo que, do mesmo modo, há alegria diante dos anjos de Deus por um só pecador que se arrepende.

– AINDA TENHO OUTRA HISTÓRIA PARA VOCÊS – prosseguiu Jesus.

"Um homem tinha dois filhos. Um dia, o mais jovem se aproximou do pai e disse: 'Pai, quando o senhor morrer, sua propriedade será dividida entre mim e meu irmão. Bem, eu não posso esperar. Queria minha parte agora.'

"Era um pedido chocante e doloroso. Qualquer pai teria ficado indignado. No entanto, o pai desse jovem fez o que ele pediu. Dividiu sua propriedade, como se já tivesse morrido.

"Em questão de dias, o filho mais novo juntou toda a sua parte e partiu, viajando para um lugar distante. Ali, gastou tudo o que tinha com diversão. Mas, quando o dinheiro acabou, ele se sentiu muito longe de casa. Seus novos amigos se afastaram quando seus bolsos ficaram vazios e ele se encontrou muito sozinho. Para piorar a situação, o país em que estava vivendo foi assolado por uma fome rigorosa. A comida se tornou extremamente difícil de achar e extremamente cara. Ele não tinha dinheiro para comprar nada. Começou a passar fome.

"Então teve que procurar trabalho e só conseguiu empregar-se com um homem que o mandou cuidar de seus porcos no campo. No entanto, o criador de porcos não lhe dava nada para comer, e ele cobiçava o alimento dos animais.

"Finalmente, ele caiu em si. Lá em casa, pensou, os empregados de meu pai têm mais do que o suficiente para comer, enquanto eu estou aqui morrendo de fome. Vou voltar para casa e quando chegar lá vou pedir perdão, dizendo: 'Pai, pequei contra Deus e contra o senhor. Não sou mais digno de ser chamado de seu filho. Não posso mais pertencer à família depois do que fiz, mas me aceite como um de seus empregados.'

"Então partiu de volta para casa. Era uma longa viagem, e ele estava fraco por causa da fome. Suas sandálias estavam gastas e suas roupas em frangalhos.

"Ele estava ainda longe quando seu pai o viu. Todos os dias o pai subia até o alto do monte, na esperança de ver o filho voltando. Tomado de compaixão, correu, abraçou o filho e cobriu-o de beijos.

"O filho fez seu discurso: 'Pai', disse ele, 'eu pequei. Pequei contra Deus e contra o senhor. Não sou mais digno de ser chamado de seu filho.' Mas o pai ordenou a seus servos: 'Vão depressa buscar uma túnica para meu filho, coloquem um anel em seu dedo e sandálias em seus pés. Tragam o melhor novilho, para festejarmos, pois este meu filho estava morto e tornou a viver, estava perdido e foi reencontrado.' E começaram a festejar.

"O primogênito ainda estava trabalhando nos campos. Quando se aproximou de casa, ouviu o som da música e viu pessoas dançando. Chamando um servo, perguntou o que estava acontecendo. Quando o servo lhe contou, ficou com muita raiva e não queria entrar em casa. Seu pai saiu para suplicar-lhe, mas ele reagiu: 'Eu trabalhei como um escravo para o senhor por todos esses anos. Fiz tudo o que o senhor mandou. Nunca contrariei suas vontades. E ainda assim o senhor nunca me deu nem um cabrito para assar e dividir com meus amigos. Mas agora que este seu filho voltou, depois de gastar em uma vida desregrada tudo o que o senhor lhe deu, o senhor mata o nosso bezerro mais gordo para ele. Não é justo!'

"'Meu filho', respondeu o pai, você está sempre ao meu lado. Tudo o que tenho é seu. Mas era preciso festejar, porque seu irmão estava morto e tornou a viver, estava perdido e foi reencontrado. Como poderíamos deixar de ficar alegres?'

"Lembrem-se dessas história", disse Jesus para os líderes religiosos, "e vocês começarão a me entender. Lembrem-se do pai desta história e vocês começarão a compreender quem é Deus."

O BOM SAMARITANO

Lucas

A PARÁBOLA DO FILHO PRÓDIGO é uma das mais famosas do Novo Testamento. A outra é a do Bom Samaritano, que também se encontra no evangelho de Lucas.

Quatro homens estavam atravessando o deserto da Judeia, de Jerusalém para Jericó, o que compreendia uma distância de aproximadamente 30 quilômetros. Três eram judeus, e o quarto, samaritano.

Samaritanos e judeus não se entendiam. Eram inimigos havia séculos. A Samaria ficava entre a Judeia ao sul e a Galileia ao norte. A maioria dos judeus evitava a região sempre que possível, e os samaritanos procuravam manter distância dos judeus. Muitos judeus consideravam os samaritanos como a escória.

A parábola fala sobre um sacerdote e um levita. Eles deviam estar vindo do templo em Jerusalém, onde ajudavam a conduzir o culto. Os sacerdotes exerciam as funções mais importantes no templo, enquanto que os levitas ficavam encarregados dos trabalhos mais braçais. Os dois provavelmente estavam voltando para casa.

Lucas também coloca a parábola dentro de uma situação específica: uma conversa entre Jesus e um especialista na lei religiosa judaica.

Um especialista na lei judaica estava ouvindo Jesus ensinar às pessoas sobre os caminhos de Deus. Então levantou-se e fez a seguinte pergunta:

– Mestre, o que farei para ter a vida eterna?

– O que está escrito na lei? – perguntou Jesus.

– Amarás o Senhor teu Deus com todo o teu coração, com toda a tua alma, com todas as tuas forças e com todo o teu entendimento – respondeu o especialista. – E a teu próximo como a ti mesmo.

– Exatamente – disse Jesus. – Faça isso e você terá a vida eterna.

– Mas quem é o meu próximo? – perguntou o especialista.

– Deixe-me lhe contar uma história – falou Jesus.

"Um homem estava viajando de Jerusalém para Jericó e foi atacado por assaltantes que o roubaram, espancaram e foram embora, deixando-o quase morto.

"Por acaso, um sacerdote viajava pela mesma estrada. Ao fazer uma curva, viu o pobre coitado caído poucos metros à sua frente. O sacerdote fez seu jumento parar. O que deveria fazer? O homem tinha sido obviamente atacado por ladrões. Será que eles ainda estariam por perto? O sacerdote olhou com nervosismo ao seu redor e tentou descobrir se havia alguém à espreita. O homem caído à beira da estrada não movia um músculo. Deve estar morto, pensou o sacerdote. Isso significa que eu não devo tocá-lo. Sou um religioso, ficarei conspurcado se me aproximar dele. Se fizer isso, terei que ir ao templo e ficar no meio de todas as outras pessoas impuras quando eles soarem o gongo e oferecerem o incenso. Vou levar um bom tempo para me purificar novamente, e ainda vai me sair muito caro. Sei que a lei exige que eu não deixe de enterrar um cadáver, mas não posso chegar perto o suficiente para conferir se ele está morto. Por outro lado, talvez ele nem seja judeu. Oh, céus, o que devo fazer?

"O homem caído continuava imóvel.

"O sacerdote atravessou até o outro lado da estrada, mantendo-se o mais longe possível. Então chutou o jumento, fazendo-o trotar, e seguiu às pressas em direção a Jericó.

"O homem continuou caído, coberto de sangue. O tempo passou. Abutres começaram a circular acima dele.

"Então um levita dobrou a curva da estrada. Também viu o homem e, tal como o sacerdote, parou para olhar. As mesmas coisas lhe passaram pela cabeça. Ele vira o sacerdote se afastando sem dar socorro. Se ele não parou, pensou o levita, por que eu deveria parar? Assim, também atravessou para o outro lado da estrada e saiu rápido dali.

"Mais tempo passou. O homem continuava inconsciente. Logo seria noite.

"Nesse momento, um samaritano veio descendo a estrada com uma fileira de jumentos. Ao ver o homem caído, saltou de sua montaria, foi até ele e ajoelhou-se ao seu lado. O homem ainda estava vivo, graças a Deus! O samaritano pegou um frasco de óleo de oliva e um pouco de vinho e lavou as feridas do homem da melhor forma que pôde. Havia também um pouco de tecido em sua bagagem, materiais caros que ele comprara no mercado de Jerusalém. Rasgou os tecidos em tiras para usá-las como ataduras. Depois acomodou cuidadosamente o homem em cima do jumento e o conduziu, juntamente com os outros animais, até uma das estalagens de Jericó.

"O samaritano cuidou do homem durante toda a noite. Ao ver que ele não tinha condições para seguir viagem, deu algum dinheiro para o dono da estalagem e pediu: 'O senhor poderia cuidar desse homem para mim? Essa quantia deve ser suficiente, porém, se tiver mais gastos, posso ressarci-lo quando voltar. Não quero que o pobre coitado, além de todos os problemas que já tem, ainda contraia uma dívida.'"

Quando terminou de contar a história, Jesus se voltou para o especialista na lei.

– O que você acha? – perguntou-lhe. – Qual dos três foi o próximo do homem atacado pelos ladrões?

– O que foi misericordioso para com ele – respondeu o especialista.

– Então você deve ser como esse samaritano – falou Jesus. – Deve fazer o que ele fez. Ele não parou para esmiuçar os detalhes da lei. Agiu como achou que deveria agir. Não quis saber se o homem caído na estrada era judeu ou não. Apenas o viu como alguém que precisava de ajuda. Se você quiser mesmo estar junto de Deus e seguir o Seu caminho, seja como o samaritano da história.

Os trabalhadores do vinhedo

Mateus

Em muitas de suas parábolas, Jesus mostrou que Deus via as coisas de forma diferente dos seres humanos. Na verdade, o que ele queria transmitir era: "Se quiserem agir como Deus deseja, preparem-se para reavaliar o que é certo, justo e bom. Preparem-se para mudar de ideia quanto ao verdadeiro significado da bondade e da generosidade. Preparem-se para ver o próximo sob uma nova ótica."

Nossa última parábola, que se encontra apenas no evangelho de Mateus, se passa na zona rural da Galileia, que Jesus conhecia muito bem, e nos vinhedos tão comuns naquela região. Quando as vinhas estavam prontas para a colheita, era importante agir rápido. Para isso, os donos dos vinhedos precisavam contratar mão de obra extra. Muitas pessoas na Galileia não possuíam terras próprias e eram paupérrimas. O dinheiro que conseguiam ganhar nessa época era muito importante para elas e para suas famílias. A família dos que não fossem contratados iria passar fome. Portanto, os trabalhadores se reuniam no mercado do vilarejo mais próximo logo de manhãzinha, na esperança de que alguém os contratasse para o dia. No período de colheita, a jornada de trabalho era de 12 horas, e os homens precisavam continuar trabalhando sob o calor do meio-dia e da tarde.

É esta a parábola:

– ASSIM É O REINO DE DEUS – disse Jesus.

"Havia chegado a época de colher as uvas. Então, às seis da manhã, o dono do vinhedo foi até o mercado do vilarejo para contratar mão de obra. Havia um grande número de homens por ali torcendo para serem contratados. Alguns tinham problemas nas costas ou nas juntas e outros eram um tanto velhos. Porém, todos tentavam parecer o robustos, fortes e dispostos. E de fato queriam trabalhar. Suas famílias dependiam deles.

"O dono do vinhedo escolheu alguns dos homens e negociou o quanto pagaria pela empreitada. Concordou em lhes dar a quantia habitual por um dia de trabalho. Seu capataz lhes pagaria ao final do expediente.

"A colheita não estava indo rápido o suficiente. O dono do vinhedo precisava de mais homens. Então, às nove da manhã, voltou ao mercado, escolheu mais alguns peões, prometeu-lhes pagar o justo e os enviou até o vinhedo. Ao meio-dia, e novamente às três da tarde, o dono do vinhedo voltou ao mercado e contratou mais mão de obra.

"O dia de trabalho estava chegando ao fim. Agora a colheita ia bem, mas seriam necessários mais alguns homens para terminar o serviço. Assim, o dono do vinhedo retornou ao mercado. Já eram cinco da tarde e restava apenas uma hora de trabalho.

"Ele encontrou alguns homens desesperados por algum serviço, mesmo que fosse apenas por uma hora, para poderem levar algo para suas famílias. O dono do vinhedo os contratou.

"Uma hora depois chegou o momento de todos pararem de trabalhar. O dono foi falar com seu capataz.

"'Chame os trabalhadores até aqui e pague-lhes', disse. 'Comece pelos que foram contratados por último, até chegar aos que vieram primeiro.'

"Assim, os homens que tinham sido contratados por volta das cinco da tarde fizeram uma fila e cada um recebeu o equivalente a um dia de trabalho.

"Os homens contratados às nove, ao meio-dia e às três da tarde receberam o mesmo.

"Por fim, chegou a vez dos homens contratados às seis da manhã. Eles tinham visto o que os outros receberam e achavam que iriam ganhar um generoso bônus a mais. No entanto, receberam a mesma quantia, equivalente a um dia de trabalho.

"Esses homens ficaram possessos! Furiosos, marcharam em direção ao dono do vinhedo.

"'O senhor pagou a mesma coisa para os homens que começaram a trabalhar uma hora atrás!', exclamaram. 'O senhor nos igualou a eles, quando nós passamos o dia inteiro trabalhando debaixo de um calor escaldante. Não é justo!'

"'Meus amigos', disse o dono. 'Eu não lhes fiz mal algum. Não foi esta a quantia que vocês combinaram comigo por um dia de trabalho? Bem, foi isso o que receberam. Aceitem e sigam o seu caminho. Decidi dar aos homens que contratei por último o mesmo que dei a vocês. Não tenho o direito de fazer o que quero com o que é meu? Esse é o meu modo de ver as coisas.'"

AS BÊNÇÃOS

Mateus e Lucas

JESUS VIVEU E REALIZOU suas obras principalmente em meio aos pobres. Ele queria mostrar-lhes onde estava a esperança verdadeira. Os pobres achavam que não podiam fazer nada para tornar suas vidas mais fáceis. Viviam num mundo em que estavam totalmente impotentes diante das secas, das doenças ou das pragas. Inúmeros se viam presos trabalhando para pessoas que não se importavam com eles, ou indo todos os dias até o mercado na esperança de conseguir trabalho. Muitos voltavam para casa de mãos vazias. Outros estavam acorrentados aos grilhões da escravidão. E todos se sentiam como prisioneiros em uma terra ocupada pelos romanos. Como sempre, para as mulheres e crianças era ainda pior.

Jesus surgiu entre essas pessoas trazendo a vida e a cura de Deus. Em alguns versos poéticos chamados Bem-Aventuranças, ele expressou da forma mais linda a extraordinária esperança que lhes oferecia. Existem duas versões para as Bem-Aventuranças – uma em Mateus e outra em Lucas. A versão de Mateus diz o seguinte:

Bem-aventurados os pobres no espírito,
porque deles é o Reino dos Céus.
Bem-aventurados os mansos,
porque herdarão a terra.
Bem-aventurados os aflitos,
porque serão consolados.
Bem-aventurados os que têm fome e sede de justiça,
porque serão saciados.
Bem-aventurados os misericordiosos,
pois alcançarão misericórdia.
Bem-aventurados os puros no coração,
porque verão a Deus.
Bem-aventurados os que promovem a paz,
porque serão chamados de filhos de Deus.
Bem-aventurados os que são perseguidos
por causa da justiça,
porque deles é o Reino dos céus.

OUTROS PROVÉRBIOS E UMA ORAÇÃO

JESUS ENSINAVA POR MEIO de parábolas ou com provérbios. Os provérbios são como versos de poesia. A seguir, apresentamos alguns deles:

"Os últimos serão os primeiros, e os primeiros serão os últimos."

"Ame seus inimigos. Faça o bem para os que o odeiam."

"Trate o próximo como gostaria de ser tratado por ele."

"Seja misericordioso, assim como Deus, seu Pai, o é."

"Não julgue o próximo, e não será julgado. Não condene, e não será condenado. Perdoe o próximo, e receberá perdão. Dê, e será recompensado; como os grãos que, balançados, transbordam do cesto, presentes cairão sobre o seu colo."

"Por que você repara no cisco que está no olho do seu irmão e não percebe a trave que está no seu? Como pode dizer ao seu irmão: 'Deixe-me tirar o cisco do seu olho', quando você mesmo tem uma trave no seu? Hipócrita, tire primeiro a trave do seu olho, depois você conseguirá ver com suficiente clareza para tirar o cisco do olho de seu irmão!"

"Pais, se um filho seu lhes pedir um pedaço de pão, qual de vocês lhe dará uma pedra? Ou se um filho seu lhes pedir um pouco de peixe, qual de vocês lhe dará uma cobra? Se vocês sabem o que dar aos seus filhos, imaginem o quanto Deus, o seu Pai, sabe como dar o que é bom para os que vêm Lhe pedir?"

"Não menospreze nenhuma pessoa apenas porque ela é pequena e vulnerável, ou porque cometeu um erro. Lembre-se de que ela tem seu anjo da guarda no céu, que pode olhar no rosto de Deus."

MUITAS VEZES, encontramos os ensinamentos de Jesus inseridos no meio de uma história. Em seguida, leremos duas delas, retiradas em parte do evangelho de Marcos e em parte do de Mateus:

JESUS E SEUS AMIGOS estavam em Cafarnaum, uma pequena vila de pescadores ao norte do mar da Galileia. Eles haviam andando bastante naquele dia.

Quando se viram debaixo de um teto, Jesus lhes perguntou:

– Sobre o que vocês estavam discutindo no caminho?

Seus amigos ficaram envergonhados demais para dizer.

– Eu sei qual era o assunto – disse Jesus. – Estavam discutindo sobre qual de vocês era o melhor, não é? Bem, não é possível que tenham escutado o que eu venho falando. Qualquer um que queira ser o primeiro deverá ser o último e servo de todos os demais.

Uma criança pequena estava brincando sem fazer barulho em um canto. Jesus a chamou e colocou-a bem no meio do círculo de amigos. A criança nunca fora colocada no centro das atenções. Estava mais acostumada a ficar pelos cantos ou em lugares silenciosos onde ninguém podia vê-la. Jesus tomou-a nos braços. A menininha se sentiu a pessoa mais importante ali. Jamais tinha sido tratada daquela maneira.

Segurando a menina, Jesus disse aos seus amigos:

– A não ser que mudem e se tornem como esta criança, vocês não saberão o que significa pertencer ao reino de Deus. Vocês não devem procurar ser maiores ou melhores do que os outros. Em vez disso, devem ser como esta menina, pois só assim serão os mais ilustres no reino de Deus!

EM OUTRA OCASIÃO, mães começaram a levar seus bebês e crianças pequenas para Jesus, querendo que ele as tocasse e abençoasse.

Os amigos de Jesus tentaram impedi-las, mas, ao ver como eles agiam, Jesus ficou muito irritado.

– O que vocês pensam que estão fazendo? – disse ele. – Deixem as crianças virem a mim. Não as impeça! Pois o reino de Deus pertence aos que forem como elas.

Então as mães se aproximaram. Jesus tomou cada criança nos braços e, tocando-as com suas mãos, abençoou-as.

Estes são alguns dos provérbios que encontramos em João:

> "Eu sou o pão da vida", disse Jesus. "Aquele que vier a mim jamais terá fome, e aquele que acreditar em mim jamais sentirá sede."
>
> "Eu sou a luz do mundo. Quem me seguir jamais andará na escuridão e trará em suas mãos a luz da vida."
>
> "Eu sou o bom pastor. O bom pastor está preparado para sacrificar a própria vida por suas ovelhas. Se um lobo vier atacar o rebanho, o pastor que não se importa com as ovelhas irá fugir. Então o lobo as dispersará e levará uma delas. Mas eu sou o bom pastor. As ovelhas são minhas. Eu conheço todas elas, e elas me conhecem. Minha relação com elas é a mesma que tenho com Deus, meu Pai. Ele me conhece, e eu O conheço. Eu sacrificarei minha própria vida pelas ovelhas. Ninguém pode roubá-las de mim."
>
> "Eu e o Pai somos um."
>
> "Eu sou o caminho, a verdade e a vida."
>
> "Eu sou a vinha, vocês são os ramos. Se ficarem junto de mim, produzirão muitos frutos."

Para finalizarmos, uma oração. Para os cristãos, é a prece mais famosa do mundo e a que é usada com mais frequência. Quase todos os cristãos a conhecem de cor. Nos evangelhos, ela aparece duas vezes, uma em Mateus e outra, numa versão reduzida, em Lucas. É a versão mais longa que os cristãos usam em suas orações e em seus cultos públicos. Ela se chama Pai Nosso.

"Pai Nosso que estais no céu,
santificado seja o vosso nome,
venha a nós o vosso reino,
seja feita a vossa vontade
assim na terra como no céu.
O pão nosso de cada dia nos dai hoje,
perdoai as nossas ofensas
assim como nós perdoamos
a quem nos tem ofendido,
e não nos deixeis cair em tentação,
mas livrai-nos do mal."

10

Jesus é morto: Jesus ressuscita

Quase todas as páginas dos quatro evangelhos do Novo Testamento falam do último ano da vida de Jesus, e todos dedicam mais espaço aos acontecimentos que levaram à sua morte e ao que houve depois dela. Os quatro autores concordam no seguinte: por mais terrível que tenha sido a morte de Jesus, ela serviu para resumir seus ideais e tudo o que ele havia dito e feito. Jesus mostrou às pessoas como era Deus com mais clareza quando morreu e quando reencontrou seus discípulos após a morte.

Desde então, os cristãos têm seguido os evangelhos. É por isso que a Sexta-Feira Santa, ocasião em que lembram a morte de Jesus crucificado, e a Páscoa, quando celebram seu retorno dos mortos, são tão importantes para eles. É por isso também que a cruz é o símbolo mais comum dos cristãos. Ela pode ser encontrada em quase todas as igrejas, e muitos cristãos usam uma pequena cruz pendurada em uma corrente em volta do pescoço.

Cada um dos quatro evangelhos conta a história da morte de Jesus e de sua ressurreição de determinado modo, embora em grande parte eles concordem quanto à cronologia básica dos acontecimentos. Este capítulo do nosso livro se baseará principalmente no relato de Marcos, mas também recorreremos a Mateus, Lucas e João para alguns detalhes adicionais. Para descrever a ressurreição de Jesus, nos voltaremos para três histórias presentes no evangelho segundo São João.

CHEGANDO A JERUSALÉM

Todos os quatro evangelhos

A HISTÓRIA DOS ACONTECIMENTOS que levaram à morte de Jesus começa com ele a caminho de Jerusalém para o festival judaico da Páscoa.

Milhares de peregrinos judeus vinham de toda a Palestina para celebrarem o festival no templo que, para eles, era o lugar mais sagrado de todo o mundo. Iam até lá para encontrar seu Deus e, em uma terra controlada pelos romanos, para se reunirem e comemorarem o fato de pertencerem ao povo judaico. No templo, podiam ter orgulho de suas origens.

Durante a Páscoa, eles recontavam a história de como seus ancestrais fugiram do Egito e de como o faraó e seu exército foram afogados no mar Vermelho. Deus havia salvado Seu povo naquela época, o que os levava a pensar que Ele os salvaria novamente, desta vez, dos romanos. Talvez naquele ano o Messias fosse chegar, expulsar os invasores, ser coroado rei, devolver a liberdade ao povo e tornar Jerusalém o centro do mundo.

Os romanos estavam de prontidão. Pilatos, o governador romano da Judeia, que costumava morar na costa do Mediterrâneo, havia se mudado para a cidade com um grande número de soldados que tinham instruções para vigiar o que acontecia no templo. Os sacerdotes responsáveis pelo templo não queriam qualquer confusão. Desejavam apenas que tudo transcorresse normalmente.

JESUS E SEUS AMIGOS estavam entre os que seguiam rumo a Jerusalém para o festival. Vinham acompanhados por enormes grupos de peregrinos da Galileia. Muitos dos que compunham esses grupos eram pobres que tinham escutado os ensinamentos de

Jesus, assim como os que tinham sido alimentados por ele à beira do mar da Galileia. Míriam, a mulher que o tocara no meio da multidão e tinha sido curada, se encontrava ali, e Raquel, a menina que fora resgatada da morte, ia junto com os seus pais. Uma mulher chamada Maria Madalena, moradora de um vilarejo às margens do mar da Galileia, também o seguia. Jesus a curara de uma doença muito, muito grave, e desde então ela se mantinha o mais perto dele possível.

Eles seguiam pela estrada que vinha de Jericó e serpeava por entre as colinas do deserto da Judeia. Estavam a pouco mais de três quilômetros da cidade.

Jesus sempre viajava a pé, como todos os seus seguidores, mas decidiu que chegaria montado a Jerusalém. Entraria na cidade como um rei e ensinaria ao povo o verdadeiro significado da majestade e que tipo de soberano era Deus. Precisava de um jumento que nunca tivesse sido montado.

– Estão vendo aquela aldeia mais à frente? – disse para dois de seus amigos. – Quando entrarem nela, verão um jumento amarrado que nunca foi montado por alguém. Desamarrem-no e tragam-no para mim. Se alguém lhes perguntar o que estão fazendo, respondam apenas que seu mestre precisa dele, e o deixarão levá-lo.

Seus amigos ficaram um pouco intrigados, mas obedeceram e encontraram tudo conforme Jesus tinha dito. Jogaram suas mantas sobre as costas do animal, e Jesus montou nele.

Dali a pouco, chegaram ao topo do monte das Oliveiras. Jerusalém se estendia diante deles, e o templo aparecia em seu esplendor. Os peregrinos ficaram olhando deslumbrados lá de cima. Então uma das pessoas que tinham vindo da Galileia com Jesus gritou:

– Deus abençoe o rei!

Os outros vibraram e gritaram o mesmo. Depois estenderam suas mantas na estrada diante de Jesus, jogando sobre elas palha e ramos de folhas silvestres, de modo a fazer um tapete para ele passar.

– Deus abençoe o rei! – exclamavam. – Deus abençoe o rei! – E assim desceram a encosta da colina em direção aos muros de Jerusalém, atravessando um jardim chamado Getsêmani.

Assim, entraram em Jerusalém. Os peregrinos da Galileia e de Samaria foram engolidos pela multidão. Os gritos de "Deus abençoe o rei!" se perderam no meio do burburinho generalizado.

Algum tempo depois, Jesus e seus amigos conseguiram chegar à plataforma do Templo e entrar no primeiro pátio. Jesus olhou ao seu redor e observou com cautela tudo o que acontecia ali. Voltaria àquele lugar em breve. Mas estava ficando tarde, e ele e seus amigos mais próximos tinham que encontrar um lugar para dormir. Assim, retornaram ao topo do monte das Oliveiras e desceram até o vilarejo de Betânia, que ficava a menos de três quilômetros de distância. Ali Jesus tinha amigos que lhes dariam abrigo durante o festival.

Tumulto no Templo

Todos os quatro evangelhos

No dia seguinte à sua chegada em Jerusalém, Jesus voltou ao templo. Desta vez, estava pronto para agir. Já tinha visto como o povo era tratado ali. Naquele lugar os sacerdotes eram mais importantes do que as pessoas comuns. Os ricos, mais importantes do que os pobres. Os homens, mais importantes do que as mulheres. Os adultos, mais importantes do que as crianças. Os habitantes de Jerusalém, mais importantes do que os camponeses da Galileia, com seus sotaques e dialetos do interior. E os doentes e inválidos não eram considerados sagrados o bastante para chegarem perto de Deus.

Tudo isso enfureceu Jesus. Os doentes, os inválidos, os camponeses dos vilarejos da Galileia que passavam por tantas dificuldades, as mulheres e os pobres eram as pessoas que viviam com ele, que vinham lhe pedir ajuda, para as quais ele transmitia seus ensinamentos, as pessoas que ele amava e que o amavam! Quanto às crianças, ele não havia colocado uma bem no centro do seu círculo de amigos e lhes dito que todos deveriam se tornar como ela?

O templo deveria ser o lugar em que todos pudessem se aproximar de Deus, independentemente de quem fossem. Deveria ser o lugar em que qualquer pessoa do mundo pudesse encontrar o amor e a generosidade de Deus, sobretudo as que mais necessitavam. Mas não era assim. Os que mais precisavam de Deus eram excluídos dali.

Ele já vira o suficiente. Estava na hora de agir! Assim, em seu segundo dia na cidade, Jesus marchou em direção ao pátio do templo e começou a expulsar todos os que compravam e vendiam ali suas mercadorias. Virou as mesas dos cambistas, derrubou as cadeiras dos vendedores de pombas e impediu que os sacerdotes e levitas carregassem seus vasos sagrados de uma parte do templo para outra.

– Deus disse – gritou ele – que "minha casa deverá ser um santuário para todas as nações, para qualquer pessoa do mundo!". Vocês que administram este lugar, o transformaram em um covil de ladrões! Os pobres vêm até aqui e vocês os deixam mais pobres ainda. As pessoas que foram humilhadas a vida inteira vêm aqui para encontrar um pouco de dignidade e honra, e vão embora com menos do que tinham.

Os pobres, os ofendidos, os que geralmente não tinham voz em nenhuma questão vibraram calorosamente quando ouviram Jesus pronunciar essas palavras. Os cegos e os coxos juntaram-se ao seu redor para que ele os curasse, e as crianças começaram a gritar: "Deus abençoe o rei! Deus abençoe o rei!"

Os principais sacerdotes e alguns outros líderes judaicos conhecidos como escribas ouviram essas exclamações e vieram ver o que estava acontecendo. Era intolerável! Aquele tal de Jesus estava tentando impedir todo o funcionamento do templo. Se as pessoas ficassem impedidas de comprar suas pombas para os sacrifícios, e se os sacerdotes e levitas não pudessem carregar seus vasos sagrados até onde eles eram necessários, o culto ao Senhor cessaria por completo. Seria o fim do templo! Uma pessoa poderia ser açoitada e sentenciada à morte se simplesmente profetizasse a destruição do templo de Deus. Aquele galileu não só estava profetizando-a, como estava se encarregando de destruí-lo.

E aqueles cegos e coxos, o que estavam fazendo ali? Pessoas daquele tipo não podiam entrar no templo. E quanto às crianças que gritavam "Deus abençoe o rei!", onde estavam com a cabeça? Isso poderia causar uma rebelião. Se eles não tomassem cuidado, os soldados romanos viriam correndo da fortaleza deles e transformariam o pátio do templo em um campo de batalha.

Aquele homem precisava ser impedido. Não havia a menor dúvida. Mas como? Esse era o problema. As pessoas que o cercavam davam ouvidos a cada palavra sua. Era óbvio que o adoravam. Se os guardas do templo viessem prendê-lo naquele instante, isso com certeza causaria uma rebelião.

Então eles resolveram esperar e deixar Jesus em paz. Decidiram ganhar tempo.

Enquanto isso, Jesus observava as mulheres depositarem suas oferendas nas urnas grandes, em forma de trompa, que havia no Pátio das Mulheres. Senhoras ricas vindas de Jerusalém e de outras cidades, usando túnicas luxuosas, jogavam muitas moedas de ouro e prata dentro das urnas. Então uma viúva muito pobre aproximou-se timidamente e jogou duas moedinhas de cobre dentro de uma urna.

– Estão vendo aquela senhora? – disse Jesus com indignação. – Ela deu mais do que todas as outras juntas. Elas têm dinheiro de sobra, e o que deram não vai lhes fazer falta. Mas aquela viúva depositou na urna tudo o que possuía. Não lhe resta mais nada para sobreviver.

Jesus é ungido Messias

Todos os quatro evangelhos

Séculos antes de Jesus nascer, quando Salomão, o filho de Davi, se tornou rei em Jerusalém, ele foi levado a uma fonte subterrânea chamada Gião. Lá, um sacerdote ungiu sua cabeça com óleo sagrado. As pessoas gritaram "Vida longa ao rei!", e Salomão foi coroado e levado ao trono. Então todos cantaram um salmo especial de coroação, no qual Deus declarava ao novo rei: "Você é meu filho." Por último, elas acreditavam, o Espírito de Deus descia sobre ele e lhe dava o poder e a sabedoria para reinar.

Jesus, por sua vez, já tinha sido mergulhado no rio Jordão, quando fora batizado por João. Ali, ouviu-se a voz de Deus: "Você é meu Filho." O Espírito do Senhor também descera sobre ele. Ainda há pouco, enquanto descia o monte das Oliveiras, o povo havia exclamado "Deus abençoe o rei!", e as crianças gritaram essas mesmas palavras no pátio do Templo. Mas ninguém o ungira. Ninguém pusera uma coroa em sua cabeça. Ninguém o colocara em um trono suntuoso.

Jesus foi ungido, não pelo sumo sacerdote, não no Templo, e sem nenhuma cerimônia pomposa. Ainda assim, foi a unção mais extraordinária de todos os tempos!

Jesus estava em Betânia, na casa de um leproso chamado Simeão, fazendo uma refeição com ele e com alguns amigos. Por ser judeu, Jesus não deveria comer com leprosos ou sequer entrar em suas casas. Dizia-se que os leprosos eram impuros, assim como suas casas e todas as coisas que eles tocavam. Jesus, no entanto, não se importava com esse tipo de coisa. Ele nunca deixava regras ou ditames religiosos o impedirem de se aproximar das pessoas. Pessoas como Simeão eram as que mais precisavam dele, e Jesus prezava acima de tudo sua companhia.

Eles estavam no meio da refeição, quando de repente uma mulher entrou na sala carregando um jarro de alabastro contendo um óleo muito perfumado e caro. A maioria dos homens presentes ficou chocada. Era impensável uma mulher, uma perfeita estranha, interromper a refeição de um grupo de homens. Onde ela estava com a cabeça? Porém, eles não tiveram tempo de lhe perguntar isso, pois logo em seguida a mulher fez algo surpreendente. Derramou o óleo sobre a cabeça de Jesus. Seu perfume adocicado e inebriante tomou conta do recinto.

Todos encararam a mulher, boquiabertos. Todos, menos Jesus. Ele sabia muito bem o que ela havia feito.

Por alguns instantes o silêncio foi total. Então um dos homens deixou escapar:

– Mas que desperdício!

– Isso vale um ano inteiro de salário – falou outro.

– Poderíamos ter vendido esse óleo e dado o dinheiro aos pobres – emendou um terceiro.

– Sua grande idiota! – gritaram todos.

– Deixem-na em paz! – exclamou Jesus. – Deixem-na em paz. Ela sabe o que fez. É um gesto de amor, um ato sublime e generoso.

"Sempre haverá pobres ao redor de vocês", prosseguiu ele. "Vocês terão várias oportunidades de serem bons para com eles. Mas eu não estarei entre vocês para sempre." Fez uma pausa e olhou para a mulher. "Não estão vendo?", perguntou aos demais. "Ela me ungiu. Agora eu sou o Ungido, o Messias, o Cristo! Esta mulher desempenhou o papel do sumo sacerdote, e esta casa se tornou a própria casa de Deus.

"Porém, essa mulher sabe muito bem que tipo de rei eu serei e que tipo de coroa e trono eles me darão. Ela me ungiu também para o meu funeral, entendem? Vocês sabem como as mulheres ungem os cadáveres para o enterro. Bem, esta mulher, cujo nome eu nem mesmo sei, mas que me ama com um amor tão generoso, sabe perfeitamente que já sou um homem morto. E, portanto, ela veio me preparar para o céu. Imagino que o perfume de seu óleo já tenha chegado lá nas alturas."

Ele se virou para a mulher.

– Você será lembrada para sempre por isso – disse ele. – Sempre que as pessoas contarem minha história, elas falarão do seu grande amor, da sua generosidade e da sua sabedoria.

TRAIÇÃO

Mateus, Marcos e Lucas

> OS PRINCIPAIS SACERDOTES e escribas estavam determinados a impedir Jesus. Mas como? Esse era o problema. Eles sabiam que era impossível esperar qualquer ajuda dos seus discípulos. No entanto, foi exatamente isso que aconteceu, e de um dos amigos mais próximos de Jesus – um dos que o haviam acompanhado na Galileia durante todo o tempo em que ele pregava e fazia milagres. Um homem chamado Judas Iscariotes.

JUDAS AFASTOU-SE DE BÊTANIA, foi até Jerusalém, procurou os sacerdotes e lhes disse que entregaria Jesus.

– Posso lhes dizer que sei exatamente o que ele pretende fazer e onde estará. Hoje à noite eu os levarei até Jesus. Será num lugar afastado, sem ninguém por perto, nem risco de rebelião. Irei até ele e o cumprimentarei com um beijo. Então vocês saberão quem ele é e poderão prendê-lo.

– Maravilha! Maravilha! – exclamaram os sacerdotes. – Essa é justamente a chance que estávamos esperando! Somos muito gratos a você, Judas. Não se preocupe, você está fazendo a coisa certa e será muito bem recompensado pelo seu trabalho.

Judas saiu dali e voltou correndo até Betânia para se juntar aos demais.

A última ceia

Todos os quatro evangelhos

Como parte das comemorações da Páscoa, Jesus e um grupo de amigos fariam uma refeição especial juntos. Eles comemorariam a época em que os israelitas escaparam do Egito, atravessaram o mar Vermelho e se embrenharam no deserto para encontrar Deus no Sinai. Pelo menos era esse o que os discípulos achavam ser o objetivo da ceia. Jesus, no entanto, tinha outros planos. Na verdade, algumas surpresas aguardavam seus amigos naquela noite.

– Precisamos encontrar algum lugar para a nossa ceia de Páscoa e preparar tudo – disseram os amigos de Jesus para ele. – Aonde o senhor quer ir?

Jesus escolheu dois discípulos e lhes deu as instruções.

– Vão até Jerusalém – disse – e um homem encontrará vocês. Ele estará carregando um jarro de água na cabeça e os levará até a casa de um conhecido. Quando chegarem lá, digam para o dono: "O mestre perguntou em que sala ele pode fazer a ceia da Páscoa com seus amigos?" Ele então lhes mostrará uma sala ampla no andar de cima, com tudo de que precisamos lá dentro. Preparem então a ceia para nós.

Os dois partiram e encontraram tudo exatamente como Jesus tinha dito. Quando a noite caiu, Jesus chegou à casa com os demais discípulos.

Enquanto comiam, notaram que Jesus estava muito calado. Parecia preocupado, como se estivesse pensando em outra coisa.

De repente, ele disse:

– Um de vocês que se encontra aqui irá me trair.

Os amigos ficaram chocados.

– Eu não! Eu não! Eu não! – exclamaram.

– Será um dos que estão ceando comigo neste exato momento.

– Mestre – perguntou Judas –, por acaso está falando de mim?

Jesus olhou na direção dele.

Um pouco mais tarde, apanhou um pão, o abençoou, partiu-o e entregou os pedaços para os seus discípulos, dizendo:

– Tomem e comam. Isto é o meu corpo que vocês estão recebendo. Façam isso para se lembrarem de mim. – Então pegou uma taça de vinho, fez uma prece de agradecimento e entregou-a para todos beberem. – Este é o meu sangue – disse – derramado em favor de muitos para que os pecados sejam perdoados. – Fez uma pausa e acrescentou: – Meu corpo e meu sangue marcarão um novo começo, uma nova amizade com Deus, uma redescoberta do perdão. Eu lhes digo que jamais tornarei a beber vinho até o dia em que beberei o vinho novo no Reino de Deus.

Os amigos não sabiam como interpretar aquelas palavras estranhas e maravilhosas. Aquilo não era, de forma alguma, o que esperavam ouvir durante uma ceia de Páscoa. Porém, jamais se esqueceriam delas.

Naquela mesma noite tiveram outra surpresa. Jesus levantou-se, tirou sua túnica, amarrou uma toalha em volta da cintura, derramou água em um cântaro e começou a lavar os pés dos discípulos e a secá-los com a toalha.

Ele se aproximou de Pedro.

– Mestre, o senhor vai lavar os meus pés? – perguntou o discípulo. – Isso é trabalho para escravos. Até mesmo um escravo, se for judeu, não pode ser obrigado a fazer um serviço desses. Mas o senhor não é um escravo. É nosso Mestre, nosso Senhor! Nós, sim, poderíamos lavar seus pés para lhe demonstrar o quanto o senhor é importante para nós.

– Eu compreendo – disse Jesus –, mas se eu não lavar seus pés, como posso lhes mostrar o quanto amo vocês? E como pode ser meu amigo, Pedro, se não deixar que eu me aproxime de você?

– Já que é assim, lave minhas mãos e o meu rosto também! – exclamou Pedro.

Jesus riu.

– Os seus pés já são o suficiente – disse. Então levantou-se e olhou para o restante dos discípulos. – Vocês entendem o que eu fiz agora? – perguntou. – Vocês me chamam de Mestre, Senhor, e dizem bem, pois eu o sou. Ao lavar seus pés, agi como um discípulo, um servo de vocês. Todos devem seguir meu exemplo e lavar os pés uns dos outros. Porque o servo não é maior do que o seu senhor. Se compreenderem e praticarem isso, serão felizes. Quero lhes dar algo para não se esquecerem. É uma mensagem muito simples: amem uns aos outros. Como eu os amei, vocês também devem se amar.

Captura

Todos os quatro evangelhos

A ceia de Páscoa chegou ao fim. Judas já partira. Jesus e seus amigos cantaram juntos um salmo especial para a Páscoa e então atravessaram os muros da cidade e desceram até o outro lado, em direção ao vale do Quidrom.

Estavam começando a subir as encostas do monte das Oliveiras rumo ao jardim de Getsêmani, quando Jesus disse para os seus amigos.

– Todos vocês me abandonarão.

– Eu não! – protestou Pedro. – Mesmo que todos o abandonem, eu não o abandonarei!

– Pedro – respondeu Jesus –, esta noite, antes que o galo cante, você me negará três vezes.

– Ainda que eu tenha que morrer com o senhor, juro que não irei negá-lo! – afirmou Pedro.

Os demais disseram o mesmo.

Então eles chegaram a Getsêmani. Estava escuro. Não havia luar, nem estrelas no céu.

– Sentem-se aqui enquanto eu rezo – disse Jesus. – Pedro, Tiago e João, venham comigo.

Os quatro se embrenharam no jardim, entre as oliveiras retorcidas. Assim que se viram longe dos olhos dos outros, Jesus ficou muito agitado.

– Minha alma está triste até à morte – disse. – Permaneçam aqui e não durmam.

Ele seguiu um pouco adiante, sozinho. Ajoelhou-se com o rosto no chão e rezou para Deus.

– Meu Pai, se é possível, afaste de mim esse cálice. Mas que não seja como eu quero, e sim como o Senhor quer.

Ele se levantou e voltou até Pedro, Tiago e João, que dormiam a sono solto.

– Pedro – disse Jesus –, você não conseguiu ficar acordado por uma hora sequer? Vigiem e rezem, porque o espírito está pronto mas a carne é fraca.

Afastou-se novamente e orou:

– Meu pai, se não é possível que esse cálice passe sem que eu o beba, seja feita a Sua vontade. – Voltou e encontrou os discípulos dormindo. Rezou pela terceira vez com as mesmas palavras.

Mais uma vez retornou aos seus três amigos. Precisava desesperadamente do seu consolo, da sua força, do seu apoio. No entanto, eles continuavam adormecidos. Disse:

– Vocês ainda dormem e repousam. Está vindo a hora em que o Filho do Homem será entregue às mãos dos pecadores. Levantai-vos, vamos! Eis que meu traidor está chegando.

Os três ainda estavam se levantando, quando Judas apareceu conduzindo um bando de soldados da guarda do templo armados com espadas e porretes de madeira. Judas marchou direto para Jesus.

– Mestre! – exclamou, beijando-o no rosto.

Os soldados prenderam Jesus imediatamente. Ele olhou para as armas que eles empunhavam.

– Então vocês acham que eu sou um bandido perigoso, não acham? – falou. – Por que não me prenderam quando eu estava no templo?

Seus amigos ficaram aterrorizados. Poderiam acabar presos ou mortos se continuassem com Jesus. Então eles o abandonaram e fugiram o mais rápido possível. Todos, exceto Pedro. Ele escondeu-se atrás de algumas árvores para observar o que iria acontecer.

Jesus ficou sozinho com Judas e os soldados. As chamas das tochas projetavam sombras estranhas nas árvores. A lua e as estrelas continuavam escondidas atrás de uma nuvem espessa.

Os soldados começaram a escoltar Jesus para longe dali.

O julgamento injusto

Todos os quatro evangelhos

Os soldados conduziram Jesus de volta para a cidade, atravessando o portão na muralha e seguindo pelas ruas estreitas e sinuosas. Era muito tarde e o som dos passos ecoava contra os muros das casas.

Eles levaram Jesus até a casa do sumo sacerdote Caifás, onde os principais sacerdotes, os escribas e os anciãos já estavam reunidos, aguardando-o. Aquele era o Sinédrio, o tribunal supremo dos judeus na região.

Pedro vinha seguindo os soldados a uma distância segura. Depois que eles sumiram atrás da porta, ele se esgueirou até o pátio da casa. Não podia se aproximar mais. Era uma noite fria, mas felizmente um fogo queimava em um braseiro. Pedro se agachou perto dele e espalmou as mãos na direção das chamas. Não havia mais ninguém por ali.

Em um grande salão, no andar de cima, o Sinédrio começou a julgar Jesus. Estavam quebrando suas próprias leis ao se reunirem daquela maneira, à noite; mas isso não importava para eles. A justiça não importava tampouco. Queriam apenas se livrar de Jesus. Aquele homem era perigoso demais. Havia desafiado toda a maneira de agir do templo. Isso era intolerável.

Eles se deram conta de que Pilatos, o governador romano, também queria Jesus morto, embora por um motivo diferente. Seus soldados tinham ouvido o povo saudando Jesus como a um rei. Pilatos o via então como uma ameaça direta à sua autoridade e à autoridade do imperador romano. Eles entregariam Jesus ao governador pela manhã.

Também era preciso colocar o povo de Jerusalém do lado deles, o que não seria muito difícil. A maioria dependia do templo para sobreviver, e Jesus estava ameaçando destruí-lo.

O julgamento foi armado. Os sacerdotes tinham subornado algumas pessoas para que elas apresentassem provas contra Jesus, mas os depoimentos eram contraditórios.

O sumo sacerdote ficou impaciente. O tempo estava passando, e eles precisavam de um fato verdadeiro para apresentar a Pilatos. Jesus permanecia em silêncio, mantendo os olhos fixos no chão.

– Não tem nada a dizer? – perguntou o sumo sacerdote. – E quanto a todas essas acusações contra você?

Jesus ficou quieto.

Caifás perdeu a paciência.

– Olhe para você! – gritou. – Quer dizer então que é o Messias, o Filho de Deus?

Jesus ergueu a cabeça e olhou na direção dele.

– Sim, eu sou – respondeu baixinho. – E quando eu morrer vocês verão o Filho de Deus sentado à mão direita Dele, vindo com as nuvens do céu para derrotar as forças da tirania e dar um fim ao sofrimento que vocês causam. Quando eu morrer, olhem nas profundezas de Deus e me encontrarão ali.

– Isso é uma blasfêmia! – exclamou o sumo sacerdote, rasgando suas vestes para marcar o fim do julgamento e para mostrar que o prisioneiro era um blasfemo. Então olhou para os demais membros do Sinédrio. – Não precisamos de mais testemunhas – disse. – Vocês ouviram a blasfêmia da própria boca do réu. Qual a sua sentença?

Eles podiam dar apenas uma sentença. Qualquer pessoa condenada como blasfema devia receber a pena de morte.

– Este homem merece morrer! – exclamaram.

Eles se juntaram ao redor de Jesus. Alguns cuspiram em seu rosto. Um dos homens amarrou uma venda em volta de sua cabeça, e começaram a espancá-lo.

– Venha, profeta! – gritavam. – Vamos fazer um pouco de profecia! Adivinha, Cristo, quem foi que te bateu?

A negação de Pedro

Todos os quatro evangelhos

Enquanto tudo isso acontecia, Pedro estava lá embaixo no pátio, ainda se aquecendo próximo ao fogo. Era quase manhã. Algumas pessoas já estavam de pé cuidando de seus afazeres.

Uma das servas do sumo sacerdote passou por perto, e notou Pedro agachado no pátio. As chamas do braseiro iluminavam seu rosto. Ela parou por um instante e o observou com mais atenção. Espere um instante!, pensou. Acho que sei quem ele é! Eu vi este homem no templo com Jesus!

– O senhor estava com Jesus, não estava? – falou em voz alta. – O homem de Nazaré, que vem causando toda essa confusão.

– Não sei do que você está falando – respondeu Pedro.

Ele se levantou e foi até o beco que ligava o pátio à rua. A mulher o seguiu e voltou a dizer a quem se encontrava ali:

– Ele estava com Jesus de Nazaré.

De novo Pedro negou, jurando que não conhecia aquele homem.

Pouco depois, os que lá estavam disseram a Pedro:

– Você é certamente um deles, e nós vemos isso pelo seu modo de falar. – Pedro começou a praguejar e a jurar que não conhecia Jesus. Nesse momento um galo cantou, e Pedro se lembrou do que Jesus tinha dito quando estavam a caminho do jardim de Getsêmani: "Esta noite, antes que o galo cante, você me negará três vezes."

Saindo dali, ele chorou amargamente.

PILATOS

Todos os quatro evangelhos

A manhã havia chegado. Estava na hora de enviar Jesus para Pilatos, o governador. Então, os sacerdotes amarraram as mãos de Jesus e o conduziram pelas ruas até o palácio onde estava Pilatos.

O governador ficou maravilhado ao ver que tinham conseguido prender Jesus sem causar nenhum transtorno na cidade. Sabia as razões por que eles estavam tão ansiosos para prender aquele homem, mas isso não tinha importância alguma para ele. Sua única preocupação era o relatório que havia recebido de suas próprias tropas dizendo que o galileu andava pela cidade se autoproclamando rei, e que tinha um grande número de seguidores que acreditavam no que ele dizia. Era óbvio que precisava se livrar daquele homem, ou então haveria uma grave rebelião e o imperador em Roma ficaria extremamente contrariado.

Jesus foi levado à presença de Pilatos, que o observou dos pés à cabeça. Suas mãos estavam amarradas e tinha o rosto ferido e inchado por causa das agressões dos guardas do templo que o tinham espancado e cuspido nele.

– Então – disse Pilatos com sarcasmo na voz –, quer dizer que você é o rei dos judeus?

– É o senhor quem o diz – declarou Jesus.

Os principais sacerdotes começaram a acusá-lo. Pilatos esperou que Jesus se defendesse, mas ele não o fez, deixando o governador impressionado. Era claro que aquele homem não estava com medo.

Na ocasião das festas da Páscoa, era costume o governador soltar um preso escolhido pela multidão.

– Bem, já que é assim, que tal ouvirmos a opinião do povo? – disse ele.

Eles se encontravam no salão do andar de cima, que dava para um pátio amplo que se estendia diante do palácio. O pátio estava abarrotado de gente. Pilatos baixou os olhos para a multidão. A única coisa que sentia por aquelas pessoas era desprezo. Mas, ainda assim, tinha medo delas. Se houvesse defensores daquele galileu estranho e calado, a multidão poderia ficar incontrolável se Pilatos o condenasse à morte. Era uma situação delicada.

Então ele teve uma ideia. Havia um prisioneiro no palácio chamado Barrabás, considerado pelos romanos como chefe de uma gangue de terroristas judeus que haviam causado uma rebelião e esfaqueado vários soldados romanos até à morte. Pilatos estava esperando para crucificá-los depois do festival, assim que os peregrinos voltassem para casa. No entanto, pensou, talvez pudesse libertar Barrabás, que estava em frangalhos. Os torturadores haviam feito muito bem seu trabalho. Ele não causaria mais problema, e o restante de seu bando seria executado de qualquer maneira. Pilatos sabia que não estaria correndo nenhum risco verdadeiro se o soltasse. E o povo gostaria que Barrabás fosse libertado. Pilatos geralmente soltava um prisioneiro durante a Páscoa para manter o povo feliz. Decidiu então dar-lhe uma escolha: Barrabás ou Jesus? Sim, pensou Pilatos, isso poderia funcionar muito bem. Ordenou então que buscassem Barrabás nos calabouços. Em seguida, foi até os sacerdotes e explicou seu plano. Os sacerdotes deixaram o salão e foram se misturar à multidão. Começaram a fazer acusações contra Jesus e a convencer o povo que escolhesse Barrabás.

Havia um grande palanque no pátio e, no meio dele, um assento majestoso, semelhante a um trono. Alguns soldados escoltaram Pilatos até lá, e ele se sentou. Mais soldados vieram atrás dele, trazendo Jesus e Barrabás.

Pilatos perguntou ao povo:

– Qual dos dois vocês querem que eu solte?

– Barrabás – gritou o povo.

– Então, o que devo fazer com Jesus, que chamam de Cristo? – perguntou ele para a multidão.

– Crucifique-o! – gritou o povo.

– Por quê? – indagou Pilatos, fingindo estar horrorizado. – O que ele fez de errado?

– Crucifique-o! Crucifique-o! – gritou mais alto a multidão.

A crucificação era uma punição romana. Que façanha conseguir que judeus clamassem para que outro judeu fosse crucificado! Nunca se vira coisa igual. Os sacerdotes conseguiram de fato convencê-los.

– Muito bem – falou Pilatos. – Farei o que vocês me pedem. – Ele se voltou para os soldados. – Soltem Barrabás. Quanto a Jesus, açoitem-no à vontade e depois o crucifiquem.

Ele desceu do palanque e retornou ao palácio. Tudo tinha saído extraordinariamente bem, pensou.

Jesus é coroado

Todos os quatro evangelhos

Os soldados levaram Jesus embora, tiraram suas roupas e puseram-lhe uma capa vermelha. Teceram uma coroa de espinhos, enfiaram com força em sua cabeça e colocaram um caniço em sua mão direita. Ajoelhando-se diante dele, zombavam: "Salve o rei dos judeus!" Cuspiam nele e, tomando-lhe o caniço, batiam com ele na sua cabeça.

Finalmente, se cansaram. Tiraram a túnica de Jesus, vestiram-no de novo com suas roupas, e o levaram dali para crucificá-lo. Um oficial romano, conhecido como centurião, ficou encarregado do grupo de executores.

Crucificação

Todos os quatro evangelhos

Os soldados penduraram em volta do pescoço de Jesus uma tabuleta onde estava escrito "O rei dos judeus". Pilatos queria que todos vissem o que acontecia com quem se atrevesse a desafiar o poder romano.

Jesus teve de carregar sua própria cruz até o local da execução. Ela era pesada e difícil de manobrar pelas ruas estreitas, e o espancamento deixara Jesus muito fraco, com as pernas bambas. Ele desabou no chão e a trave da cruz caiu em cima dele.

– Levante-se! – exclamou o centurião, chutando-o. Não adiantou.

Nesse momento passava por ali um judeu chamado Simão, da cidade de Cirene.

– Ei, você! – chamou o centurião. – Venha aqui e carregue essa cruz! Temos muito trabalho pela frente, e queremos acabar logo com isso.

Assim, o pequeno cortejo voltou a seguir pelas ruas sinuosas de Jerusalém, até chegar a um local fora dos muros da cidade chamado Gólgota, ou Lugar da Caveira. Deram-lhe de beber vinho misturado com fel, mas ele provou e não quis tomá-lo.

Então os soldados o despiram e o crucificaram, pregando os punhos e os pés de Jesus nas traves. Sobre sua cabeça afixaram a tabuleta com a inscrição "O rei dos judeus". Com ele foram crucificados dois ladrões, um à direita, outro à esquerda.

Agora, enfim, Jesus estava pregado na cruz. Os que passavam o injuriavam.

– Deus Pai, perdoai-os – disse Jesus, ofegante. – Eles não sabem o que fazem.

Os soldados dividiram as roupas dele entre si, tirando na sorte com qual peça cada um ficaria.

As pessoas que tinham vindo para assistir à execução gritavam cada vez mais impropérios contra Jesus. Até mesmo os principais sacerdotes e alguns dos escribas estavam ali.

– Ele salvou os outros – diziam –, mas não consegue salvar a si próprio.

– Vamos, Messias! – gritavam. – Desça da cruz e nós iremos acreditar em você!

Um dos ladrões se juntou à gozação.

– Aproveite para nos salvar também! – gritou ele.

Mas o outro exclamou:

– Veja só quem está falando! Esta é a sua última chance de se salvar. Nós sabemos por que estamos aqui, mas este homem não fez nada de errado. – O ladrão olhou para Jesus e disse – Jesus, lembre-se de mim quando chegar ao seu reino.

– Eu lhe garanto, meu amigo – respondeu Jesus –, hoje mesmo você estará comigo no paraíso.

Três horas se passaram. Era meio-dia. Aquela deveria ser a hora mais clara do dia, mas o sol desapareceu de repente e uma escuridão profunda recaiu sobre toda a Terra. Era como se o sol tivesse se reduzido a cinzas e toda a criação estivesse de luto.

A escuridão durou mais de três horas. A desolação era total. A maior parte dos amigos de Jesus fugira. Deus parecia estar ausente. As palavras de um salmo antigo encheram a mente de Jesus. Ele ergueu a cabeça e gritou na escuridão:

– Meu Deus, meu Deus! Por que o Senhor me abandonou? Depois, com um último e longo suspiro, disse: – Pai, em suas mãos entrego meu espírito. – E expirou.

Neste exato momento, no templo, na cidade, a grande cortina que separava o Lugar Santíssimo do restante do santuário se rasgou de cima a baixo. A terra tremeu, as rochas se partiram.

O centurião e os que com ele guardavam Jesus ficaram muito amedrontados e exclamaram:

– De fato, este homem era Filho de Deus!

Agora que a execução havia terminado, os poucos amigos de Jesus na multidão se aproximaram. Havia três mulheres ali que o seguiam desde a Galileia, e tinham viajado até Jerusalém com ele. Uma delas era Maria Madalena.

Chegada a tarde, veio um homem rico de Arimateia, chamado José, que também se tornara discípulo de Jesus. Reunindo toda a sua coragem, foi até Pilatos pedir-lhe o corpo de Jesus para enterrá-lo. Os romanos geralmente deixavam os corpos dos crucificados onde estavam. José, no entanto, não suportava pensar no corpo de Jesus apodrecendo a céu aberto, ou estraçalhado pelos abutres.

Pilatos já estava farto de Jesus.

– Faça o que achar melhor com ele. – Foi sua resposta.

Então José comprou uma mortalha de linho nova e, com alguns de seus amigos, desceu o corpo de Jesus, envolveu-o na mortalha e o carregou até uma tumba escavada na rocha. Colocaram o corpo de Jesus lá dentro, rolaram uma grande pedra para bloquear a entrada e se retiraram.

Maria Madalena, a seguidora devota de Jesus, havia acompanhado o pequeno cortejo fúnebre, mantendo certa distância para não ser notada. Percebera que José e seus amigos não tiveram tempo de dar a Jesus um funeral adequado. Não tinham lavado seu corpo ou o ungido com óleos perfumados. O dia seguinte era sábado, de modo que Maria não poderia fazer nada. Mas, assim que o próximo dia raiasse, ela voltaria à tumba e corrigiria esse erro. Não tinha ideia de como faria para retirar a pedra, mas encontraria um jeito. Então foi embora dali.

Temendo que os amigos de Jesus o tirassem do túmulo e dissessem que ele tinha ressuscitado, como prometera, Pilatos mandou colocar guardas para vigiar a sepultura.

"MARIA"

João

Maria se levantou bem cedo na manhã de domingo e foi até a tumba. Ainda estava escuro, mas havia luz suficiente para ela ver, assim que chegou ao lugar em que Jesus estava enterrado, que algo muito estranho acontecera. A pedra havia sido rolada da entrada e alguém tirara o corpo de Jesus dali! Os guardas estavam caídos, como mortos.

Maria saiu correndo até a casa em que Pedro estava escondido com os demais amigos de Jesus.

– Levaram Jesus da tumba! – exclamou. – Não sei para onde! Quem faria uma coisa dessas?

A tumba ficava em um jardim. Maria deu a localização exata, e então Pedro e um dos outros foram correndo ver o que tinha acontecido. Maria os seguiu o mais depressa que pôde.

Ao chegarem, viram que Maria tinha razão. A pedra que deveria estar bloqueando a entrada havia sido rolada para o lado. O sol tinha acabado de se erguer acima do horizonte e seus primeiros raios iluminavam o interior da tumba, que estava vazia, exceto pela mortalha de linho usada por José, largada sobre o leito de pedra em que o corpo fora deitado. Mas não havia vestígio de Jesus!

Os dois homens voltaram para casa desnorteados, sem saberem como interpretar aquilo. Maria, no entanto, continuou ali, chorando. Não tinha abandonado Jesus quanto ele fora crucificado, e não o abandonaria agora. De repente, dois anjos apareceram diante dela, com roupas alvas como a neve, e lhe disseram:

– Por que você procura entre os mortos aquele que está vivo? Ele não está aqui, mas ressuscitou, tal como tinha anunciado.

Ela se virou. Havia um vulto ali.

– Por que você está chorando? – perguntou o vulto. – Quem procura?

Maria achou que fosse o jardineiro.

– Oh, senhor! – exclamou ela. – Procuro Jesus. Se ele foi levado daqui, diga-me para onde e eu irei buscá-lo.

– Maria – disse o vulto.

Então ela reconheceu a voz. Era Jesus!

– Mestre!

Ela deu um passo à frente.

– Maria – disse Jesus baixinho –, vá procurar meus amigos e diga-lhes o que viu e ouviu. E diga-lhes que eu estarei com Deus em breve.

Então ele desapareceu, assim como os anjos que o acompanhavam. Maria saiu correndo para contar aos outros. Ela se meteu no meio deles, exclamando:

– Eu vi o Senhor! Eu o vi!

TOMÉ ENTENDE... NO FIM DAS CONTAS

João

Naquela mesma noite, quando os discípulos estavam todos reunidos, inquietos e com medo de que os soldados romanos ou os guardas do templo viessem procurá-los, Jesus apareceu entre eles.

– Que a paz esteja com vocês! – disse. – Eu lhes trago a paz de Deus, a felicidade Dele e a vida em toda a sua plenitude.

Maria Madalena compreendeu, mas os outros não conseguiam acreditar nos próprios olhos. Da última vez em que tinham visto Jesus, ele estava sendo arrastado pelos guardas do templo.

Jesus então mostrou-lhes as marcas da crucificação, e eles tiveram certeza de que se tratava dele.

Ficaram extasiados. Achavam que tudo estava perdido e que a tirania vencera. Porém, a morte não podia aprisionar a vida de Deus. Eles sabiam disso agora. Conseguiam ver e ouvir que era verdade.

– Que a paz esteja com vocês! – repetiu Jesus. – Assim como Deus, nosso Senhor, me enviou, eu também os envio. Vocês devem continuar o trabalho que eu iniciei.

Então Jesus soprou na direção deles dizendo:

– Recebam o Espírito Santo, o Espírito de Deus. Vão e levem o perdão do Senhor para o mundo!

Muito tempo atrás, no Jardim do Éden, Deus soprara a vida para dentro do primeiro ser humano. Agora, Jesus renascido, recém-chegado de sua vitória contra as Forças Sinistras da tirania e da morte, soprava uma nova vida para dentro de seus amigos – um sopro que lhes permitiria viver plenamente e trazer vida e graça para as outras pessoas.

No entanto, Tomé, um dos amigos mais próximos de Jesus, não se encontrava ali naquele momento. Quando voltou, os outros lhe deram a notícia, muito empolgados.

– Nós vimos o Senhor! – exclamaram.

– Jesus foi crucificado e está morto – ele respondeu com amargura. – Só acreditarei no que dizem quando vir com meus próprios olhos e tocar com as minhas mãos as cicatrizes em seu corpo.

Mais uma semana se passou. Tomé ainda estava imerso em sofrimento. Todos os dias, ele ia ao Gólgota. A dor de perder Jesus era insuportável.

Então Jesus tornou a aparecer diante dos discípulos, e desta vez Tomé estava presente.

– Que a paz esteja com vocês! – disse Jesus. Então dirigiu-se a Tomé. – Olhe, Tomé, e veja em mim as marca dos pregos e dos espinhos. Estenda as mãos e toque-as!

Tomé sequer tentou fazê-lo. Simplesmente exclamou:

– Meu Senhor e meu Deus!

PEDRO VAI PESCAR

João

Os amigos de Jesus deixaram Jerusalém e voltaram para a Galileia. Um dia, sete deles estavam sentados às margens do mar. Pedro, Tomé, Tiago e João se encontravam lá. Eles se lembraram da vez em que o barco em que estavam quase naufragara em uma tempestade aterrorizante. Uma onda imensa estava prestes a destruí-los, quando Jesus acordou, fez a onda desaparecer, o mar baixar e ficar calmo. Eles nunca tinham compreendido aquilo. Agora compreendiam.

– Vamos pescar! – disse Pedro de repente.

– Que ótima ideia – reagiram os outros. – Como nos velhos tempos!

Na verdade, os velhos tempos tinham acabado. Com Jesus renascido dos mortos, eles viviam um tempo estranho e diferente. Era como se o mundo fosse novo em folha – recém-saído das mãos de Deus.

Passaram a noite inteira pescando, sem conseguir apanhar nada. Quando o dia começou a clarear, dirigiram-se para a terra. Era tudo muito estranho. Como no dia em que, pela primeira vez, Jesus os chamara para o acompanharem.

Quando o barco se aproximava da praia, eles divisaram um vulto que parecia estar aguardando por eles.

– Conseguiram apanhar alguma coisa? – gritou o vulto.

– Nada – responderam de volta.

– Joguem a rede pelo lado direito do barco e vejam o que conseguem – ordenou o vulto estranho.

Pedro, Tiago e João se entreolharam, lembrando-se da pescaria anterior. Jogaram então a rede pelo lado direito da embarcação e ela voltou tão cheia de peixes que eles mal conseguiram puxá-la para dentro do barco. A pessoa na praia deu uma risada.

– Eu sei quem é esse homem! – exclamou um deles. – Reconheceria essa risada em qualquer lugar. É Jesus, nosso amigo, nosso Senhor.

Pedro mal conseguia esperar para encontrá-lo. Pulou na água e nadou até a praia, enquanto os outros guiavam o barco até lá.

Uma fogueira de carvão estava queimando na praia.

– Parece que temos peixe para a refeição! – disse Jesus, tornando a rir.

Pedro ajudou seus amigos a trazerem o produto da pesca para terra firme. Havia pão ali também. Jesus apanhou o pão, um pouco de peixe e os deu para eles. Eles se lembraram da ocasião em que Jesus havia alimentado com pão e peixe a multidão pobre e faminta à beira do mar. Quando acabaram de comer, Jesus se voltou para Pedro.

– Pedro – perguntou Jesus –, você me ama acima de tudo?

– Sim, meu Senhor – respondeu Pedro. – O senhor sabe que sim.

– Então cuide de meu povo para mim – disse Jesus.

Em seguida, repetiu:

– Pedro, você me ama?

– Sim, Senhor. O senhor sabe que sim.

– Então tome conta do meu povo.

Pela terceira vez, perguntou:

– Pedro, você me ama?

– Senhor – respondeu Pedro –, o senhor tem a sabedoria de Deus. Sabe tudo o que há para saber. O senhor sabe que eu o amo.

– Alimente meu povo – disse Jesus. – Sacie a fome dele. – Fez uma pausa. Então, muito baixinho, pronunciou as mesmas palavras que dissera para Pedro quando os dois se conheceram: “Venha comigo.”

Três vezes Pedro havia negado Jesus. Três vezes, em frente à casa do sumo sacerdote, ele dissera que nem mesmo sabia quem era Jesus. Pedro o decepcionara no momento em que Jesus mais precisava dele. Pedro achava que jamais conseguiria se perdoar ou ser perdoado, e que carregaria essa vergonha pelo resto da vida.

Mas agora Jesus o havia perdoado e lhe mostrado que ele também poderia se perdoar. Jesus não tinha acusado, culpado, julgado ou condenado Pedro. Apenas perguntara se ele o amava. Três vezes ele lhe dera a chance de dizer que sim. Agora aquelas três negações estavam expiadas. Pedro nunca havia pensado que teria a chance de dizer a Jesus o quanto o amava de verdade. Porém, suas negações tinham sido soterradas pelo amor e pela misericórdia de Deus.

Estando perdoado, poderia de fato acompanhar Jesus. Poderia segui-lo até o fim do mundo e continuar o trabalho que ele tinha começado.

11

De Jerusalém a Roma: o início da Igreja

Lucas não terminou seu relato com a ressurreição de Jesus. Depois de concluir seu evangelho, ele escreveu um segundo volume, chamado Atos ou Atos dos Apóstolos. Os Atos continuam a história a partir do ponto em que seu evangelho parou, contando o que aconteceu com os discípulos de Jesus e como cada vez mais pessoas começaram a segui-los não só na Palestina, mas em outras partes do mundo mediterrâneo. Os Atos são, portanto, a história dos primórdios da igreja cristã.

Essencialmente, Lucas conta essa história relatando o que dois discípulos de Jesus fizeram. O primeiro é Pedro, que havia sido um dos amigos mais próximos de Jesus na Galileia. O segundo é Paulo, um judeu ortodoxo que nunca havia encontrado Jesus enquanto ele era vivo e que, na verdade, era um grande oponente da Igreja no início dela, chegando a mandar alguns de seus membros para a prisão. Lucas fala sobre como Paulo se tornou um fervoroso discípulo de Jesus e ajudou a Igreja a se espalhar para além da Palestina.

Ao se concentrar em Pedro e Paulo, Lucas deixou de contar as histórias de muitas pessoas. Ele faz menção a Maria, mãe de Jesus, bem no início dos Atos, mas depois não fala mais nada sobre ela. Que fim terá levado Maria? Terá morrido logo em seguida? Ou terá sido uma grande líder da Igreja em Jerusalém ou na Galileia? Não sabemos. Maria Madalena também é uma figura importante nos evangelhos, inclusive no de Lucas. Ela assistiu à crucificação de Jesus e foi uma das primeiras a vê-lo depois de sua ressurreição. Terá ela também desempenhado um papel importante nos primórdios da Igreja? É muito provável que sim. Mas não sabemos. Ela não aparece em nenhum momento nos Atos.

Ninguém poderia contar toda a história, é claro. Não é justo criticarmos Lucas por ter relatado somente parte dela, mas não podemos nos esquecer de que os Atos deixam de fora muito do que aconteceu. Em especial, devemos manter em mente que as mulheres quase certamente desempenharam um papel muito maior no início da Igreja do que Lucas dá a entender.

A VERDADE COMPLETA

Quando João Batista batizou Jesus, o Espírito de Deus desceu sobre ele e lhe concedeu o poder de derrotar as forças sinistras do mal e instituir o amor e a misericórdia de Deus na Terra. Após renascer dos mortos, Jesus prometeu aos seus discípulos que o Espírito de Deus também desceria sobre eles e lhes daria forças para continuarem o seu trabalho.

Esse dia não tardou a chegar, mas, antes disso, os amigos de Jesus tiveram uma experiência extraordinária.

Os amigos de Jesus estavam reunidos no monte das Oliveiras, que dava vista para Jerusalém. Jesus surgiu entre eles, estendeu a mão sobre as suas cabeças e pronunciou uma antiga bênção sagrada, que dizia o seguinte:

> "Que o Senhor os abençoe e proteja.
> Que o rosto de Deus brilhe sobre vocês
> e lhes seja gentil.
> Que o Senhor erga o rosto em sua direção
> e lhes traga a paz."

Enquanto falava, uma névoa espessa o envolvia. Era idêntica à névoa que tinha coberto o topo do monte Sinai quando Deus se encontrara com Moisés e lhe entregara os Dez Mandamentos. Muito mais recentemente, ela havia envolvido outra montanha quando Jesus se transfigurou diante de Pedro, Tiago e João, e eles puderam ver sua verdadeira aparência. Nessas ocasiões, a névoa tinha brilhado com a luz da presença de Deus, pois ela era Seu próprio mistério. Agora ela brilhava com mais intensidade ainda. Reluzia com o esplendor do paraíso e cintilava com o amor de Deus. Cercava Jesus, que desapareceu da vista de todos, como se tivesse se tornado parte da luminescência e do mistério de Deus.

Finalmente os amigos conheciam a verdade completa sobre Jesus.

Vento e fogo

Cinquenta dias após a Páscoa, realizou-se, como de costume, outro festival judaico: Pentecostes. Novamente Jerusalém ficou cheia de peregrinos judeus vindos de toda a Palestina e de vários países além de suas fronteiras.

Os amigos de Jesus estavam reunidos em um quarto. Maria, a mãe de Jesus, se encontrava entre eles. De repente, ouviu-se um som como uma rajada de vento, e línguas de fogo surgiram no ar e tocaram cada um deles. Era o mesmo som que o Espírito de Deus fizera ao soprar como um vento sobre a poça de água escura na criação do mundo, e as línguas de fogo eram como as labaredas que dançaram para Moisés diante da moita em chamas.

Os amigos foram colhidos e envolvidos pelo Espírito de Deus. Agora teriam a coragem, a sabedoria e a energia para dar continuidade ao trabalho de Jesus.

Cheios de entusiasmo, eles saíram ao encontro das multidões de peregrinos que abarrotavam a cidade. As palavras se derramavam de suas bocas, quase como se tivessem vida própria, como se fossem inspiradas por anjos. Os judeus que os escutaram ficaram maravilhados. Eles vinham de tantos lugares diferentes, cada um falando sua própria língua. Mas, ainda assim, conseguiam entender tudo! Era como se cada grupo ouvisse os discípulos falarem em sua língua materna!

As pessoas então se lembraram da antiga história sobre a cidade de Babel e de como Deus fizera seus arrogantes construtores falarem línguas diferentes, provocando brigas e interrompendo a construção da torre. Naquela época, os povos se espalharam por toda a face da Terra, e a cidade ficou em ruínas. Agora era Babel ao contrário! Apesar de falarem várias línguas diferentes, conseguiam entender tudo. Em vez de brigas, ruptura e destruição, talvez pudesse haver paz, comunhão e felicidade. Alguns, no entanto, pensaram que os discípulos de Jesus estavam bêbados.

– Eles andaram bebendo muito vinho por conta do festival! – diziam.

Pedro falou em defesa dos amigos:

– Não, isso não é verdade – respondeu. – Afinal, são apenas nove da manhã. Não. O que está acontecendo agora é o que alguns de seus profetas vinham esperando. Eles disseram que um dia o Senhor derramaria Seu Espírito sobre todos, homens e mulheres, velhos e jovens, escravos e homens livres. Então nós teríamos visões e sonhos, diziam eles. Bem, meu povo, esse dia chegou! Nós tivemos essas visões! Estamos tendo esses sonhos!

"E tudo isso por causa de Jesus de Nazaré. Jesus libertou o povo. Ele acalmou o mar revolto quando as águas foram enfurecidas pelas Forças Sinistras. Fez com que a loucura de um homem mergulhasse na água. Alimentou os famintos, devolveu a visão a um cego e tirou uma menina das garras da morte. E, ainda assim, vocês se voltaram contra ele, vocês e seus líderes no Templo. Vocês o entregaram para os romanos, que o crucificaram.

"Vocês acharam que esse seria o fim dele. Mas não foi o fim, e sim o começo. Deus o libertou da morte! Ele agora é parte da luminescência e do mistério de Deus! Seus líderes o trataram como lixo, porém eu lhes digo que ele brilha como o ouro do paraíso. Os romanos o trataram como um criminoso, e no entanto, ele mostrou a todos nós o que significa ser um rei de verdade."

As palavras de Pedro atingiram em cheio os corações das pessoas.

– O que podemos fazer para nos redimirmos? – perguntaram elas.

– Mostrem sua tristeza e seu arrependimento para Deus – respondeu Pedro. – E venham a nós para serem batizados. Então vocês encontrarão a misericórdia do Senhor, como nós a encontramos, e também receberão o Espírito Dele. João Batista batizou o povo no rio Jordão. O próprio Jesus foi batizado por ele. Foi então que o Espírito de Deus voou em sua direção como um pássaro. Bem, vocês não precisam ir até o rio Jordão. Nós os batizaremos aqui em Jerusalém, e o Espírito que voou até Jesus voará até vocês.

Cerca de 300 judeus foram batizados naquele dia.

ESTÊVÃO É MORTO

OS PRIMEIROS DISCÍPULOS de Jesus em Jerusalém não falavam a mesma língua. Os cristãos que haviam sido criados na Palestina ainda falavam aramaico, enquanto os que tinham vindo de outros países falavam grego. Todos eles adoravam a Deus no Templo, mas se reuniam em locais distintos para os momentos especiais de oração e para fazerem suas refeições.

Várias pessoas muito pobres entraram para a Igreja naquela época. Todos juntavam o que tinham para que ninguém sofresse ou passasse fome. Às vezes, alguns vendiam parte de seus bens, ou até mesmo casas e terrenos, colocando o dinheiro em um fundo comum, para ajudar os pobres. Um homem muito rico chamado Barnabé, que era um levita e ajudava a conduzir o culto no Templo, vendeu uma plantação e entregou o dinheiro para que os 12 líderes da Igreja comprassem comida para os necessitados. Entre esses 12 estavam Pedro, Tiago, João e Tomé, que tinham sido amigos de Jesus desde os tempos da Galileia.

Infelizmente, os seguidores de Jesus que falavam grego não recebiam uma quantidade justa. Eles reclamavam que quando as rações diárias de comida eram distribuídas, suas pobres viúvas não recebiam tanto quanto as que falavam aramaico. As viúvas eram mulheres paupérrimas e sozinhas, sem ter quem cuidasse delas. O problema era sério.

– Está certo – concordaram os 12 –, é verdade que todos nós falamos aramaico. Somos nascidos e criados aqui na Palestina. Vocês, que falam grego, precisam eleger seus próprios líderes, para que eles garantam que tudo seja justo entre nós.

Então eles escolheram sete pessoas. Uma delas era um rapaz chamado Estêvão.

Estevão era um orador extraordinário. Ele sempre atraía multidões nas ruas e falava sobre Jesus com grande coragem e convicção. No entanto, deixava também algumas pessoas da cidade extremamente contrariadas, sobretudo quando falava sobre o Templo. Os mais incomodados eram aqueles que, como Estêvão, falavam grego e tinham se instalado em Jerusalém para estarem mais perto do santuário. Quando Estêvão começou a dizer o quanto Jesus criticara o Templo e a declarar que ele jamais deveria ter sido construído, essas pessoas ficaram irritadíssimas. Tentaram argumentar contra ele, mas sem sucesso. Então, aliciaram outros, prenderam Estêvão e o levaram até o Sinédrio. O Sinédrio era o tribunal supremo dos judeus na região. Era o mesmo tribunal que julgara e condenara Jesus por blasfêmia, entregando-o a Pilatos para ser crucificado.

Ao olharem para Estêvão, os membros do Sinédrio viram um semblante que emanava inocência. Contudo, as acusações contra ele eram muito graves.

– Fomos informados – disseram – que você anda falando coisas terríveis sobre este nosso lugar mais sagrado. Tem algo a dizer?

– Sim – respondeu Estêvão com firmeza. – Tenho muito a dizer! Sou tão judeu quanto qualquer um de vocês. Porém, creio que todos concordarão comigo que nossa história é repleta de decepções. Desde o início, Deus tem se esforçado ao máximo em relação ao nosso povo, mas nós sempre Lhe causamos muita dor. Vejam como demos as costas a Ele e a Moisés no Sinai! Juntos, Deus e Moisés libertaram nossos ancestrais da escravidão no Egito, mas, quando Moisés foi para o topo do monte Sinai receber os preciosos ensinamentos de Deus e trazê-los para nossos antepassados, eles fizeram um bezerro de ouro e o elegeram como seu deus. Vocês conhecem a história.

"E, quando nosso povo começou a viver na Palestina, ainda adorávamos deuses feitos por mãos humanas e que em nada se pareciam com o nosso Deus, criador do Céu e da Terra.

"E, para piorar a situação, o rei Salomão construiu um templo aqui em Jerusalém. Quando nossos ancestrais viviam no deserto, Deus tinha uma simples tenda que podia ser levada para toda parte. Era apenas uma tenda, mas boa o suficiente para o Senhor. Porém, Salomão quis aprisioná-Lo aqui em Jerusalém, e para isso ergueu um templo para Ele. O Templo também foi construído por mãos humanas, como o bezerro de ouro e todos aqueles outros deuses.

"Portanto, como vocês podem ver, nós sempre causamos sofrimento ao Senhor. Quando Ele enviou profetas para nos colocar no caminho certo, nós os perseguimos e às vezes até os matamos! E quando Ele finalmente nos enviou Seu próprio Filho, Jesus, nós também o matamos! Será que a oposição de vocês a Deus não tem fim?

Isso deixou o Sinédrio e todos aqueles que haviam capturado Estêvão indignados.

– Vejam! – gritou Estêvão. – Eu consigo ver o paraíso. Consigo ver Deus em toda a Sua magnífica glória, e Jesus sentado à Sua direita!

O público e os membros do Sinédrio taparam os ouvidos com as mãos. Não suportavam mais ouvir nada daquilo. Arrastaram Estêvão pelas ruas de Jerusalém, até chegarem a um lugar além dos muros da cidade. Então começaram a apedrejá-lo. Ele era culpado de blasfêmia, diziam, e merecia ser apedrejado até à morte.

A chuva de pedras fez Estêvão cair. Ajoelhado no chão, ele gritou com todas as suas forças:

– Senhor, perdoai-os!

Foram suas últimas palavras.

Paulo encontra Jesus renascido

Quando Estêvão foi apedrejado, havia na multidão um jovem judeu chamado Paulo.

Paulo estava furioso com o que Estêvão vinha dizendo. Ele também era um judeu que falava grego, e tão apegado ao Templo quanto os demais. Alegrou-se ao ver Estêvão morto. Só agora percebia como aqueles discípulos de Jesus podiam ser perigosos. Então tornou-se o adversário mais fanático deles. Começou a ir de casa em casa para detê-los e jogá-los na prisão, tanto os homens quanto as mulheres.

Mas Paulo não era o único. Muitos dos discípulos de Jesus tiveram que fugir para outras regiões da Judeia, para a Samaria, ou até para mais longe, como Damasco, uma cidade na Síria. Foi assim que a Igreja começou a se espalhar para fora das fronteiras de Jerusalém. Os 12, no entanto, continuaram na cidade, mas precisaram se esconder.

UM DIA, PAULO PARTIU EM DIREÇÃO a Damasco. Seu plano era percorrer as sinagogas dos judeus que viviam ali em busca de qualquer homem ou mulher que fosse discípulo de Jesus. Ele os levaria de volta a Jerusalém, para que fossem julgados diante do sumo sacerdote.

Estava se aproximando da cidade quando, de repente, uma luz ofuscante tomou conta do céu. Não era um relâmpago. Não era o sol. Era a luz de Deus, e Paulo caiu por terra. Então ouviu uma voz que vinha do alto.

– Paulo, Paulo – disse a voz –, por que está me perseguindo?

– Quem é você? – perguntou Paulo.

– Eu sou Jesus – falou a voz. – Sou aquele que você persegue. Quando ataca meus amigos, está me atacando. Quando os joga na prisão, é a mim que está aprisionando.

"Mas Paulo, meu amigo, eu tenho um trabalho para você. Levante-se, continue seguindo para Damasco, e eu enviarei alguém para lhe dizer o que fazer."

Paulo ergueu-se do chão. A luz de Deus o cegara, e ele não conseguia enxergar. As pessoas que viajavam com ele tinham ouvido a voz, mas não viram nada e não sabiam como interpretar aquilo. Conduzido por elas, entrou em Damasco. Passou três dias sem ver, comer ou beber.

PAULO E ANANIAS

Um dos seguidores de Jesus em Damasco era um homem chamado Ananias. Três dias depois de Paulo chegar à cidade, Jesus apareceu a Ananias em uma visão.

– Ananias – chamou Jesus.

– Aqui estou Senhor – ele respondeu.

– Preciso que você faça uma coisa – disse Jesus. – Quero que vá até a rua Direita e procure na casa de Judas um homem chamado Paulo. Coloque suas mãos sobre ele e lhe conceda minha bênção, para que ele volte a enxergar.

– Mas, Senhor – exclamou Ananias –, eu sei tudo sobre esse Paulo! Ele vem percorrendo as ruas de Jerusalém, jogando os seus discípulos na prisão, e agora veio a Damasco para deter todos os seus amigos. Ele traz em seu bolso cartas de autorização do sumo sacerdote. Não pode me pedir uma coisa dessas!

– Vai – insistiu Jesus –, porque eu escolhi esse homem para levar meu nome às nações pagãs. Quero que Paulo viaje por toda parte para contar minha história aos gentios e aos judeus espalhados pelo império que nunca ouviram falar de mim.

Ananias era um homem corajoso. Ainda não sabia ao certo o que encontraria, mas obedeceu ao Senhor.

Paulo estava sentado em um canto da casa, olhando para o chão, sem conseguir enxergar nada, sentindo-se extremamente fraco. Ananias aproximou-se, impôs as mãos sobre ele e disse:

– Paulo, o Senhor Jesus que veio ao seu encontro no caminho para Damasco me enviou até aqui. Ele me pediu que o tocasse, para que você recupere a visão e fique repleto do Espírito de Deus.

No mesmo instante, Paulo voltou a enxergar. Agora conseguia ver tudo. Conseguia ver como havia errado ao perseguir Jesus e seus discípulos. Conseguia ver que Jesus era o próprio Filho de Deus.

Ele se levantou e, ao abraçar Ananias, ouviu dele:

– Agora que você é um discípulo de Jesus, eu preciso batizá-lo.

Assim, Paulo foi batizado e, em seguida, comeu e bebeu um pouco. Foi a melhor refeição de sua vida.

Fugindo em um cesto

Depois que Ananias o batizou em Damasco, Paulo pediu:

– Leve-me até as sinagogas. Tenho algo para dizer aos judeus.

– Antes, preciso apresentá-lo aos discípulos de Jesus – disse Ananias. – Acho que eles vão ficar um pouco surpresos.

E não foram os únicos. Quando Ananias apresentou Paulo aos demais judeus nas sinagogas, eles mal conseguiram acreditar. Sabiam muito bem quem era Paulo, o que ele vinha fazendo em Jerusalém e por que tinha vindo a Damasco. E lá estava ele dizendo-lhes que Jesus era o Filho de Deus. Parecia inacreditável!

Alguns acreditaram nele, enquanto outros ficaram possessos.

– Ele deveria estar prendendo aqueles discípulos de Jesus – murmuravam entre si –, e não se juntar a eles! É o pior de todos! É impossível calar sua boca! Se não fizermos nada, ele vai nos causar sérios problemas.

Então resolveram matá-lo. Felizmente, Paulo ficou sabendo do plano. Seus inimigos vigiavam os portões da cidade dia e noite. Como ele iria sair?

– Em um cesto – falou uma mulher que era sua amiga.

– Como? – perguntou Paulo.

– Em um cesto – repetiu ela. – Hoje à noite, depois que escurecer, nós iremos colocá-lo em um cesto e fazê-lo descer pelos muros da cidade.

Foi assim que Paulo escapou de Damasco.

Quando finalmente chegou a Jerusalém, foi se encontrar com os 12 discípulos, que estavam com muito medo dele. Não confiavam no que algumas pessoas falavam e achavam que se tratava de um truque. Ele os prenderia e os entregaria às autoridades do templo.

Mas então Barnabé, o levita que tinha vendido sua plantação, encontrou Paulo, ouviu sua história e o apresentou aos 12. Barnabé lhes contou como Jesus havia interrompido a viagem de Paulo até Damasco e sobre como agora ele vinha pregando nas sinagogas da cidade.

Assim, Paulo juntou-se aos discípulos e começou a pregar abertamente sobre Jesus pelas ruas da cidade. No entanto, os judeus que haviam apedrejado Estêvão também começaram a tramar sua morte. Seus amigos então o levaram até um porto na costa do Mediterrâneo, chamado Cesareia, e o colocaram em um barco com destino a Tarso, uma cidade na região conhecida como Cilícia. Tarso era a cidade natal de Paulo.

Pedro e um centurião chamado Cornélio

Pedro também viajou ao longo da costa do Mediterrâneo e acabou chegando à cidade judaica de Jope. Cerca de 60 quilômetros ao norte de Jope ficava Cesareia, onde vivia um centurião chamado Cornélio. Era italiano, mas havia se aposentado do exército e se estabelecido na cidade. Ele e sua família conheciam muitos judeus ali. Com o tempo, passaram a gostar muito deles e a simpatizar com sua religião e seu culto. Juntavam-se a eles para rezar ou para escutar suas Escrituras. Participavam de seus festivais e acreditavam em seu Deus. Não se tornaram exatamente judeus e tampouco observavam todas as leis e costumes judaicos. Porém, eram muito generosos e davam bastante dinheiro para os líderes da sinagoga doarem aos pobres.

Um dia, às três da tarde, uma das horas de oração dos judeus, Cornélio estava rezando em sua casa. Foi quando teve a mais extraordinária visão. Ele viu, com toda a clareza, um anjo. Seu quarto havia se tornado um pedaço do paraíso!

O anjo o chamou pelo nome:

– Cornélio.

Ele olhou para o anjo, estupefato.

– O que deseja, Senhor? – perguntou.

– Deus o conhece muito bem, meu amigo – disse o anjo. – Ele escuta suas preces, sabe da sua generosidade e quer que você faça uma coisa. Na cidade de Jope há um homem chamado Pedro. Ele está hospedado na casa de Simão, um curtidor de couro que vive no litoral. Mande alguém trazê-lo até aqui.

Isso foi tudo. Não houve explicação. Nada sobre esse Pedro, exceto o lugar em que ele estava hospedado. Cornélio nunca ouvira falar dele. O que significava tudo aquilo? Bem, havia apenas uma maneira de descobrir. Ele enviou até Jope dois de seus escravos e um soldado amigo que também adorava o Deus dos judeus.

Ao meio-dia do dia seguinte, quando o pequeno grupo de Cornélio estava quase chegando a Jope, Pedro subiu os degraus que conduziam ao telhado plano da casa de Simão. Virou-se na direção de Jerusalém e começou a rezar. O sol estava quente e ele começou a ficar sonolento. Quando menos percebeu, estava dormindo. Então uma estranha sensação de fome o invadiu, e ele sonhou que estava vendo um lençol descendo do céu com todo o tipo de animais terrestres, pássaros e répteis dentro dele. Havia porcos, camelos, lebres, lagartixas, crocodilos, lagartos, águias, falcões, gaviões, corvos, corujas e abutres – todas as coisas que os judeus não podiam de forma alguma comer.

Pedro sentiu nojo daquela visão, porém, no meio daquele sonho estranho, escutou uma voz que dizia:

– Levante-se, Pedro! Mate-os e coma-os.

– De forma alguma! – exclamou Pedro. – Como poderia fazer uma coisa dessas? Sou judeu! Deus me proibiu de comer qualquer uma dessas criaturas. Elas são impuras. Se as comermos, deixaremos de ser judeus. Você não pode me pedir isso!

A voz tornou a soar:

– O que Deus purificou, você não deve chamar de impuro.

Três vezes tudo isso aconteceu. Então o lençol desapareceu e Pedro acordou sobressaltado.

O que significava aquilo? Pedro estava chocado. Aquela visão ia contra tudo o que havia aprendido desde criança. Os judeus eram um povo sagrado. Poderiam fazer várias coisas com os gentios, como negociar com eles ou recebê-los de braços abertos em suas sinagogas. No entanto, também precisavam manter-se separados deles, especialmente durante as refeições. Eram proibidos de comer alguns dos alimentos dos gentios. Havia histórias sobre tempos passados em que judeus eram perseguidos e forçados a abandonar sua religião. Alguns que se recusavam a comer os alimentos dos gentios eram condenados à morte. Pedro conhecia muito bem essas histórias. Sua mãe costumava contá-las quando ele era pequeno. Aqueles que se recusavam a comer alimentos impuros eram heróis para ele.

Pedro ouviu vozes vindas da rua. Três homens estavam parados em frente ao portão da casa.

– É esta a casa onde mora Simão, o curtidor de couro? – perguntaram eles. – Tem alguém aqui chamado Pedro?

A essa altura, Pedro estava totalmente desperto, mas escutou outra voz dentro de si.

– Vá com esses homens, Pedro – falou a voz. – Eu mesmo os enviei. Não há nada com que se preocupar.

Pedro conhecia aquela voz. Era a voz do Espírito de Deus.

Então, ele desceu do telhado e foi em direção aos três homens.

– Eu sou Pedro – disse. – Sou a pessoa que vocês estão procurando. O que querem?

– Viemos em nome de um homem chamado Cornélio – responderam eles. – É um centurião em Cesareia. É um bom homem e adora a Deus na sinagoga de lá. Todos os judeus o amam. Ele teve uma visão de um anjo que lhe disse que deveríamos levar você conosco até Cesareia para podermos ouvir o que tem a dizer.

Aquilo ainda não fazia sentido, mas sem dúvida algo estava acontecendo ali. A visão do lençol, e agora a visão que Cornélio tivera de um anjo. Com certeza Deus estava planejando alguma coisa!

– É melhor vocês entrarem – disse Pedro para os homens. – Passem a noite aqui, e amanhã eu os acompanharei.

No dia seguinte, Pedro e outros discípulos de Jesus começaram a subir a costa do Mediterrâneo em direção a Cesareia. Algum tempo depois, chegaram à casa de Cornélio.

O centurião já os aguardava. Ele havia reunido alguns de seus parentes e amigos mais próximos. Quando Pedro chegou ao portão da casa, Cornélio veio correndo recebê-lo e se prostrou aos seus pés.

– Não, por favor – pediu Pedro. – Levante-se, meu amigo. Sou apenas um homem como você.

Cornélio conduziu Pedro para dentro de casa, e ele ficou surpreso ao encontrar ali um número muito grande de pessoas. Eram todos gentios, como o próprio Cornélio.

Pedro correu os olhos por todos eles e, de repente, entendeu o significado da visão do lençol. "O que Deus purificou, você não deve chamar de impuro." Era o que a voz misteriosa dissera. As mesmas palavras tinham sido repetidas três vezes. "O que Deus purificou, você não deve chamar de impuro." A voz, na verdade, não estava falando sobre animais e pássaros, mas sobre pessoas como todos aqueles homens, mulheres e crianças reunidos naquela casa em Cesareia, esperando que ele falasse. O tempo em que os judeus se mantinham isolados dos gentios tinha ficado para trás. Assim como também havia acabado o tempo de isolamento de Pedro, o judeu.

– Vocês sabem – disse ele – como nós judeus nos mantemos separados de vocês, gentios. Há séculos que vínhamos pensando que isso era necessário para sermos o povo de Deus. Essa era a minha crença desde menino. Mas estava enganado. Deus me mostrou isso. Agora, o que vocês querem que eu lhes diga?

Cornélio repetiu a história de sua visão do anjo que Pedro já ouvira em Jope.

– O senhor foi muito gentil em vir até nós – concluiu Cornélio. – Estamos aqui para ouvir as palavras que Deus quer que o senhor nos diga.

– Deus disse para o nosso ancestral Abraão que ele deveria ser uma bênção para todos os que cruzassem o seu caminho – começou Pedro. – Ele disse que todas as famílias da Terra receberiam a bênção divina através de Abraão. Agora entendo o que isso significa. Quer dizer que o povo judeu deve estar aberto a todos os que forem amigos de Deus, todos os que estão ao Seu lado e trabalham com Ele para levar Sua bênção ao mundo. Pessoas como vocês, como todos os que se encontram nesta casa. Sim, tenho belas coisas para lhes contar! Se querem pertencer ao povo de Deus, devem saber tudo sobre Jesus de Nazaré.

Então Pedro lhes contou sobre a vida de Jesus: seu batismo por João, os dias na Galileia, o louco em meio às tumbas, Míriam e Raquel, Jônatas e tudo o mais. Depois contou-lhes sobre como os romanos e as autoridades do templo quiseram se livrar de Jesus, e como ele tinha sido crucificado.

– Mas a morte não conseguiu detê-lo – afirmou Pedro. – Deus o libertou! Nós o vimos. Fizemos uma refeição em sua companhia às margens do mar da Galileia. Sei que parece extraordinário, mas é tudo verdade! E aqui estou eu, na casa de vocês, falando-lhes sobre Jesus. Isso também é extraordinário.

Quando Pedro estava acabando, Cornélio, seus familiares e amigos foram invadidos pelo Espírito de Deus. Foi exatamente como o Espírito descera sobre os amigos de Jesus, no dia de Pentecostes, em Jerusalém.

– Bem – disse Pedro para seus amigos de Jope –, o que vocês estão esperando? Batizem-nos em nome de Jesus Cristo.

Depois disso, Pedro ficou vários dias com Cornélio e sua família.

A Igreja nunca mais seria a mesma.

Paulo e Barnabé são tomados por deuses

Nesta história, Lucas conta como Paulo e seu companheiro Barnabé curam um homem que nunca tinha andado na vida. Lucas não diz o nome desse homem, mas nós o chamamos de Filão.

Barnabé foi o discípulo de Jesus que apresentou Paulo aos 12 de Jerusalém. Algum tempo depois de Paulo ter sido enviado para Tarso, a Igreja de Jerusalém pediu a Barnabé para ir a Antioquia, uma grande cidade na Síria. De lá, ele viajou até Tarso para procurar Paulo, e, quando o encontrou, levou-o de volta a Antioquia. Eles ficaram um ano inteiro ali ensinando a muitas pessoas sobre Jesus. Foi em Antioquia que os discípulos de Jesus passaram a ser conhecidos como cristãos.

Um dia, os cristãos em Antioquia estavam orando juntos quando o Espírito de Deus lhes disse:

– Tenho um trabalho para Paulo e Barnabé fora de Antioquia. Vocês precisam fazê-los sair da cidade para realizá-lo.

Então, Paulo e Barnabé viajaram juntos para vários lugares levando a história de Jesus para toda parte. Geralmente, andavam por estradas que os romanos haviam construído, e um dia chegaram a um lugar próximo de uma cidade chamada Listra. Era uma cidade pequena e remota a várias centenas de quilômetros de Antioquia. Dois mil anos antes existira um vilarejo ali que nunca fora famoso. O povo ainda falava seu próprio dialeto e adorava os antigos deuses gregos, como Zeus. Havia um pequeno templo para Zeus nas cercanias da cidade.

Como de hábito, Paulo estava pregando sobre Jesus, tentando se fazer entender com o pouco de grego que falava. Não era fácil.

Então ele percebeu que um homem o ouvia com atenção. Estava sentado no chão ao lado do grupo de pessoas. Seu nome era Filão. Todos em Listra conheciam o velho Filão. Ele era paraplégico de nascença e não conseguia andar. Por isso, jamais tivera um emprego e costumava ficar sentado ali o dia todo, mendigando. Era difícil para ele simplesmente sobreviver.

Filão nunca tinha ouvido alguém como Paulo antes. Havia algo nele, e em Barnabé também, que atiçava uma estranha esperança bem no fundo do seu coração. Ele jamais imaginara que poderia conseguir andar um dia, porém, naquele instante, começou a se perguntar se aqueles dois visitantes judeus seriam capazes de fazê-lo se erguer sobre os pés inúteis e caminhar com as próprias pernas.

Paulo notou a expressão nos olhos de Filão. Parou de falar e olhou em sua direção.

– Amigo – exclamou –, levante-se! Fique de pé!

As pessoas riram.

– O velho Filão nunca ficou de pé na vida – disseram. – Você é um velho aleijado. Ei, o que está fazendo? Você vai cair! Ei, Filão, você está conseguindo andar. Você está andando!

Filão estava andando.

O povo da cidade jamais vira coisa parecida. A vida em Listra era sempre igual. As pessoas nasciam, se casavam, tinham filhos, trabalhavam até não aguentar mais e morriam. Isso era tudo. No entanto, aquilo era algo incrível, misterioso, fenomenal. Um presente dos céus. Filão também achava.

– Os deuses desceram à Terra em forma de homens! – gritou um homem.

– É isso mesmo – exclamou outro, olhando para Barnabé. – Aquele deve ser Zeus!

– E este aqui – disse um terceiro, apontando para Paulo – deve ser Hermes, o mensageiro dos deuses, porque é ele quem está falando.

Dois meninos saíram e foram correndo até o templo de Zeus.

– É melhor o senhor vir depressa! – disse um deles para o velho sacerdote. – Zeus está aqui! Ele está na cidade agora mesmo! O senhor conhece o velho Filão? Ele está andando!

– E Hermes está com ele! – concluiu o outro. – Estão os dois aqui na nossa cidade, em Listra! Venha!

O sacerdote ficou muito empolgado.

– Temos que fazer grinaldas para eles – disse – e sacrificar alguns bois. Este é um grande dia, o mais importante da história deste templo!

Em pouco tempo uma procissão se formou e foi se aproximando dos portões da cidade. À sua frente vinha o sacerdote do templo de Zeus com suas vestes completas e, a seguir, seus assistentes e dois meninos. O sacerdote carregava grinaldas, enquanto os assistentes conduziam dois bois.

– O que estão fazendo? – exclamaram Paulo e Barnabé. – Somos apenas homens como vocês. Não somos deuses. Adoramos o Deus que fez o céu, a terra e o mar, os pássaros, os animais terrestres, as plantas e todos os peixes. Adoramos o Deus que lhes dá a chuva. É a energia Dele que faz brotar e crescer as sementes que vocês plantam. Ele enche seus ventres de comida, e seus corações de alegria. Faz vocês dançarem pelas ruas, mesmo que tenham passado a vida inteira sem andar e obrigados a ficar recostados num muro, mendigando. Esse é o Deus que viemos lhes trazer!

Com isso, os dois conseguiram apenas que o povo deixasse de sacrificar os bois em homenagem a eles.

Mas então outras pessoas, inimigos implacáveis dos discípulos, chegaram à cidade. Essas pessoas tinham tanta raiva dos seguidores de Jesus quanto Paulo costumava ter antes de converter-se, e eram tão fanáticas quanto ele fora antes de encontrar Jesus no caminho para Damasco. Estavam dispostas a fazer de tudo para deter Paulo e Barnabé.

Elas os acusaram, Paulo em especial, de todo tipo de crimes e conseguiram convencer o povo de Listra. Disseram que Paulo era culpado de blasfêmia e que estava atacando suas crenças mais preciosas. Assim, aqueles mesmos que em um momento estavam adorando Paulo e Barnabé como se fossem deuses, no outro começaram a jogar pedras contra Paulo para matá-lo.

Quando acharam que ele estava morto, arrastaram-no para fora da cidade e o deixaram à mercê dos animais selvagens e dos abutres. Pareciam ter-se esquecido completamente de Filão.

Paulo, no entanto, não estava morto, e nem todos os habitantes de Listra se esqueceram do velho aleijado. Barnabé e Paulo seguiram viagem, mas não tardaram a voltar à cidade. Dessa vez encontraram uma pequena comunidade cristã crescendo ali. Filão, naturalmente, era um de seus líderes.

Tumulto em Éfeso

Paulo passou três anos baseado em uma cidade na costa do Mediterrâneo, chamada Éfeso. Éfeso não era como Listra. Listra era um lugar pequeno, afastado de tudo, quase desconhecido. Já Éfeso era uma das cidades mais conhecidas do império romano. O que havia de mais famoso ali era o templo dedicado à deusa grega Artemis. Era uma das sete maravilhas do mundo. Peregrinos vinham de diversos países para visitá-lo. Os habitantes de Éfeso consideravam Artemis a guardiã da cidade, aquela que os mantinha seguros e garantia seu bem-estar.

Além disso, era uma deusa bastante lucrativa. Os peregrinos que vinham à cidade sempre queriam levar algo para casa. Alguns ourives faziam miniaturas do templo em prata para vender. Essas miniaturas serviam de lembrança da peregrinação e também os ajudava a rezar para Artemis quando chegassem em casa. As miniaturas de prata eram um bom negócio para os que as produziam. Até Paulo chegar.

Paulo começou a contar a história de Jesus em uma sinagoga na cidade de Éfeso, onde passou três meses. Alguns dos judeus da sinagoga se tornaram cristãos, outros não. Os cristãos fizeram então uma nova sinagoga cristã.

Paulo, no entanto, queria alcançar também os gentios, os não judeus que não frequentavam sinagogas. Entre seus seguidores na cidade havia alguns homens e mulheres muito ricos que conseguiram o dinheiro de que ele precisava para alugar o auditório de Tirano onde foi falar todos os dias. Paulo causava um impacto muito grande nos que iam escutá-lo, e muitos começaram a abandonar Artemis e os outros deuses gregos.

Os ourives não gostaram nada disso. O comércio estava começando a ser prejudicado. Se não fizessem algo depressa, alguns perderiam seus negócios e muitos ficariam desempregados.

Um homem chamado Demétrio tinha uma das maiores oficinas de templos em miniatura da cidade. Ele convocou os demais ourives e seus empregados para uma reunião.

– Este judeu chamado Paulo – declarou – fica dizendo ao povo que deuses feitos por mãos humanas não são verdadeiros. Muita gente está começando a acreditar nele.

– Minhas vendas caíram pela metade – acrescentou outro ourives. – Já tive que dispensar metade dos meus homens. E eram trabalhadores experientes. Como irão sustentar suas famílias agora?

– A questão não se limita ao nosso negócio – disse Demétrio. – Ela afeta o nosso templo também. Ele é uma das maravilhas do mundo. Se Paulo continuar assim, o templo vai ficar reduzido a ruínas! Custa muito dinheiro mantê-lo, e se os peregrinos pararem de vir será o fim dele. E quanto à própria Artemis? Ela é uma grande deusa, a *nossa* deusa, e Paulo a está tratando como se fosse lixo.

Um grande número de pessoas havia se reunido enquanto Demétrio falava. Incitadas por suas palavras, elas ficaram enfurecidas. "Grande é Artemis dos efésios!", gritavam. "Grande é Artemis dos efésios!" Vinha gente de todo lado para ver qual era o motivo daquela comoção, e logo a cidade inteira estava em polvorosa.

– Vamos para o anfiteatro – gritou Demétrio. – Vamos resolver isso de uma vez por todas!

Assim, todos saíram às pressas em direção ao anfiteatro. Ele ficava ao ar livre e tinha o formato de metade de uma imensa tigela. Os assentos eram bancos de pedra e se estendiam ao longo de todo o semicírculo. Sua capacidade era de 2.400 pessoas. Em pouco tempo estava lotado.

Algumas pessoas arrastaram dois dos companheiros cristãos de Paulo até ali, Gaio e Aristarco. Paulo quis ir socorrê-los e falar para a multidão. Seus amigos, porém, tentaram impedi-lo, dizendo que não seria seguro.

– Mas eles capturaram Gaio e Aristarco! – exclamou Paulo. – Podem até matá-los!

– E se você for lá vai acabar morto – disseram seus amigos. – De que forma isso vai ajudar Gaio e Aristarco?

Foi difícil convencer Paulo, mas, no fim das contas, conseguiram. Paulo não foi ao anfiteatro.

Lá dentro estava um verdadeiro pandemônio. Todos gritavam, mas a maioria sequer sabia o que estava acontecendo. Tinham sido engolidos pela histeria geral e pelo fluxo da multidão que acorria.

A situação foi se agravando e corria o risco de explodir em violência. Havia alguns judeus na multidão. Embora não fossem membros da Igreja, queriam defender Paulo, Gaio e Aristarco. Além de não desejarem brigar, concordavam com muito do que Paulo e os demais vinham dizendo.

Empurraram um judeu chamado Alexandre para a frente. Alexandre era um orador convincente. Talvez conseguisse colocar juízo na cabeça das pessoas. Pediu silêncio com um gesto e começou a falar. Mas, quando explicou que Paulo estava pregando em nome do Deus judaico e as pessoas se deram conta de que ele também era judeu, elas o calaram com seus gritos.

– Grande é Artemis dos efésios – exclamaram. – Grande é Artemis dos efésios! – Agora todos gritavam a mesma coisa. Parecia um grito de guerra. Isso prosseguiu por duas horas inteiras. Era um som assustador.

Passado algum tempo, o escrivão da cidade conseguiu acalmá-los.

– Cidadãos de Éfeso! – bradou ele. – Por que se preocupam tanto? Nosso templo a Artemis é conhecido em todo o mundo, assim como a estátua da deusa que ele abriga. Aquela estátua, como vocês bem sabem, não foi feita por mãos humanas, pois caiu diretamente do céu. É nisso que todos nós acreditamos. Por que então deveríamos nos preocupar? Esses judeus, Gaio e Aristarco, Alexandre e Paulo, não roubaram o templo. Eles não cometeram blasfêmia alguma contra Artemis. Se Demétrio e seus companheiros têm alguma reclamação a fazer, devem agir conforme a lei e levar o caso ao tribunal. Nossa cidade é grande, e vocês correm o risco de desonrá-la ao agir dessa maneira. Será uma sorte se não formos acusados de rebelião pelas autoridades romanas. Voltem para suas casas, sem algazarra. Todos nós sabemos como é grande Artemis dos efésios. Vocês não precisam ficar gritando.

Isso acalmou o povo. A multidão se dispersou. As pessoas deixaram o anfiteatro e voltaram para suas casas ou para os seus trabalhos, de modo que Gaio, Aristarco e Alexandre ficaram em segurança.

Paulo constatou que era hora de partir. Enquanto os ânimos se mantivessem tão exaltados, não havia mais nada a fazer na cidade. Despediu-se dos membros da igreja de Éfeso e zarpou para a Macedônia.

Tumulto em Jerusalém

Comunidades cristãs começaram a surgir em toda a região ao leste do Mediterrâneo, graças ao trabalho de Paulo e de seus companheiros. Paulo fez mais do que qualquer outra pessoa para espalhar a história e a mensagem de Jesus fora da Palestina e trazer gentios para a Igreja.

Depois de viajar bastante pelas igrejas que havia fundado, Paulo voltou a Jerusalém. Sabia que ali estaria em perigo, mas decidiu ir assim mesmo.

– Se necessário – disse ele –, estou preparado para morrer. Aconteça o que acontecer, devo ser fiel a Jesus até o fim.

Paulo tinha razão: era mesmo perigoso. Para começar, alguns membros da igreja de Jerusalém ainda estavam bastante desconfiados dele. Muitos dos cristãos judeus acreditavam ser importante que todos os gentios convertidos se comportassem estritamente como judeus e acatassem suas leis quanto à comida. Entretanto, tinham ouvido dizer que Paulo não os obrigava a respeitar essas regras. Não conseguiam entendê-lo e achavam que ele estava fazendo um grande mal. Suspeitavam, inclusive, que ele já não fosse mais judeu.

Afinal, não foram os cristãos judeus que tinham levado a situação ao ponto crítico, mas sim um grupo de judeus não cristãos de Éfeso. A maioria dos judeus de Éfeso tinha sido amistosa para com Paulo, incluindo os que não haviam entrado para a Igreja ou para a sinagoga cristã de lá. Contudo, alguns o consideravam um agitador perigoso. Ele tinha causado uma revolta na cidade, diziam, e, se não tomassem cuidado, isso acabaria obrigando as autoridades romanas a intervir – o que faria todos os judeus sofrerem, e não só os cristãos.

Alguns desses judeus estavam visitando Jerusalém em peregrinação. Certo dia, enquanto se encaminhavam para o Templo, um deles exclamou:

– Olhem quem está ali! É Paulo! E acompanhado de Trófimo!

– Trófimo era um gentio de Éfeso.

– Paulo deve tê-lo levado ao templo – disse outro.

– Sim – acrescentou um terceiro – a um dos pátios reservados aos judeus, sem dúvida. Ele não o teria deixado sozinho, não é mesmo? Não, certamente foi com ele até o pátio. Isso significa que corrompeu o local sagrado. Isso é muito, muito grave.

Naquele dia, Paulo e Trófimo não mais foram vistos, mas no dia seguinte os mesmos homens voltaram a ver Paulo no pátio interno do templo. Eles o agarraram e gritaram para os outros judeus:

– Este homem vem trazendo gentios para o nosso pátio! Ele profanou este lugar sagrado!

Foi o que bastou para começar um tumulto. Paulo foi arrastado para fora do templo, e teria sido morto se os soldados romanos não tivessem intervindo.

O tribuno, que era o oficial romano no comando, tirou Paulo dali, acorrentou-o e tentou descobrir o que estava acontecendo. A turba, no entanto, continuava a gritar:

– Enforquem-no! Livrem-se dele!

Os soldados tiveram que levar Paulo escadas acima até o quartel para afastá-lo daquelas pessoas.

– Tivemos um egípcio por aqui recentemente que nos causou sérios problemas – disse o tribuno. – Conseguimos dar um jeito nos seus seguidores, mas ele escapou. Você, por acaso, é ele? Porque, se for, é melhor começar a rezar agora mesmo.

– Não – afirmou Paulo. – Eu sou um judeu de Tarso. Não estou aqui para causar problemas. Vocês me deixariam falar com aquela multidão?

– Não vai ser fácil – respondeu o tribuno. – Mas tente, se quiser.

Aos poucos, Paulo foi acalmando a multidão. Então dirigiu-se às pessoas, falando do alto da escadaria, em frente à entrada do quartel.

Elas o ouviram por alguns instantes, mas de novo a ira delas explodiu. O oficial romano o levou para dentro do quartel e fechou as portas.

– Bem – disse ele para um de seus centuriões –, leve este arruaceiro daqui e arranque a verdade dele na base do chicote. Quero saber o que está por trás disso tudo.

Os soldados levaram Paulo até outro recinto do quartel onde ficavam os instrumentos de tortura. Eles o amarraram a uma prancha de madeira e estavam prestes a açoitá-lo, quando Paulo falou para centurião:

– Você tem o direito de açoitar um cidadão romano que não foi julgado ou condenado por algum crime?

Ao ouvir isso, o centurião correu até o tribuno e exclamou:

– Aquele homem é um cidadão romano!

O tribuno foi ao encontro de Paulo imediatamente.

– É verdade isso? – perguntou.

– É claro que sim.

– Eu também sou cidadão romano – disse o tribuno. – Tive que pagar um bom dinheiro pela minha cidadania.

– Eu nasci em Roma – respondeu Paulo.

– Perdão, senhor – disse o oficial. – Vamos resolver isso de outra forma. Centurião! Desamarre-o, por favor.

A AMEAÇA DE UMA EMBOSCADA

O tribuno não entendeu as acusações que estavam sendo feitas contra Paulo. Então, no dia seguinte, ordenou que o Sinédrio se reunisse, levou Paulo até lá e o colocou diante do tribunal. O Sinédrio era a corte que havia julgado Jesus quando ele foi crucificado, e que Estêvão havia enfurecido.

Alguns dos membros do Sinédrio acharam que Paulo não havia feito nada de errado, porém houve uma discussão que logo se tornou acalorada. Com medo de que atacassem Paulo, o tribuno mandou os soldados o levarem de volta para o quartel. Não tinham feito avanço algum.

Na manhã seguinte as coisas pioraram. Mais de 40 judeus foram ao sumo sacerdote com um plano. Eles eram inimigos ferrenhos de Paulo, porque acreditavam que ele era uma ameaça para o futuro do judaísmo.

– Nós fizemos um juramento – disseram eles ao sumo sacerdote. – Não vamos comer ou beber nada até termos matado Paulo. Peça ao tribuno para trazê-lo até a nossa casa. Diga-lhe que quer fazer uma investigação particular do caso. O tribuno irá concordar com isso. Ele deseja que essa situação se resolva o mais rápido possível. Ficará grato pela sua oferta. Então, nós o emboscaremos no caminho e o mataremos.

Nessa época, um sobrinho de Paulo vivia em Jerusalém. Ao saber da emboscada, ele conseguiu entrar no quartel e contar ao tio o que estava sendo tramado. Paulo chamou um dos centuriões.

– Leve este jovem ao tribuno – disse. – Ele tem algo para lhe contar.

O centurião levou o rapaz até o quarto do tribuno.

– O prisioneiro Paulo me pediu para trazer esse jovem aqui. Parece que ele tem algo para lhe dizer, senhor.

– O que é? – perguntou o tribunal.

– Existe um plano para matar meu tio, senhor – explicou o sobrinho de Paulo. – O sumo sacerdote irá lhe pedir para levá-lo até a casa dele amanhã. Não lhe dê ouvidos, por favor. Haverá mais de 40 homens à espreita para atacá-lo. Eles juraram que não comeriam ou beberiam até matarem meu tio.

– Bom trabalho, rapaz – disse o tribuno. – Mas, não conte a ninguém que esteve aqui ou que falou comigo. Entendido?

– Sim, senhor – respondeu ele.

Depois que o sobrinho de Paulo foi embora, o tribuno voltou-se para dois de seus centuriões.

– Temos que tirar rapidamente Paulo de Jerusalém. Reúna alguns soldados. Quero que o levem até Cesareia hoje à noite, e o entreguem ao governador. Eu lhe escreverei uma carta que vocês levarão explicando o que vem acontecendo.

PAULO SOLICITA UMA AUDIÊNCIA COM O IMPERADOR

Quando Paulo chegou a Cesareia, Félix, o governador romano, leu a carta do tribuno e prometeu ouvir o seu caso assim que os acusadores chegassem.

– Voltem para Jerusalém – disse para os centuriões – e informem o sumo sacerdote que Paulo está aqui comigo. Peça que ele venha para cá e nos explique o que significa tudo isso.

Assim, o sumo sacerdote foi até Cesareia, acompanhado de alguns dos anciãos do Templo e de um homem chamado Tértulo, que apresentou as acusações contra Paulo.

– Excelência – disse Tértulo. – Este homem vem causando problemas entre os judeus de todo o mundo. Ele é o líder de uma seita perigosa. Nós o apanhamos tentando profanar o Templo sagrado, e por isso o prendemos.

– Eu não estava tentando fazer nada disso – negou Paulo. – Sou um bom judeu, senhor, um judeu devoto. Não sou um arruaceiro. A questão toda é Jesus e sua ressurreição. Essa é a verdadeira raiz de todo esse conflito.

Félix percebeu que Paulo não era culpado. Contudo, decidiu mantê-lo na prisão para agradar ao sumo sacerdote e aos seus seguidores. Ele esperara que Paulo ou seus amigos lhe oferecessem uma bela propina. Porém, quando percebeu que não iria receber nada, o manteve detido em Cesareia. Paulo ficou ali por dois anos, até Félix ser chamado de volta a Roma e um novo governador chegar, ocasião em que ele teve de ser julgado novamente.

O novo governador se chamava Festo. Quando finalmente pôde receber Paulo e seus acusadores, Festo teve dificuldade para acompanhar todos os argumentos. Achou que seria muito melhor se Paulo pudesse ser julgado diante dele em Jerusalém. Lá, ele estaria mais bem aconselhado e haveria uma boa chance de que tudo se resolvesse rapidamente. Então voltou-se para o réu e disse:

– O senhor estaria disposto a ir a Jerusalém e ser julgado diante de mim lá?

– Não estou tentando escapar da morte – respondeu Paulo. – Se sou culpado de um crime grave, estou disposto a pagar o preço por ele. Porém, não terei um julgamento justo em Jerusalém. Solicito uma audiência com o imperador.

– Nesse caso, é ao imperador que o senhor será levado – afirmou Félix.

Alguns dias depois o rei judeu Agripa e sua irmã Berenice chegaram a Cesareia para dar as boas-vindas a Festo. Ele contou a Agripa sobre Paulo, e o rei perguntou se poderia vê-lo e ouvir o que ele tinha a dizer.

Assim, Paulo contou a Agripa toda a sua história.

– O senhor entende, Majestade – concluiu –, que, ao levar a história de Jesus aos gentios, estou apenas agindo de acordo com a minha fé como judeu? Deus disse a Abraão que ele deveria ser uma bênção para todos os que cruzassem o seu caminho. E um dos profetas afirmou que os judeus deveriam ser "uma luz para as nações". É isso o que estou fazendo. Tentando levar a bênção, a misericórdia e a luz de Deus ao maior número de pessoas possível.

Depois que Paulo terminou de falar, Agripa retirou-se com Festo. O governador então lhe perguntou:

– Esse homem fez algo errado?

– Claro que não – afirmou Agripa. – Se ele não tivesse solicitado uma audiência com o imperador, nós poderíamos tê-lo libertado. Mas agora teremos que enviá-lo a Roma.

Naufrágio

Paulo e alguns dos outros prisioneiros, escoltados por um centurião romano e seus soldados, zarparam para a Itália. O vento estava contra eles, fazendo-os seguir muito devagar. Já era quase final do ano, uma época arriscada para navegar pelo Mediterrâneo.

Eles chegaram a um lugar ao sul da ilha de Creta. Quando deixassem a ilha, estariam em mar aberto.

Paulo disse para o centurião e seus soldados:

– Senhores, é muito arriscado prosseguirmos. Eu já viajei bastante e sei que espécie de tempestade pode surgir nesta época do ano. Se sairmos deste porto, vamos perder o navio e seu carregamento, e muitos de nós morreremos afogados.

O centurião ouviu o conselho de Paulo, mas foi escutar a opinião do capitão, dos tripulantes e de outros viajantes experientes.

– Só tem um problema – ponderou o capitão. – Este não é um lugar adequado para passarmos o inverno. Nesta época, as tempestades atingem a enseada, e o barco corre o risco de ser destruído. Creio que deveríamos seguir ao longo da costa até Fenice, onde há um porto muito mais seguro.

Todos concordaram com o capitão. Assim, eles esperaram por um vento sul moderado e então zarparam. Porém, assim que partiram, o vento tornou-se muito violento. Não havia nada que pudessem fazer. Teriam de enfrentar a tempestade.

Conseguiram içar o bote salva-vidas e passar cordas por debaixo do casco do navio para evitar que ele se partisse. Lançaram a âncora para não serem atirados contra as pedras. Mas a tempestade não dava trégua: o vento estava mais forte do que nunca. Nos dias seguintes, eles lançaram a carga do navio no mar para deixar a embarcação mais leve, porém de nada adiantou. Estavam impotentes diante da tempestade e ficaram à deriva dias seguidos, levados ao sabor dos ventos e das ondas. Àquela altura já não havia sinal de terra firme, e todos, com exceção de Paulo, haviam perdido qualquer esperança de se salvarem. Uma noite, no entanto, Paulo teve uma visão.

Paulo reuniu todo o grupo e gritou o mais alto que pôde para superar o rugido do vento e o barulho das ondas:

– Meus amigos, vocês deviam ter ouvido meu conselho antes de embarcarmos. Mas não se desesperem. Na noite passada, um anjo de Deus veio a mim em uma visão. "Não tenha medo, Paulo", ele disse. "Você chegará a Roma e apresentará seu caso ao imperador exatamente como deseja. E Deus salvará todos os que estão neste navio. A embarcação será perdida, mas ninguém irá se afogar." Então tomem coragem, pois Deus nos protegerá. Ele me salvou de vários perigos no passado, e sei que tornará a fazê-lo agora. Teremos que encalhar em alguma ilha.

No meio da décima quarta noite desde a partida, os marinheiros ouviram o barulho das ondas arrebentando no litoral e perceberam que a água ia ficando mais rasa. Eles lançaram quatro âncoras da popa, para que o barco não se chocasse contra as rochas, e rezaram pela chegada da aurora.

A escuridão ainda era completa, mas eles conseguiam ouvir que estavam chegando cada vez mais perto da costa. Com medo de que o barco se despedaçasse nas rochas, começaram a baixar o bote salva-vidas.

Paulo viu o que a tripulação estava fazendo e foi falar com o centurião.

– Os marinheiros vão abandonar o navio – disse ele. – Se eles forem embora, nós estaremos perdidos.

O centurião voltou-se para alguns de seus soldados.

– Rápido – exclamou. – Impeçam os marinheiros de fugir! Cortem as cordas do bote salva-vidas e deixem-no à deriva. – E assim foi feito.

Logo antes do amanhecer, Paulo falou para todos:

– Vocês precisam se alimentar para recobrarem suas forças. Vão precisar disso para sobreviver. Não se preocupem, todos serão salvos.

Ele pegou um pão, deu graças a Deus, partiu um pedaço e começou a comer. Os outros fizeram o mesmo.

A manhã chegou. Eles não reconheceram a ilha, porém divisaram uma praia juntos a alguns penhascos.

– Vamos tentar chegar à praia – disse o centurião.

Recolheram as âncoras, içaram as velas e giraram o barco em direção à terra firme. Mas não viram um banco de areia logo abaixo da superfície da água. A embarcação foi para cima dele e ficou presa. As ondas arrebentavam contra a popa, começando a destruir o barco.

– Vamos ter que matar os prisioneiros, senhor – gritaram os soldados para os centuriões. – Não podemos deixá-los pular do barco e fugir.

– Não se atrevam a matar nenhum deles – respondeu o centurião. – Quero que Paulo fique em segurança. – Erguendo a voz acima do barulho das madeiras que se partiam, exclamou: – Todos vocês, abandonem a embarcação! Se souberem nadar, pulem na água e saiam nadando! Caso contrário, agarrem-se a alguma coisa e tentem chegar à praia.

Dessa forma, as 276 pessoas que estavam a bordo chegaram a terra firme sãs e salvas, como Paulo e o anjo haviam dito.

Paulo chega a Roma

A ilha a que tinham chegado se chamava Malta. Eles tiveram de passar o inverno ali, mas três meses depois, quando o clima já havia melhorado e era seguro navegar novamente, apanharam outro barco, e se dirigiram primeiro para a Sicília, e em seguida, subindo a costa da Itália, até um porto chamado Potéoli. Já havia ali um bom número de cristãos, que receberam Paulo. O centurião permitiu que ele ficasse com os cristãos por sete dias.

Depois dos sete dias, Paulo seguiu, ainda escoltado, rumo à última parte da viagem. Eles levariam cinco dias para chegar a Roma.

Ao saberem de sua vinda, os cristãos romanos foram ao seu encontro para lhe dar as boas-vindas. Assim, Paulo chegou a Roma como prisioneiro, porém cercado de amigos.

Na cidade, deram-lhe um aposento particular, guardado apenas por um soldado. Tinha liberdade para falar com quem fosse visitá-lo.

Havia uma grande quantidade de judeus em Roma. Nenhuma das acusações contra Paulo tinha chegado aos seus ouvidos. Quando ele lhes contou sobre o tumulto no templo e sobre o que acontecera em seguida, todos aceitaram prontamente a sua versão dos fatos.

– Mas queremos ouvir mais sobre Jesus – disseram. – Sabemos que ele possui discípulos em vários lugares, inclusive aqui em Roma, e sabemos que muitos judeus de outras regiões estão bastante aflitos com isso. Conte-nos mais. Queremos saber qual é a verdade.

Então Paulo falou com vários deles por horas a fio. Alguns se deixaram convencer, mas outros, não.

Paulo ficou alojado em Roma, sob vigilância, durante dois anos. Quando as pessoas vinham visitá-lo fossem judeus ou gentios, ele as recebia de braços abertos, e lhes contava tudo sobre Jesus. Ninguém tentava impedi-lo.

E assim a cristandade chegou a Roma. Tudo começara em Belém e em Nazaré, os pequenos vilarejos judeus escondidos nas colinas da Galileia. Os romanos haviam tentado esmagá-la. Mataram Jesus, crucificando-o. No entanto, o Senhor o libertara – e lá estava Paulo, um dos maiores discípulos do Filho de Deus, pregando a seu respeito na capital do império romano!

A Igreja tinha avançado bastante em muito pouco tempo. Nos anos e séculos vindouros, ela se espalharia por todo o mundo.

12

Cartas às igrejas e uma última visão

Conhecemos a trajetória de Paulo através das histórias que Lucas conta nos Atos dos Apóstolos. Mas sabemos dele também por meio de suas próprias palavras, nas cartas que ele escreveu para algumas das comunidades. Quando chegavam a seus respectivos destinos, essas cartas provavelmente eram lidas para todos os presentes, que obviamente as consideravam um verdadeiro tesouro a ser preservado com muito cuidado e transmitido de geração em geração.

Essas cartas são os documentos mais antigos do Novo Testamento. Elas foram escritas antes de qualquer um dos evangelhos e antes mesmo do livro dos Atos.

Quase todas as igrejas com as quais Paulo se correspondeu tinham sido fundadas por ele, que escrevia para manter contato, incentivá-las, ajudá-las a lidar com os problemas que surgiam, ou responder às questões que levantavam. Uma dessas cartas foi escrita para a igreja de Roma antes mesmo de sua visita à cidade, e não sabemos ao certo por que ele a enviou. Talvez Paulo estivesse se apresentando, juntamente com seus ensinamentos, aos cristãos de lá antes de chegar. Talvez tivesse sido informado de que havia discórdia entre os cristãos judeus e os cristãos da região, e estivesse tentando uni-los.

As cartas de Paulo são como a metade de uma conversa, como se estivéssemos ouvindo apenas uma pessoa falando ao telefone. Conseguimos saber o que Paulo diz, mas não o que os cristãos res-

pondem. Também não sabemos exatamente o que eles diziam ou faziam para provocar a resposta de Paulo. Precisamos deduzir de suas palavras, o que às vezes é muito difícil.

Ainda assim há algumas passagens maravilhosas em suas cartas que não são muito complicadas de entendermos. Apresentaremos algumas neste último capítulo de O livro dos livros, *para em seguida concluirmos com dois trechos do último livro da Bíblia, o Apocalipse.*

Cristãos em conflito

O primeiro trecho das correspondências de Paulo é tirado do início da carta que ele escreveu à igreja de Corinto, na Grécia. Paulo faz menção a um homem chamado Apolo. A igreja de Corinto foi fundada por Paulo, e Apolo era um companheiro seu que havia passado algum tempo com os cristãos de lá, ensinando-lhes sobre Jesus e sobre o que significava ser um discípulo dele. Obviamente, seus ensinamentos causaram um grande impacto nessas pessoas. Pedro, o grande amigo de Jesus, também era muito popular na região, embora não saibamos se ele chegou ou não a visitá-la. De qualquer forma, o povo de Corinto ouviu histórias a seu respeito e sobre o que Pedro vinha fazendo e ensinando desde a morte e a ressurreição de Jesus.

Paulo escreveu essa carta enquanto estava em Éfeso, na companhia de Apolo. Três homens da igreja de Corinto tinham vindo à cidade e também estavam com ele. Além disso, alguns escravos, parentes ou amigos de uma mulher chamada Cloe também lhe trouxeram notícias sobre a igreja de Corinto. Assim, Paulo ficou ciente do que estava acontecendo. E não gostou do que ouviu.

"Algumas pessoas da casa de Cloe me disseram que está havendo intrigas entre vocês. Alguns dizem 'eu estou do lado de

Paulo', enquanto outros dizem 'estou do lado de Apolo', ou 'estou do lado de Pedro', ou 'estou do lado de Jesus Cristo'.

"O que é que vocês acham? Por acaso existem quatro igrejas? Jesus foi dividido em quatro? Vocês não devem seguir a mim, a Apolo ou a Pedro. Devem seguir a Cristo. E não adianta alguns de vocês dizerem: 'Ah, mas nós o seguimos! O problema é que ninguém mais segue!'

"Não quero que haja discórdia entre vocês. Quero que sejam unidos, que pensem da mesma forma e tenham o mesmo objetivo, que trabalhem uns com os outros, e não uns contra os outros. Também não quero que nenhum ache que é mais inteligente ou sábio e diga que os únicos que estão certos são os que concordam com ele.

"Lembrem-se, o calvário de Cristo está no centro de tudo. Sei que isso não faz sentido. Sei que parece uma fraqueza ou uma loucura. Sei que muitos dos nossos irmãos e irmãs judeus prefeririam milagres, ou um Messias que chegasse de forma triunfante, trazendo consigo toda a pompa e o poder de um grande soberano. E sei que muitos dos gentios prefeririam uma pessoa sábia e inteligente, bem instruída, com belas palavras e argumentos. Então nós chegamos para pregar sobre um homem de um vilarejo de camponeses do qual ninguém tinha ouvido falar, e que morreu como um criminoso em uma cruz! Eu sei que o Jesus crucificado parece fraco – completamente impotente, na verdade. Mas eu lhes digo, olhem para ele e verão o poder de Deus. Sei que alguns acham o Jesus crucificado um tolo. Mas eu lhes digo, olhem para ele e verão a sabedoria de Deus. Pois a tolice de Deus é mais sábia do que qualquer sabedoria humana, e a fraqueza de Deus mais forte do que qualquer poder que venha do homem. Com Jesus, tudo fica ao contrário.

"Olhem para vocês, meus amigos. Poucos dentre vocês são considerados inteligentes para os padrões humanos, poucos são poderosos ou veneráveis. Muitos são escravos ou pobres, pessoas desprezadas ou tratadas como lixo. Porém, olhem para vocês agora. São amigos de Deus! Estão acima dos inteligentes, dos ilustres, dos poderosos. Tudo está ao contrário aos olhos de Deus, e Ele os escolheu para deixar isso claro.

"Então, se quiserem se vangloriar, não se vangloriem sobre vocês mesmos ou sobre mim, Apolo ou Pedro. Vangloriem-se de Deus e do que Ele fez.

"Afinal, meus amigos, olhem para mim! Quando cheguei a Corinto não usei um monte de palavras difíceis e argumentos complicados. Não os impressionei com minha bela oratória. Eu estava nervoso. Cheguei aqui tremendo de medo. Trouxe comigo o Espírito e o poder do Senhor, nada mais. Mas isso foi o suficiente. Então a sua fé não se baseia na minha sabedoria, entendem? Ela se baseia em Deus.

"O que é Apolo? O que sou eu? Não passamos de servos de Deus, nada mais. Somos como jardineiros trabalhando no jardim do Senhor. Eu vim a Corinto e plantei a semente. Apolo veio depois de mim e a regou. Porém, nós não fizemos as plantas crescerem. Deus fez isso. Vocês são obra de Deus. Nós ajudamos um pouco, mas é a Deus que vocês devem agradecer.

"Sabem os grandes templos em Corinto? Já ouviram falar do templo em Jerusalém? Bem, vocês são o verdadeiro templo de Deus! É em vocês que mora o Espírito Dele. Vocês são um santuário. Imaginem só isso!"

As dificuldades de Paulo

Duas cartas de Paulo para a igreja de Corinto sobreviveram. Entre uma e outra, ele tornou a visitar a cidade. No entanto, a segunda carta mostra que as coisas ali pioraram ainda mais. Outro grupo de cristãos chegara à cidade e jogara a igreja contra ele. Paulo então decidiu que precisava se defender. Sua defesa é muito reveladora. Ela demonstra exatamente o quanto ele teve de suportar desde que começou a seguir Jesus e a transmitir a notícia de seu amor aos vilarejos e cidades do leste do Mediterrâneo.

"LEMBREM-SE", ESCREVEU PAULO aos coríntios, "eu também sou judeu. Esses outros cristãos judeus vêm lhes dizendo que eu não respeito a fé dos meus ancestrais. Isso é um disparate. Sou israelita, descendente de Abraão, tanto quanto eles. E, como eles, tenho orgulho de ser um servo de Cristo. Pensem por quantas coisas já passei por seguir Jesus. Já fui jogado na prisão diversas vezes. Fui açoitado outras tantas por pregar sobre Jesus. Muitas vezes quase perdi minha vida. Cinco vezes meus amigos judeus me deram 39 chicotadas. Três vezes fui espancado com bastões por autoridades romanas. Uma vez fui apedrejado. Sofri três naufrágios. Durante um dia e uma noite inteiros, fiquei à deriva em mar aberto. Fiz mais viagens do que consigo contar. Arrisquei minha vida atravessando rios a nado. Já fui ameaçado por ladrões e bandidos, por judeus como eu, e por gentios, nas cidades, no meio do nada, no mar, além de ter sofrido ameaças de falsos cristãos. Já fiquei exausto de tanto trabalhar. Passei inúmeras noites insone. Já fiquei sem comida ou bebida. Já estive nu no frio, a ponto de quase congelar e morrer.

"E então, para completar, ainda preciso suportar o peso da minha preocupação com todas as igrejas sobre os meus ombros. Se qualquer um de seus membros está em conflito, eu luto ao seu lado. Se outro é derrubado por alguém e levado ao chão, eu sofro a mesma vergonha que ele.

"O Deus e Pai do nosso Senhor Jesus sabe que tudo isso é verdade.

"E há mais uma coisa. Quando estive em Damasco, o governador de lá queria me prender e montou guarda diante dos portões da cidade. Mas me desceram dentro de um cesto da janela de uma casa construída junto à muralha, e assim escapei de suas garras."

"Vocês são o corpo de Cristo"

A parte seguinte nos leva de volta à Primeira Carta aos Coríntios.

"Todos possuem seus próprios talentos. O problema é que alguns de vocês acham que os seus são mais importantes do que os das outras pessoas. Há também entre vocês alguns que acham que se uma pessoa não tem talentos iguais aos seus, ela não está apta a ser discípula de Cristo.

"Mas não podemos ter todos os mesmos talentos. E, de qualquer forma, o mesmo Espírito de Deus está por trás de todos eles e dentro de todos eles. Nós vemos o Espírito de Deus, a energia criativa e misteriosa Dele em ação em todos os talentos humanos. Neles, o Senhor se revela. E esses talentos não lhes são dados para que vocês possam se vangloriar deles e acharem que são melhores do que os outros. Eles existem para o benefício de toda a Igreja e de toda a comunidade.

"Deixe-me ser bem claro. A comunidade cristã é como um corpo. O corpo possui várias partes diferentes, não é mesmo? O pé não pode dizer "não sou parte do corpo porque não sou como a mão". O ouvido não pode dizer "não sou um olho, então não pertenço ao corpo". Isso seria ridículo. Porém, se o corpo inteiro fosse um olho ou uma orelha, também seria ridículo. Se fosse assim, como teríamos olfato? O olho não pode dizer para a mão "eu não preciso de você". A cabeça não pode dizer "eu não preciso de você" para os pés. Isso seria muito, muito ridículo. Uma parte do corpo não pode dizer para outra, "eu sou mais importante do que você". Todas são igualmente importantes. Elas precisam tomar conta umas das outras, pois se uma parte sofrer, todas as demais sofrem junto. Se você enfiar alguma coisa no olho, o seu corpo dói. Se der uma topada com o dedo do pé, seu corpo dói. Se cortar a mão, seu corpo dói. É como se ele inteiro estivesse machucado. Da mesma forma, se uma coroa é colocada sobre a sua cabeça, ou uma túnica suntuosa sobre os seus ombros, todo o seu corpo anda ereto e se sente orgulhoso.

"Ora, vocês cristãos de Corinto são todos parte de um só corpo – e não é um corpo qualquer. Vocês são o corpo de Cristo. Vocês vêm de famílias e origens diferentes. Alguns são escravos, outros são livres; alguns são homens, outros são mulheres, e outros são crianças; alguns são pequenos, outros são grandes. No entanto, todos pertencem a Cristo. São todos amigos dele. Estão todos envolvidos por Cristo e sendo conduzidos por ele. Cristo vive em vocês e vocês vivem nele. Cristo é a casa de vocês, o seu porto seguro, o seu aposento. Cristo é onde vocês vivem e prosperam.

"Vocês são o corpo de Cristo. Através de vocês, ele ainda caminha por esta terra."

O AMOR É A MAIOR DE TODAS AS COISAS

ÀS VEZES, PAULO ESCREVIA em estilo poético. Esta passagem da Primeira Carta aos Coríntios é talvez a mais famosa que ele compôs.

"Ainda que eu falasse as línguas
dos homens e dos anjos,
se não tivesse amor,
seria como o bronze que ressoa ou como um címbalo que tine.
Ainda que tivesse o dom da profecia,
o conhecimento de todos os mistérios
e de toda a ciência,
ainda que tivesse toda a fé,
a ponto de remover montanhas,
se não tivesse amor,
nada seria.
Ainda que distribua tudo o que possuo
e ainda que entregasse meu corpo às chamas,

se não tivesse amor,
isso nada me adiantaria.
O amor é paciente;
o amor é bondoso;
não é invejoso, não se vangloria;
não se incha de orgulho
não é arrogante.
O amor não cuida apenas dos seus interesses.
Não se irrita, não guarda rancor.
Ele não se alegra com as injustiças,
mas sim com a verdade.
Tudo desculpa, tudo crê,
tudo espera, tudo suporta.
O amor nunca passará.
As profecias desaparecerão.
As línguas cessarão.
O conhecimento cessará.
A ciência também desaparecerá,
pois o nosso conhecimento é limitado,
e limitada é nossa profecia.
Mas, quando vier a perfeição,
o que é limitado desaparecerá.
Quando eu era criança,
falava como criança,
pensava como criança,
raciocinava como criança.
Agora que sou um homem,
deixei para trás as coisas infantis.
Agora, quando buscamos Deus,
vemos apenas reflexos obscuros em um espelho.
Mas, no fim, nós O veremos face a face.
Agora eu O conheço apenas em parte.
Mas então O conhecerei como Ele me conhece.
Agora, portanto, permanecem essas três coisas:
a fé, a esperança e o amor.
A maior delas porém é o amor."

VIDA APÓS A MORTE

A PASSAGEM SEGUINTE também é retirada da Primeira Carta aos Coríntios.

"CRISTO RENASCEU DOS MORTOS. Portanto, nós também renasceremos. Mas algum de vocês talvez venha perguntar: 'Como renascem os mortos? Que tipo de corpo eles têm?' Eu lhes direi, embora na verdade não possa dizê-lo, pois está além da minha imaginação.

"Sabem quando vocês plantam uma semente no solo? Pois bem, ela é minúscula, não é? Se não soubessem de antemão, ao olharem para uma semente jamais imaginariam que uma planta pudesse crescer dela, uma haste de trigo, talvez uma flor ou uma grande árvore. Jamais pensariam em uma papoula ao verem sua semente tão pequena, ou em um carvalho ao verem sua noz.

"Quando morremos, somos muito parecidos com uma semente. Uma semente de verdade se parte dentro do solo e uma nova planta cresce a partir dela. Após a morte, nós emergimos, da mesma forma que Jesus, como uma nova criatura. E, ainda assim, continuaremos sendo quem somos. Papoulas não nascem de nozes, assim como carvalhos não nascem de sementes de papoulas.

"Nós somos criaturas pobres e frágeis, e todos morreremos. Porém, vocês deveriam nos ver quando Deus nos faz renascer dos mortos! Quando isso acontece, ganhamos uma honra, uma dignidade, uma força e uma glória inimagináveis, e a morte deixa de ter poder sobre nós."

UM BELO HINO

OUTRA IGREJA FUNDADA POR Paulo ficava em Filipos, uma cidade importante da Macedônia. Certa vez, enquanto estava preso, Paulo escreveu uma carta para essa igreja, na qual cita um belo hino que deve ser um dos hinos cristãos mais antigos. No trecho seguinte, leremos a mensagem de Paulo aos cristãos filipenses, seguida de uma transcrição do hino.

"AMO MUITO TODOS VOCÊS, que me deram tanto. Agora tornem minha alegria completa ao solucionarem suas desavenças e demonstrarem o mesmo amor uns pelos outros. Não tentem colocar-se acima do seu próximo. Sejam humildes e pensem nos outros como se fossem melhores do que vocês. Não ajam o tempo todo apenas em benefício próprio, mas cuidem também dos interesses dos outros.

Tudo o que precisam fazer é pensar como Cristo. Basta que pensem como ele...

Pois, embora ele tivesse a forma de Deus,
não se preocupou em ser igual a Ele
ou se apegou a essa condição.
Em vez disso, privou-se
de toda honra e glória.
Reduziu-se a nada,
tornando-se um escravo
e nascendo como homem.
Compartilhando da sina dos homens,
ele se humilhou ainda mais,
pois enfrentou a morte,
morrendo como um escravo,
como o pior dos criminosos,
na cruz!
E é por isso que Deus o exaltou!
É por isso que Deus lhe deu o nome que está acima de todos os nomes,
para que, ao nome de Jesus, todos os joelhos se dobrem,
seja no céu, na terra ou debaixo dela,

e cada língua diga:
'Jesus Cristo é o Senhor!'
para a glória de Deus Pai."

Uma coletânea final

Para concluir, selecionamos alguns versos e trechos de uma carta que Paulo escreveu a um grupo de igrejas na Galácia, uma região que atualmente chamamos de Turquia, e de uma carta aos cristãos de Roma.

Primeiro, vamos à Carta aos Gálatas:

"Já não há mais judeus ou gentios, escravos ou homens livres, homens ou mulheres. Pois vocês são todos um só em Cristo Jesus."

"Meus amigos, vocês foram chamados à liberdade. Porém, não usem essa liberdade para fazer o que bem entenderem. Usem-na em benefício mútuo. Através do amor, coloquem-se a serviço uns dos outros. Pois toda a Lei pode ser resumida na seguinte frase: 'Ame ao próximo como a si mesmo.'"

"É isto que o Espírito de Deus gera nas pessoas: amor, alegria, paz, paciência, bondade, generosidade, lealdade, mansidão e autocontrole."

E três passagens da Carta aos Romanos:

"Em meio ao nosso desamparo, Cristo morreu por nós. Ele morreu por nós embora tenhamos dado as costas para o Senhor. Dificilmente alguém dá a vida por um justo. Por um homem de bem talvez alguém se disponha a morrer. Mas Deus demonstra Seu amor por nós pelo fato de Cristo ter morrido por nós quando éramos ainda pecadores. Pois se quando éramos inimigos fomos reconciliados com Deus pela morte de Seu Filho, muito mais agora, uma vez reconciliados, seremos salvos por sua vida."

"Todos os que são guiados pelo Espírito de Deus são filhos do Senhor. Pois Deus não fez de vocês Seus escravos para que tivessem medo Dele ou de Seu castigo. Ele os adotou com se fossem Seus próprios filhos. É por isso que, quando rezamos ao Senhor, exclamamos: '*Aba!* Pai!' Esse grito vem do Espírito de Deus que existe dentro de nós e nos lembra que somos de fato filhos Dele. E, se somos Seus filhos, então também devemos ser Seus herdeiros. Nós somos, juntamente com Jesus, herdeiros de tudo o que Deus possui!"

"Se Deus está conosco, quem estará contra nós? Ele nos deu Seu próprio Filho! Então sem dúvida nos dará todo o resto, todos os presentes que tem a oferecer. Ninguém pode fazer nenhuma acusação contra nós, pois o próprio Deus nos declara inocentes. Ninguém pode nos condenar, pois Deus nos absolve. O que poderia nos separar do amor de Cristo? Será que adversidades, infortúnios, perseguições, fome, abandono, perigos, o fio da espada seriam capazes disso? Eu conheço o significado das palavras do antigo salmo: 'Por sua causa somos massacrados todos os dias; somos tratados como ovelhas rumo ao abatedouro.' Elas combinam com minha própria experiência. E, ainda assim, nós vencemos a batalha. Com todo esse amor de Cristo, nós saímos dela mais do que triunfantes! Estou convencido de que não há nada na morte ou na vida, no reino dos espíritos e dos poderes sobrenaturais, no mundo presente ou futuro, nada em toda a criação que possa nos separar do amor de Deus em Cristo Jesus nosso Senhor!"

VISÕES DO PARAÍSO

O ÚLTIMO LIVRO DA BÍBLIA é chamado de Apocalipse. Ele nos oferece uma visão da derrota final das Forças Sinistras e da vitória do reino de Deus e do paraíso. A Bíblia começa com uma poça d'água surgindo na escuridão, seguida por um jardim. Na visão da cidade celestial do Apocalipse há também um eco muito claro daquele jardim, e, assim como a Bíblia começa com Deus, no Apocalipse também termina com Ele.

Nós começamos com Deus e terminaremos com Deus. Estivemos em Sua companhia por todo o caminho. A Bíblia é o livro de Deus. Ele é seu personagem principal e ilumina suas histórias. Deus é muito maior do que a Bíblia. Mas, no correr de muitos séculos, inúmeras pessoas vêm se deparando com Ele em suas páginas e, admiradas com Sua amizade e amor, encontram a força e a sabedoria para trabalhar ao Seu lado.

A maior mensagem da Bíblia é que devemos estar sempre ao lado de Deus.

Concluímos este livro com algumas passagens do Apocalipse:

"VI ENTÃO UM NOVO CÉU E UMA nova terra, pois o primeiro céu e a primeira terra se foram."

"O mar já não existe, nenhuma água negra ameaçando engolir a criação de Deus, nenhuma Força Sinistra tentando afogar o próprio Senhor."

"Vi também descer do céu, de junto de Deus, a Cidade Santa, uma nova Jerusalém, a cidade sagrada vindo dos céus em suas vestes mais belas, adornada como uma noiva que se enfeitou para seu marido. Seu noivo era o Senhor, e todo o céu e a terra estavam presentes na cerimônia de casamento.

Então ouvi uma voz bem alta dizendo:
'Vejam, Deus montou Sua tenda aqui,
onde tudo é muito bom e bonito
como o mundo quando foi criado.

Deus habitará com todos os homens,
eles serão o Seu povo.
O próprio Senhor estará com eles
e secará cada lágrima dos seus olhos.
A morte cessará de existir
e não haverá mais sofrimento,
choro ou dor.
Pois tudo o que existiu antes terá perecido.'"

"Então um anjo me revelou um rio da água da vida. Ele brilhava, tão reluzente quanto um cristal, e emanava do trono de Deus ao longo da rua ampla e reta da cidade. Em ambas as margens desse rio crescia a Árvore da Vida. Todos os meses, ela produz uma nova safra de frutas, e todos podemos apanhá-las e comê-las. E as folhas dessa árvore servem para curar as nações.

"Nunca mais haverá maldições. Tudo será sagrado, pois tudo estará repleto de Deus. Todos na cidade irão adorá-lo. Eles verão Seu rosto, verão Sua verdadeira face e trarão Seu nome escrito em suas testas.

"Não haverá mais noite, e tampouco escuridão ou medo do escuro; ninguém correrá para acender lamparinas, e o terror e a maldade deixarão de existir. Também não haverá mais necessidade de um sol que brilhe durante o dia, pois a cidade estará imersa na luz da glória do Senhor.

"E os amigos de Deus reinarão com ele em pleno esplendor para todo o sempre."

Referências bíblicas

Capítulo 1: No começo

Deus cria o mundo: Gênesis 1:1–2:3
Deus planta um jardim: Gênesis 2:4b–3:24
As coisas se complicam: Gênesis 4:1–16
O Grande Dilúvio: Gênesis 6:5–9:17
Confusão babilônica: Gênesis 11:1–9

Capítulo 2: A nova família de Deus

Abraão e a Grande Promessa: Gênesis 12:1–7
O plano engenhoso de Sara: Gênesis 16:1–6
Agar e o Deus que Vê: Gênesis 16:7–14
Sara escuta a promessa às escondidas: Gênesis 18:1–15; 21:1–3
Agar e o Deus que salva: Gênesis 21:8–21
Abraão e Isaac: Gênesis 22:1–18
Um irmão gêmeo ardiloso e uma tigela de cozido: Gênesis 25:19–34
Jacó rouba uma bênção: Gênesis 27:1–40
O Portão do Paraíso: Gênesis 27:41–46; 28:10–22
Face a face com Deus: Gênesis 32:–31
Face a face com Esaú: Gênesis 33:1–17
Jacó e seus filhos: Gênesis 35:16–19; 37:1–35
José, o escravo: Gênesis 37:36; 39:1–20
José, o prisioneiro: Gênesis 40
José no palácio: Gênesis 41
José e a fome: Gênesis 42:1–25
Uma estranha descoberta: Gênesis 42:26–43:13
Benjamim: Gênesis 43:15–45:15
A reunião: Gênesis 45:25–28; 46:28–34

Capítulo 3: Moisés e a montanha de Deus

As parteiras corajosas e o Faraó: Êxodo 1

A bravura da mãe e da irmã de Moisés: Êxodo 2:1–10

Moisés encontra Deus no deserto: Êxodo 2:11–4:16

Deus e o Faraó: Êxodo 5:1–12:32

Deus divide o mar: Êxodo 14

A montanha de Deus: Êxodo 19:1–20:17: Deuteronômio 5:6–21

Mais ensinamentos da montanha de Deus: Êxodo 23:4–5; Levítico 19:9–10; Deuteronômio 22:8; 16:9–15; Êxodo; 23:9; Levítico 19:18; Deuteronômio 6:5

O bezerro de ouro: Êxodo 32:1–30 com referência para Êxodo 24:9–11; Êxodo 25–31; 16:1–17:7

Um novo começo: Êxodo 32:31–33:23; 34

A morte de Moisés: Deuteronômio 34:1–7

Capítulo 4: Vivendo na terra de Deus

A queda de Jericó: Josué 6:1–25

Eluma, uma mulher desprezada: Juízes 13

Ana, uma mulher sem filhos: 1 Samuel 1:1–2:21

"Samuel! Samuel!": 1 Samuel 3:1–18

Rei Saul: 1 Samuel 3:19 –4:1; 8:4–20; 9:1–10:1a

Davi, o menino pastor: 1 Samuel 16:1–13

Davi e Golias: 1 Samuel 17:1–51

Davi em fuga: 1 Samuel 19:9–10; 24:1–22; 26:l–25 com referência a 2 Samuel 7:8–16

Davi e Betsabeia: 2 Samuel 7:8–16; 11:1–27

Davi e Natã: 2 Samuel 12:1–24

Elias e a disputa no monte Carmelo: 1 Reis 18:2–46

Elias em fuga: 1 Reis 19:1–18

Elias, Acab e o vinhedo: 1 Reis 21:1–24

Capítulo 5: O povo de Deus sob ameaça

"Que a justiça corra como um rio": Amós 1–2; 5:10–12, 24; 6:1–7; 8:4–6; 5:18–23; 7:10–17

Oseias e o amor de Deus: Oseias 11:1–9

Jerusalém jamais será tomada!: Salmos 17:8; 46:1–5, 7, 11; 48:12–14

Jeremias conta a verdade: Jeremias 2:1–13; 19; 21:8–11; 22:1–5; 38:1–13

A queda de Jerusalém: 2 Reis 24:8–25:21; Jeremias 38:14–28; 43:1–7

Canções tristes de lamentação: Salmos 74; Lamentações 1:1–6; 1:11b–14, 16,18; 2:9, 20; 3:21–22; 5:14–15
Sonhando com o lar: Isaías 40:1–11; 54:1–10
Um vale cheio de ossos e um novo Jardim do Éden: Ezequiel 37:1–14; 43:1–5; 47:1–12; 48:35
Reconstruindo Jerusalém: Neemias 1–2; 1–23; 6:15–16
Daniel: Deus nas chamas: Daniel 3
Daniel na cova dos leões: Daniel 6

Capítulo 6: Belas histórias, belos poemas
Rute, Noemi e Booz: o amor salva o dia: Rute 1–4
Jonas, um peixe gigante, uma cidade magnífica e o perdão de Deus: Jonas 1–4
O livro de Jó: brandindo o punho contra o céu: Jó 1–2; 3:1–19; 16:9–17; 5:8–18; 8:1–4; 11:1–19; 19:2; 22:1–11;12:7–25; 9:22–24; 29–31; 9:14–20; 38–39; 40:2–42:9
Canções iluminadas: Salmos 23 e 121

Capítulo 7: O novo começo: nasce Jesus
Uma desgraça que se torna uma verdadeira bênção: Mateus 1:18–25
Presentes dignos de um rei: Mateus 2
Maria é visitada por um anjo: Lucas 1:26–38
A canção de Maria: Lucas 1:39–63
Nasce Jesus: Lucas 2:1–20
O verdadeiro lar de Jesus: Lucas 2:21–22; 41–51

Capítulo 8: Quem foi Jesus?
João batiza Jesus: Marcos 1:1–11 (Mateus 3; Lucas 3:1–22)
Uma leitura na sinagoga: Lucas 4:16–30; Números 6:24–26
Pedro, Tiago e João: Lucas 5:1–11 (Mateus 4: 18–22; Marcos l:16–20)
Fotina: A mulher do poço: João 4:1–42
Domador das Forças Sinistras: Marcos 4:35–41 (Mateus 8:23–27; Lucas 8:22–25)
Um louco entre as tumbas: Marcos 5:1–20 (Mateus 8:28–34; Lucas 8:26–39)
Os famintos são saciados: Mateus 14:13–21 (Marcos 6:30–44; Lucas 9:11–17; João 6:5–13)
Um homem enxerga pela primeira vez: João 9

Uma mulher e uma menina são ressuscitadas: Marcos 5:21–43 (Mateus 9:18–26; Lucas 8:40–56)

Pedro entende; Pedro não entende: Marcos 8:27–33 (Mateus 16:13–23; Lucas 9:18–22)

A luz de Deus: Marcos 9:2–8 (Mateus 17:1–8; Lucas 9:28–36)

Capítulo 9: Jesus, o contador de histórias e o poeta

Uma ovelha perdida, uma moeda perdida e um filho perdido: Lucas 15

O bom samaritano: Lucas 10:25–37

Os trabalhadores do vinhedo: Mateus 20:1–15

As bênçãos: Lucas 6:20–21; Mateus 5:3–10

Outros provérbios e uma oração: Mateus 20:16 (Marcos 10:31; Lucas 13:30); Lucas 6:27; Mateus 7:12; Lucas 6:36; Mateus 7:1–11; 18:10; Marcos 9:33–37 e Mateus18:1–4; Marcos 10:13–16 (Mateus 19:13 –15); João 6:35; 8:12; 10:11–15,30; 14:6; 15:5; Mateus 6:9–13 (Lucas 11:2–4)

Capítulo 10: Jesus é morto: Jesus ressuscita

Chegando a Jerusalém: Marcos 11:1–11 (Mateus 21:1–9; Lucas 19:29–42; João 12:12–15)

Tumulto no templo: Marcos 11:15–19; 12:41–44 (Mateus 21:12–16; Lucas 19:45–48; 21:1–4; João 2:12–16)

Jesus é ungido Messias: Marcos 14:3–9 (Mateus 26:6–13; Lucas 7:36–50; João 12:1–8)

Traição: Marcos 14:10–11 (Mateus 26:14–16; Lucas 22:3–6

A última ceia: Marcos 14:12–25 (Mateus 26:17–29; Lucas 22:7–23); João 13:2–16, 34

Captura: Marcos 14:26–50 (Mateus 26:30–56; Lucas 22:31–53; João 13:36–38; 18:1–11)

O julgamento injusto: Marcos 14:53–65 (Mateus 26:57–68; Lucas 22:54–55, 63–71; João 18:12–24)

A negação de Pedro: Marcos 14:66–72 (Mateus 26:69–75; Lucas 22:56–62; João 18:16–18, 25–27)

Pilatos: Marcos 15:1–15 (Mateus 27:1–2, 11–26; Lucas 23:1–5, 13–25; João 18:28–19:1)

Jesus é coroado: Marcos 15:16–20 (Mateus 27:27–31; Lucas 23:11; João 19:2–3)

Crucificação: Marcos 15:21–47 (Mateus 27:32–61; Lucas 23:26–56; João 19:17–42)
"Maria": João 20:1–18
Tomé entende… no fim das contas: João 20:19–28
Pedro vai pescar: João 21:1–19

Capítulo 11: De Jerusalém a Roma: o início da Igreja
A verdade completa: Atos 1:6–11 e Lucas 24:50–53; Números 6:24–26
Vento e fogo: Atos 1:12–14; 2:1–41
Estêvão é morto: Atos 6:1–7:60
Paulo encontra Jesus renascido: Atos 8:1–4; 9:1–9
Paulo e Ananias: Atos 9:10–19a
Fugindo em um cesto: Atos 9:19b–30
Pedro e um centurião chamado Cornélio: Atos 10
Paulo e Barnabé são tomados por deuses: Atos 14:8–21
Tumulto em Éfeso: Atos 19:1–10; 19:21–20:1
Tumulto em Jerusalém: Atos 21:13–14; 21:17–22:29
A ameaça de uma emboscada: Atos 22:30–23:25
Paulo solicita uma audiência com o imperador: Atos 23:33–26:32
Naufrágio: Atos 27
Paulo chega a Roma: Atos 28:11–31

Capítulo 12: Cartas às igrejas e uma última visão
Cristãos em conflito: 1 Coríntios 1:10–13; 1:18–2:5; 3:5–16
As dificuldades de Paulo: 2 Coríntios 11:16–33
"Vocês são o corpo de Cristo": 1 Coríntios 12
O amor é a maior de todas as coisas: 1 Coríntios 13
Vida após a morte: 1 Coríntios 15:20, 35–43
Um belo hino: Filipenses 2:1–11
Uma coletânea final: Gálatas 3:28; 5:13–14, 22–23; Romanos 5:6–8, 10; 8:14–17, 31–39
Visões do paraíso: Apocalipse 21:1–4; 22:1–5

AGRADECIMENTOS

SOBRE ESTE LIVRO E COMO ELE VEIO A SER ESCRITO

Tudo começou com outras pessoas. Philip Law e Lois Rock, ambos editores da Lion Publishing, tiveram a ideia de que eu deveria escrever uma Bíblia para leitores mais jovens. A princípio, fiquei em dúvida se conseguiria escrever o tipo de livro que descreveram, mas eles me convenceram a tentar, e sou muito grato por isso.

Lois se tornou minha editora. Ela me incentivou, e as sugestões que deu para melhorar o livro, tanto as pequenas quanto as grandes, foram sempre inteligentes e perspicazes.

Também sou grato a Olwen Turchetta, que fez um excelente trabalho ao revisar o livro.

Preciso também agradecer especialmente a mais duas pessoas. Uma delas é Eleanor, minha filha mais velha, e a outra é Judy Davies, diretora acadêmica da Catedral de Chester. Eleanor e Judy têm muita experiência em ensinar crianças e jovens. Elas foram de grande ajuda ao examinar cada capítulo e me incentivaram até o fim. Sou tão grato que dediquei este livro a elas.

Minha mulher, Caroline, nossos outros filhos, Sarah, Jo e Tim, e meu genro John também se interessaram bastante pelo livro. Escrevê-lo foi uma tarefa empolgante, mas também hercúlea, e eu precisei do amor e do incentivo deles para não desistir. Sou grato por esta oportunidade de dizer quanto devo a eles.

São muitas as outras pessoas que ajudaram a produzir este livro e tornaram possível que ele chegasse às suas mãos. Entre elas estão: David Dean, que o ilustrou; Jacqueline Crawford, que o diagramou; e Sarah Toulmin, responsável pela sua divulgação. Sem eles, meu trabalho teria sido em vão e você não estaria lendo este livro. Espero que goste!

Trevor Dennis, Catedral de Chester, janeiro de 2003

CONHEÇA OUTROS TÍTULOS DA EDITORA SEXTANTE

Salomão, o homem mais rico que já existiu
Steven K. Scott

Embora a Bíblia seja citada a todo instante, a sabedoria contida nela é pouco conhecida pela maioria das pessoas. Consciente da riqueza de conselhos que ela encerra, Steven K. Scott apresenta nesse livro valiosos princípios de vida retirados da história de Salomão.

Nascido por volta de 974 a.C., Salomão foi coroado rei de Israel com apenas 12 anos de idade. Segundo o Antigo Testamento, Deus apareceu para ele e ofereceu lhe dar o que quisesse, mas o jovem pediu apenas sabedoria para governar seu povo. Fascinado com tamanha humildade, Deus o transformou no homem mais rico, sábio e vitorioso de todos os tempos.

Salomão agia de acordo com determinadas regras de conduta que foram registradas no Livro dos Provérbios e que devem ser seguidas por aqueles que desejam construir uma vida feliz, íntegra e bem-sucedida.

Nesse livro, o autor faz uma análise dos principais ensinamentos de Salomão, mostrando como eles podem ajudar você a conquistar seus objetivos, resolver conflitos, melhorar seus relacionamentos, aumentar sua capacidade de comunicação, conquistar a independência financeira e, principalmente, desenvolver a riqueza espiritual e a paz interior.

A HISTÓRIA

The Zondervan Corporation

A Bíblia é o livro mais vendido de todos os tempos. Acredita-se que já foram comercializados mais de 5 bilhões de exemplares. Mas são poucas as pessoas que já a leram inteira, do começo ao fim.

Isso acontece porque, além de usar uma linguagem metafórica e complexa, os textos que a compõem não foram escritos por um único autor nem de forma linear, e foram produzidos em momentos históricos completamente diferentes, ao longo de mais de mil anos.

Por todos esses motivos, muita gente que tem vontade de ler os textos sagrados não o faz, sem saber por onde começar. Se você é uma dessas pessoas, finalmente vai ter a chance de conhecer as Escrituras e compreender a sequência dos acontecimentos e o contexto em que estão inseridos.

Compilando toda a história bíblica em capítulos curtos e organizando-os em ordem cronológica, esse livro utiliza trechos retirados da própria Bíblia, o que significa que não se trata de uma interpretação ou de uma releitura. O que você vai encontrar em suas páginas *é* a Bíblia, porém estruturada de forma mais simples e direta.

Trazendo notas explicativas, uma lista dos personagens com suas biografias, comentários e perguntas para reflexão, esse livro é um valioso instrumento para todos aqueles que sempre quiseram estreitar seu relacionamento com Deus mas não conseguiam compreender a sua palavra.

Repleto de amor, ódio, guerra, dramas e milagres, *A História* conta a *nossa* história – a mais bela e transformadora de todos os tempos.

Deus me ama

Wayne Jacobsen

Se nossa vida religiosa parece um vazio e se não temos certeza do amor de Deus nos momentos em que mais precisamos, está na hora de entendermos o significado do amor divino – um amor profundo, libertador, sem limites e imposições.

Muitas pessoas acreditam que precisam viver de acordo com as Leis de Deus para receberem Seu amor. Então seguem em uma busca desesperada pela perfeição, impondo-se metas inalcançáveis, que as deixam frustradas e sem esperanças.

Outras levam para a vida religiosa a regra da "troca de favores" que aprendemos desde a infância. Ou seja, esforçam-se para agradar a Deus, acreditando que assim terão suas preces atendidas. E, quando alguma coisa não dá certo, acham que não se empenharam o suficiente. E há ainda aquelas que se dedicam a atividades religiosas e à prática do bem apenas para tentar se livrar do sentimento de culpa.

Nesse livro inspirador, Jacobsen mostra como podemos evitar essas atitudes equivocadas e entender o que Deus realmente espera de nós. Por vezes, ficamos tentados a pedir a Deus o que julgamos mais conveniente. Mas o autor nos mostra que, somente confiando em Sua sabedoria e deixando que Ele decida o que é melhor para nossas vidas, encontraremos o caminho para viver na plenitude de Seu amor.

CONHEÇA OS CLÁSSICOS DA EDITORA SEXTANTE

1.000 lugares para conhecer antes de morrer, de Patricia Schultz

A História – A Bíblia contada como uma só história do começo ao fim, de The Zondervan Corporation

A última grande lição, de Mitch Albom

Conversando com os espíritos e *Espíritos entre nós*, de James Van Praagh

Desvendando os segredos da linguagem corporal e *Por que os homens fazem sexo e as mulheres fazem amor?*, de Allan e Barbara Pease

Enquanto o amor não vem, de Iyanla Vanzant

Faça o que tem de ser feito, de Bob Nelson

Fora de série – Outliers, de Malcolm Gladwell

Jesus, o maior psicólogo que já existiu, de Mark W. Baker

Mantenha o seu cérebro vivo, de Laurence Katz e Manning Rubin

Mil dias em Veneza, de Marlena de Blasi

Muitas vidas, muitos mestres, de Brian Weiss

Não tenha medo de ser chefe, de Bruce Tulgan

Nunca desista de seus sonhos e *Pais brilhantes, professores fascinantes*, de Augusto Cury

O monge e o executivo, de James C. Hunter

O poder do Agora, de Eckhart Tolle

O que toda mulher inteligente deve saber, de Steven Carter e Julia Sokol

Os segredos da mente milionária, de T. Harv Ecker

Por que os homens amam as mulheres poderosas?, de Sherry Argov

Salomão, o homem mais rico que já existiu, de Steven K. Scott

Transformando suor em ouro, de Bernardinho

Informações sobre os próximos lançamentos

Para receber informações sobre os lançamentos da Editora Sextante, basta cadastrar-se diretamente no site www.sextante.com.br

Para saber mais sobre nossos títulos e autores e enviar seus comentários sobre este livro, visite o site www.sextante.com.br ou mande um e-mail para atendimento@esextante.com.br

Editora Sextante
Rua Voluntários da Pátria, 45 / 1.404 – Botafogo
Rio de Janeiro – RJ – 22270-000 – Brasil
Telefone: (21) 2538-4100 – Fax: (21) 2286-9244
E-mail: atendimento@esextante.com.br